LE FÉMININ ET LE SACRÉ

« Espaces libres »

CATHERINE CLÉMENT
JULIA KRISTEVA

LE FÉMININ ET LE SACRÉ

Albin Michel

Albin Michel
▪ *Spiritualités* ▪

Collection « Espaces libres »
dirigée par Jean Mouttapa et Marc de Smedt

Première édition :
Éditions Stock, 1998

Paris, 3 juin 2015

Chère Julia, (ou vingt ans après)

Permets-moi de repartir comme si presque vingt ans ne s'étaient pas écoulés, en revenant à ce moment superbe pendant lequel nous échangions par fax, d'un peu partout dans le monde. Par fax ! Voilà qui signe le temps passé. La lettre instantanée sur Facebook n'existait pas encore, ni les mails, à peine si l'on voit apparaître dans un de tes derniers textes un téléphone mobile que tu appelles Itineris, sans doute le premier de tes portables.

C'est de Marianne que je veux repartir, celle de tes patientes que, page 56, tu nommais « dramatique », et que, analyse aidant, tu as sortie d'une sévère boulimie-anorexie. Elle l'a remplacée par des rapports « tuants » avec des hommes, qu'elle te décrit ainsi : « Une force au-dessus de moi me plaque au sol, c'est Dieu, il n'y a pas d'autre mot. Il me demande une offrande implacable, sans répit, sans pardon. » Et un peu plus loin : « Je dis “Dieu” parce que c’est une force hors de moi, impersonnelle, ni féminine ni masculine, une fermeté impitoyable qui rend le féminin et le masculin impossibles. »

En te relisant, j’ai aussitôt pensé que Marianne définissait parfaitement la ligne de tous les mouvements fondamentalistes de l’islam ou du judaïsme actuels, qu’il s’agisse de rabbins cinglés dans la ville de Jérusalem, d’Al-Qaïda, de Daech, de Boko Haram ou de n’importe quelle branchette de la secte wahhabite qui partagent aujourd’hui notre planète en deux : ici, des femmes sont libres, là, elles ne le sont plus. Car on aura beau dire, outre les flux pétroliers, les petits gars de Wall Street, les lois du marché, l’enjeu des guerres d’aujourd’hui touche à la fois au féminin et au sacré.

Pour ce qui est du féminin, c’est vite vu. Là, les femmes sont interdites de visage, de conduite automobile, de musique, de danse, de consentement à leur propre mariage, de maîtrise sur leur corps, leur sexualité, leurs enfantements. On sait cela. Les choses se compliquent avec la terrifiante conception du sacré de la secte wahhabite, qui n’a pas dérangé grand monde en 1745 à l’instant de sa fondation, et qui est devenue un poison général. Deux ennemis, deux idoles à détruire : la femme quand elle est libre, et le mort dans sa tombe.

Pourquoi s’en prendre aux tombes ? Parce que, selon leur lecture du Coran, un mort doit être enveloppé dans un linceul et mis en terre, point final. Sont donc idolâtres les caveaux, les plaques commémoratives, les urnes, les stèles, et les tombes. Surtout les tombes. Plus elles se voient, plus elles sont à détruire. C’est ainsi que les wahhabites ont prévu de détruire le Taj Mahal, tombe d'une veuve construite par son époux, les magnifiques tombeaux turquoise de Samarcande, celui de Tamerlan et de sa concubine Bibi'Hamin, et même le dôme vert de Mahomet au cimetière de Médine, où déjà ont disparu les tombes des femmes et des filles du Prophète. Voilà pourquoi ont été détruits les tombeaux des saints de Tombouctou car, va savoir, au cas où des fidèles viendraient leur rendre un culte, n'est-ce pas ? Seul Dieu a droit au culte.

Or ce Dieu qui demande une offrande implacable ressemble beaucoup à celui de Marianne, cette force impersonnelle qui rend impossibles le féminin et le masculin. À preuve, le rituel de purification avec des bandes immaculées contenant les organes génitaux que pratiquèrent les meurtriers du 11 Septembre avant de prendre les commandes de leurs bombes volantes. Pénis, impur. Livres autres que le Livre sacré, impurs. Regard sur le visage et les cheveux de femme, impureté majeure. Je te laisse conclure : « Paradoxalement, m'écrivais-tu, en évoquant le divin – cet absolu de spiritualité –, nous évoquons des passages à la limite inverse, où l'humain s'abîme dans l'animalité et le néant. »

L'animalité, on la voit à l'œuvre sur le territoire du califat auto-proclamé en Irak et en Syrie lorsque des jeunes convertis bien de chez nous apprennent l'art de l'égorgement, traitant les humains qu'ils découpent au couteau, comme ils le feraient des moutons de l'Aïd commémorant le sacrifice que demandait Dieu à Abraham : égorger son fils Isaac remplacé au dernier moment par l'animal bêlant. Car ce ne sont plus des moutons, ce sont des Isaac qu'égorgent ces jeunes en quête d'absolu. Le néant les rattrapera au passage, ou la mort, la vraie.

Difficile de contourner l'effroi devant ces cruautés d'aujourd'hui. On pressent qu'elles pivotent autour du féminin et du sacré, provoquant un gigantesque bouleversement des frontières tracées par les Européens – appelons-les coloniales pour faire vite. Le bien-aimé que j'ai perdu il y a peu cherchait à persuader les diplomates de tous pays qu'un nouveau Yalta remaniant les frontières était inévitable, je crois que nous y sommes.

Pourtant, loin des vieilles lignes de partage sanguinaires, telles que je nous vois toi et moi, nous avons été fidèles à nos pensées, rôdant autour de Dieu comme chattes autour du matou. Tu le préfères monothéiste, je l'aime mieux polythéiste, mais depuis que les dieux sont en guerre, comme dit mon ami Tobie Nathan, cette différence s'est estompée, je crois. Voyons un peu. Tu t'es laissée « posséder » par sainte Thérèse d'Avila avec un livre monument, *Thérèse mon amour*, et tu es devenue conseillère officielle d'un pape, le tout dans le droit fil d'une laïcité sur laquelle tu ne cèdes rien, c'est épatant ! De mon côté, j'ai fureté dans les forêts des origines avec *L'Appel de la transe*, où j'ai retrouvé des germes fulgurants équivalents d'extases jusque dans les mouvements alternatifs de l'estomac des anorexiques. Et je patrouille en ce moment sur tes terres chrétiennes en cherchant à comprendre pourquoi diable sainte Catherine de Sienne, dont tu me parlais si bien, répétait à qui voulait l'entendre que l'anneau de ses noces avec le Christ n'était autre que le prépuce de Jésus, venu s'enfiler sur son doigt maigre.

Je reviens à Marianne dont je poursuis le texte. « Une obligation de souffrir. D'aller souffrir partout, ailleurs, sans amour, l'amour toujours raté. » Et toi, de ton fauteuil d'analyste : « Dieu, amour raté. » Bien vu. Mieux vaut se tenir sur la crête et ne pas trop flirter avec l'absolu. Il faut que je te raconte à ce sujet un fait divers indien – il y aura toujours une Inde entre toi et moi, n'est-ce pas ?

Cela se passe en 2002 dans un État paysan proche de New Delhi, la capitale de l'Inde, gonflée jusqu'à 18 millions d'habitants. Plus la métropole diffuse ses modernités, plus les vieux des villages se crispent sur leurs traditions. Les mariages d'enfants sont interdits ? Alors on va narguer les lois. Le fils d'un gros paysan, vingt ans, épouse une fillette de dix ans, en présence des élus de la Nation. Or voici que dans un collège, la petite Veer, quinze ans, tombe amoureuse de Bhitu, seize ans. Il l'aime aussi. Ils sont en jeans, ils ont des portables, ils sont du XXIe siècle. Ce sont des jeunes modernes. Au retour du collège, Veer annonce à ses parents qu'elle vient de se fiancer à Bhitu.

Horrifiés, les parents refusent avec indignation, depuis quand une fille décide-t-elle qui elle veut épouser ? Pas en Inde, voyons ! Alors la petite s'arrose d'essence et s'enflamme. Le soir même, elle meurt de ses blessures, étrangement fidèle à une tradition de l'Inde, la femme brûlée vive.

Mais au lendemain de la crémation, quand les femmes de la famille viennent ramasser les cendres, elles trouvent deux crânes et deux squelettes. Bhitu a attendu que la famille s'éloigne du bûcher de crémation pour rejoindre dans les flammes la fille qu'il aimait. Ils ont brûlé ensemble, littéralement.

J'ai beaucoup scandalisé quand j'affirmais qu'enfin l'amour passion faisait son apparition en Inde. Non que les amours adultères n'y existent pas, évidemment. Mais le bon vieux coup de foudre que l'on voit dans les films, cela, je ne l'avais jamais vu. Cette irruption de l'absolu dans l'amour entre adolescents trahit totalement la tradition indienne, toutes religions confondues : on a droit à l'amour absolu quand il s'agit d'un dieu, ou d'une déesse. Autrement, pas du tout. Et voilà que deux collégiens sans doute repus de cinéma sacrifient absolument leur vie ! Et par amour. Où est Dieu là-dedans ? Eh bien, l'amour raté.

Tu ne vas pas me dire que cet amour est réussi, tout de même.... Encore qu'avec toi, je sais n'être jamais au bout de mes surprises. C'était ma toute dernière histoire venue de l'Inde, une de plus pour t'interroger.

Je t'embrasse fort,

Catherine

Paris, 17 juin 2015

Chère Catherine,

Les propos de Marianne, mon ancienne analysante, ouvrent avec force cette nouvelle édition de notre *Féminin et le Sacré* (1998). Dans ce choix que tu as fait, je retrouve l'acuité de la romancière qui sait capter le « pouvoir des mots » dans le « miroir du sujet », et la vigilance de la philosophe, qui scrute le « voyage de Théo » dans le « sang du monde ». Je ne peux qu'acquiescer au panorama que tu dresses du gangstéro-intégrisme qui a depuis deux décennies transformé le monde, dans lequel le féminin et le sacré, thème de notre livre il y a vingt ans, est devenu l'enjeu majeur d'une actualité tendue dont personne ne semble détenir la solution. Tu mentionnes la nécessité de remanier les frontières par un nouveau Yalta, tu évoques l'étrange choix de Catherine de Sienne qui veut en alliance le prépuce de Jésus, et ce jeune couple d'amoureux contrariés qui sont immolés par le feu en Inde, autant de touches sensibles qui ont suscité en moi trois préoccupations urgentes que je voudrais partager avec toi, au risque d'allonger cette préface : *Charlie Hebdo* ; le sacrifice des petites filles au nom de la « tradition sacrée » ; l'expérience intérieure face à Dieu.

À Elsa Cayat et à Delphine Horvilleur

La tuerie à *Charlie Hebdo* et à l'Hyper Cacher de la porte de Vincennes ont fait descendre dans la rue quatre millions de Français, qui ont revendiqué le droit au blasphème, proclamé en son temps par Voltaire et garanti aujourd'hui par la loi française. Beaucoup ont regretté que la dénonciation de l'abjection antisémite n'ait pas été à la hauteur de l'émotion et de la mobilisation pour défendre la liberté d'expression ; des déclinologues n'ont pas manqué de disqualifier cette grande marche en une « manif de bobos », voire de « cathos zombies » ; pour ma part, j'ai plaidé que l'esprit des Lumières n'a pas su trouver le soutien politique nécessaire pour rebondir et se rénover, en ouvrant un débat durable récusant la soumission à l'intégrisme et à la radicalisation.

Pourtant, les germes de ce renouveau humaniste ne manquaient pas, ne manquent pas. Parmi les victimes de la tuerie à *Charlie Hebdo,* Elsa Cayat, une psychanalyste, d'origine juive, qui venait d'achever un livre, *La Capacité de s'aimer,* publié de façon posthume. Cette femme aimait la lecture, les livres. « Tu dois lire au moins un livre par jour : Nietzsche, Heidegger, Freud. Peu importe », avait-elle conseillé à sa sœur. Elle adorait les romans, surtout les polars « où l'on découvre toujours l'identité de l'assassin, et même son mobile » ; elle accueillait ses patients en leur disant : « Alors, racontez-moi... » ; elle s'exprimait en jeux de mots ; ni freudienne ni lacanienne, d'une « école à part », singulière, émancipée, inclassable, « cayatienne ». Son nom de famille « Cayat » signifie « couturier » en hébreu et en arabe ; Elsa tissait-cousait à vif son histoire de femme libre avec l'audace des interprétations psychanalytiques et le rire des sempiternels débats rabbiniques. Dans sa dernière rubrique, Elsa se révoltait contre les abus des codes sacrés : « La souffrance humaine dérive des abus. Cet abus dérive de la croyance, c'est-à-dire de tout ce qu'on a bu, de tout ce qu'on a cru. » En lui rendant hommage, lors de ses funérailles, le rabbin Delphine Horvilleur, une autre femme, rappelle le Talmud : un débat virulent se déroule entre grands sages. Rabbi Eliezer s'oppose à tous les autres, et lorsque celui-ci en appelle à la voix du ciel, étrangement celle-ci se manifeste en sa faveur, ce qui ne conduit pourtant pas à convaincre l'assemblée. Les sages apostrophent alors non sans insolence Dieu lui-même : « Tu nous as confié une loi, une responsabilité, maintenant elle est entre nos mains. Tiens-toi loin de nos débats. » Comble de l'étonnement, à ces mots Dieu se met à rire et dit avec tendresse : « Mes enfant m'ont vaincu. » Et le rabbin Delphine Horvilleur de conclure que les « textes ("sacrés ?") sont là pour être interprétés, pour être digérés, parfois loin de leur sens littéral. Sans cela, ils nous aliènent, nous enferment dans la souffrance, nous imbibent de leurs abus. Ils nous condamnent. »

J'aimerais dédier à ces deux femmes, Elsa Cayat et Delphine Horvilleur, la présente réédition de nos échanges. Pour saluer leur courage, leur sens de la révolte par l'interprétation, leur innovation de la tradition. Car nos lettres tissent, elles aussi, des interprétations des croyances, et tentent de prolonger la découverte freudienne pour rejeter le « bu » des « abus », sans s'« imbiber » des dogmes, fussent-ils « psy ». Les « fils de Freud sont fatigués » ? Tu l'as dit, les filles le sont bien moins : la preuve ! Puisque la psychanalyse, au carrefour des pulsions de vie et des pulsions de mort, entre biologie et langage, nous semble mieux placée que les autres sciences de l'homme pour élucider le besoin de croire et le désir de savoir et réévaluer non seulement les abus, mais aussi les attraits du sacré. Aussi ai-je transféré mon séminaire sur *Cet incroyable besoin de croire* (Bayard, 2007) à la Maison de Solenn (Maison de l'adolescent, Hôpital Cochin), que dirige le professeur Marie-Rose Moro. Pour essayer d'ouvrir, à la longue, une véritable formation des personnels soignants, face à ce fléau qu'est la radicalisation des adolescent(e)s, s'ajoutant désormais à la toxicomanie et à l'anorexie ; l'enseignement actuel, fermé à l'expérience intérieure, peine à aborder ces véritables « maladies d'idéalité » des jeunes gens, mais la psychanalyse se donne les moyens de les accompagner.

Un crime contre la féminité

Tandis que des femmes, ici et ailleurs, fraient des chemins nouveaux dans la compréhension, la clinique, la juridiction ou la gestion religieuse et politique du féminin et du sacré, parfois au risque de leur vie ; tandis que le féminisme impose à la mondialisation le principe de la dignité et du respect des droits des femmes –, le monde découvre, médusé, l'horreur du « mariage précoce » que des « traditions », mélangeant religion et prétendu « code d'honneur », imposent aux toutes petites filles. L'Inde que tu chéris, le Népal tout particulièrement, le Bangladesh, le Mozambique, la Zambie, le nord du Cameroun, le Nigeria avec Boko Haram, et j'en passe : dans ces pays, les fillettes sont entièrement soumises à la famille, au clan, privées d'éducation, de libre arbitre, et instrumentalisées ; butin de guerre, elles sont enlevées à leur famille, séquestrées, violées, envoyées dans des camps d'initiation sexuelle pour apprendre à « satisfaire un homme » et pour accélérer leurs règles, avant d'être livrées à un mari. Actuellement, plus de sept cents millions de femmes adultes en vie ont été mariées de force quand elles étaient enfants. Chaque année, quinze millions de filles sont victimes de ces pratiques.

À cela s'ajoute la fameuse « radicalisation » à laquelle succombent les fragiles candidates au mariage avec les djihadistes, ainsi que tu l'as rappelé. Le gangstéro-intégrisme alimente, organise et perpétue ces crimes contre les femmes, qu'on camoufle sous les termes « sacré » ou « honneur », sans qu'aucune sanction économique, juridique ou politique ne soit en mesure d'en endiguer l'horreur. De surcroît, lorsqu'elles s'attaquent aux croyances sur lesquelles prospèrent ces crimes contre la féminité, les ONG sont rejetées comme « discriminatoires » ou « racistes ».

En 2006, j'ai reçu le prix Hannah Arendt pour la pensée politique et j'ai offert la somme à l'ONG

Humani-Terra, située à Herat, en Afghanistan ; elle prend en charge les femmes qui, pour échapper aux affres du mariage forcé, se sont immolées par le feu et ont survécu – survie où elles sont menacées de mort par les deux familles, ostracisées socialement et sans ressources. Loin de diminuer, ces mariages forcés prolifèrent en Afrique du Sud, en Asie du Sud, en Inde. Il est urgent de faire cesser le silence sur ce totalitarisme qui s'abat sur les jeunes filles, les femmes, au nom d'une « tradition sacrée ». J'aurais souhaité que le prix Simone de Beauvoir, que nous avons donné à Malala, la jeune écolière pakistanaise qui a miraculeusement survécu aux balles (tirées en pleine tête) des talibans, soit renforcé et attribué également à l'Organisation Girls not Brides (Filles pas Épouses) qui lutte contre cette barbarie mortifère.

L'expérience intérieure

On me dit souvent que, pour éviter que les Lumières ne s'effacent en archives de prescriptions mortes, il faudrait les développer en un nouveau code religieux. Mais je ne suis pas de ceux qui prophétisent que seule une religion peut encore nous sauver. Thérèse d'Avila, dont on fête cette année le 500e anniversaire, ne m'a pas « possédée », comme tu le crains : mon récit *Thérèse mon amour* (2008) se contente de lire sa foi baroque comme un précurseur des Lumières. La caricature que tu fais de moi en « conseillère officielle du pape » m'amuse : serait-ce ta ferveur laïque qui t'envoie des visions ? Le souverain pontife n'en avait nul besoin, et moi aucune envie ni capacité. Non, ma démesure, qui existe bel et bien, s'est contentée de proposer, au Forum interreligieux d'Assise en 2012, où j'ai parlé au nom des non-croyants, « Dix principes pour l'humanisme du XXIe siècle ». Et puisque Benoît XVI a conclu le forum avec cette déclaration surprenante que « personne n'est propriétaire de la vérité », nous avons créé, après cette rencontre, au collège des Bernardins, le Cercle Montesquieu. En ces sombres temps, il regroupe des religieux de diverses croyances, des humanistes, des femmes aussi, pour bâtir des passerelles entre nos « traditions ».

Tu le sais, je m'interroge : que proposons-nous, nous les descendants des Lumières, face aux crispations identitaires, aux dogmatismes, aux intégrismes, aux fanatismes, au djihadisme… ? Pas grand-chose. Rien qu'un grand point d'interrogation aux endroits du plus grand sérieux : l'identité, l'homme, la femme, Dieu lui-même, le sacré – cela va de soi, le féminin aussi…

Regarde cette beauté secrète et nue, peinte par Giovanni Bellini (né en 1425), sur la couverture de cette réédition. Elle a le même regard tourné vers l'intérieur que les Madones qu'il a réalisées auparavant : ici, c'est la Vénus du monde gréco-latin, mais elle n'a rien d'une déesse : c'est une moderne à sa toilette, un nu qui s'examine. Grâce au miroir derrière sa nuque, son regard « fait le tour ». Et ce n'est pas son image de surface que la jeune femme scrute : elle décolle du spectacle, du narcissisme, traverse les apparences ; et sa descente vers l'intérieur est une plus-que-prière, la chair y participe, elle *se* voyage, corps et âme visionnés en des profondeurs où, comme l'écrit Marcel Proust, la « réalité n'est qu'un déchet ». S'apprivoiser avec un regard autre, à partir du regard de l'autre, s'« estranger » à soi en soi. S'approfondir, se connaître, se défaire et se refaire. Mourir à soi et renaître. En faire l'expérience, au sens où l'expérience serait un « vendredi saint absolu et permanent » (selon le sens donné à ce mot par Hegel et Heidegger). Et appliquer cette expérience à tout ce qui l'entoure : moi, toi, amant, enfant, mari, père, mère, monde. « Renaître n'a jamais été au-dessus de mes forces », pourrait-elle dire, en reprenant l'affirmation de la grande Colette, au sujet des femmes et du féminin. Quant au sacré, elle saurait faire sienne la formule de saint Augustin qui associait déjà le divin et l'étrangeté : « Dieu, grâce à qui nous apprenons que parfois ce que nous croyons nôtre nous est étranger, et que ce que nous croyons étranger est nôtre parfois » (*soliloque*). Sacrée femme ! Un pur produit de l'humanisme de la Renaissance, issu de l'arbre grec-juif-chrétien et sa greffe musulmane, ça oui, j'en suis sûre, et nous n'en sommes pas assez fiers, Européens déprimés que nous sommes.

Il me semble que nos lettres résonnent à l'unisson avec cette attitude et qu'elles mûrissent au contact de la dévastation qui menace l'époque moderne. Puissent nos lecteurs et nos lectrices les recevoir ainsi.

Je t'embrasse,

Julia

AVANT-PROPOS

à l'édition de 1998

Nous nous connaissions depuis la fin des années soixante, nous avions partagé des intérêts et des engagements similaires en sciences humaines, en philosophie, en psychanalyse, ainsi qu'en politique. L'expérience de la maternité, du roman, du nomadisme nous avaient rapprochées davantage encore, mais les hasards de la vie nous éloignaient toujours : un respect réciproque persistait, ponctué de brèves rencontres chaleureuses ou méfiantes, et de connaissances communes. Tout récemment, Catherine a répondu par des pages sensibles à ma vision de la vie féminine comme roman policier, révolte inassouvie, athéisme latent. J'avais aimé, pour ma part, ses voyages chez les hystériques de Charcot ou à travers les religions de l'Inde, ses personnages de femmes passionnées, ses vibrations au fil des événements culturels et sociaux.

Quant à moi, de Julia, j'aimais la rigueur, la précision, l'immense provision de savoirs dispensés à bon escient ; j'aimais aussi sa fantaisie, son humour noir, la musicalité de sa parole, la sauvagerie de ses romans.

Arrive un jour où la longue fréquentation révèle son visage amical, un jour où le travail à deux s'impose en douceur. Comme ça.

Dans un parcours intime et professionnel, il arrive un moment où l'on a envie de poursuivre l'essentiel, à l'abri de la solitude et sans l'étau du groupe. Il arrive aussi que l'essentiel, pour une femme, apparaisse comme ce qui se partage avec d'autres femmes. Pourquoi donc ne pas essayer de faire cela à deux, à nous deux ?

Pour moi, « cela » ne pouvait être que ce qui nous préoccupait depuis toujours, lisibles dans nos trajectoires d'intellectuelles et de romancières, à l'orée de l'inconscient et du lien social, et que la fin prochaine du deuxième millénaire chargeait d'une actualité brûlante : le sacré. Non pas la religion, ni son envers qu'est la négation athée, mais cette expérience que les croyances tout à la fois abritent et exploitent, à la croisée de la sexualité et de la pensée, du corps et du sens, que les femmes réalisent intensément mais sans pour autant s'en préoccuper, et dans laquelle il leur reste – il nous reste –, beaucoup à dire. Existe-t-il un sacré spécifiquement féminin ? Quelle place pour les femmes dans cette histoire qu'on date à partir de la naissance de Jésus, quelle chance pour elles deux mille ans après lui ? Et le féminin dans le judaïsme, le bouddhisme, le confucianisme, le taoïsme, l'islam, les religions animistes d'Afrique et d'ailleurs ? Quelle reconnaissance ou méconnaissance, mais aussi quel avenir, quelles perspectives ? S'il est vrai, comme nous le pensons, que les femmes s'éveillent dans le millénaire qui vient, quel peut être le sens profond de cet éveil, de cette civilisation ?

C'est elle, Julia, qui m'a proposé le « sujet », comme on dit à l'ordinaire quand il s'agit d'un livre. Quel étonnement ! Depuis tant d'années, je me croyais la proie d'une chanson solitaire qui, d'essais en romans, ne me lâchait pas, obsédante ritournelle personnelle, et qui se trouve sur mon chemin ? Kristeva en personne. Je ne m'y attendais pas. Mais à l'instant de la proposition, j'ai su que nous nous entendrions bien, comme violon et piano, soprano et mezzo. Le choix d'un livre à deux voix relève de la musique de chambre ; entre nous, l'accord tacite ne demandait qu'une ligne mélodique pour exister.

« L'éveil des femmes au prochain millénaire »... Sur ce dernier point, j'hésitais. Mais Julia est ainsi, visionnaire. Elle m'a convaincue. Ce n'était pas facile. Car en onze années de vie à l'étranger, partout j'ai vu des femmes plus avancées qu'en France. Et partout je les ai vues se servir du sacré avec plus d'intelligence que nous : en Inde, en Afrique, et même en Autriche, ce début d'Orient. D'autres femmes ont très bien expliqué les causes du retard français, la tradition misogyne de la Révolution française, les restrictions de l'éducation des filles, une fausse conception de l'égalité républicaine, on sait tout cela désormais. Quant au sacré, c'était une autre affaire, à manier avec des pincettes. Féminin, pour les femmes seulement ? Et les hommes là-dedans ? Nous n'allions pas recommencer la guerre des sexes ! Ce n'était pas notre genre de beauté,

ni à l'une, ni à l'autre. Va pour la civilisation en éveil, va pour l'avenir.

C'était là un vaste programme, aussi attirant qu'impossible à traiter. À moins de se contenter de soulever les questions plutôt que de donner des réponses, d'esquisser les champs plutôt que de les enfermer dans des définitions – et ceci en commençant par les thèmes mêmes du débat, le « féminin » et le « sacré ». Parce que nous habitions à des milliers de kilomètres l'une de l'autre, il était hors de propos de réaliser ce puzzle de « vive voix ». Il nous restait la correspondance. On n'écrit plus de lettres, disais-je, déconcertée. Mais si, mais si, soutenait Catherine. Genre archaïque ? Non, espace de précision. Artifice ? Peut-être, mais lieu de sincérité aussi. Pourquoi ne pas essayer !

C'est juste, au commencement, Julia ne voulait pas de la correspondance. Or rien n'est plus actuel, puisque télécopies ainsi que « e-mail » sur Internet restituent à ce genre ancien sa véritable essence : écrire à l'autre. Et le pire artifice, n'est-ce pas le faux entretien parlé, enregistré sur magnétophone, transcrit jusqu'au « heu, heu... », dûment gommé, poli de style ensuite ? Pas de ces échappatoires. Nous avons donc correspondu très classiquement, en prenant notre temps. Il n'est pas exact que le temps ne fasse rien à l'affaire : en traversant l'espace, il travaille.

Dès le début, notre correspondance a été vraie : la vie de tous les jours y a pris sa place, les femmes, comme le sacré, ont dû se soumettre à nos soucis très profanes. Plus même, elle nous a aidées à les affronter.

Dans une lettre écrite à une amie, on n'évite pas de raconter ses épreuves, grandes ou petites. Nous aurions pu les effacer à la relecture, mais elles nous ont permis d'avancer en idées, c'est pourquoi elles sont restées à leur place, naturellement. C'est ainsi que nous avons compris que, profanes, les vrais soucis ont à voir avec le sacré. Nous n'étions plus « dehors », mais « dedans ». C'est la vie – en effet.

Un livre est né ainsi, comme il arrive de toute écriture qui recueille des questions pour les mettre en lumière. Mais un livre à deux voix, sur deux thèmes qui ne demandent qu'à trouver des échos singuliers auprès de chacune, de chacun. Nous aimerions qu'il soit lu avec l'esprit de confiance et de polémique qui nous a animées tout au long de ce parcours.

Julia Kristeva
Catherine Clément

Dakar, 7 novembre 1996

Chère Julia,

Depuis que tu m'as parlé de l'étrange relation qui unit les femmes au sacré, je le rencontre à chaque pas ici même, en Afrique. Sur le « continent noir » auquel Freud compare la féminité en général, rien d'étonnant, me diras-tu. Laisse-moi tout de même te décrire ce que j'ai vu hier. Car pour une surprise, elle était de taille…

C'est un pèlerinage catholique en l'honneur de la Vierge noire d'un gros bourg appelé Popenguine, à une trentaine de kilomètres de Dakar. Imagine une foule immense sur un terre-plein à peine ombragé par quelques arbres maigrichons, face à une estrade où les évêques du Sénégal concélèbrent une messe solennelle, sous l'autorité du cardinal de Dakar. Soleil au zénith, il est midi, quarante degrés à l'ombre, ciel indigo. Nous autres dignitaires, nous sommes à l'abri sur le côté de l'autel. À vue de nez, il y a bien quatre-vingt mille fidèles, hommes, femmes et enfants.

La messe commence. Soudain, hurlements stridents dans la foule : c'est une voix de femme. Aussitôt, les infirmiers se précipitent, civière en main ; ils découvrent l'origine de la voix, ligotent solidement la femme qui hurle et disparaissent. Je me dis : « Crise de nerfs. » Mais cela recommence dix minutes plus tard. Et pendant les deux heures de la cérémonie, à rythme régulier, cris de femme, infirmiers, civière, évacuation. Encore. Encore. Un étrange phénomène sacré fait irruption dans une cérémonie religieuse. La messe est-elle sacrée ? Sans doute. Rien ne lui fait défaut, ni chasubles, ni encensoirs, ni chorale. Pourquoi, alors, ai-je l'impression que les hurlements de ces femmes introduisent une autre forme de sacré que celle d'une messe catholique ?

Pourtant les secouristes sont rodés à l'exercice. Ils ont manifestement l'habitude de ces femmes qui crient. Au loin, on les entend toujours, comme un chœur d'opéra plaintif ; elles sont attachées mais ne cessent de hurler, l'une après l'autre, en canon. Que disent-elles au juste au beau milieu d'une messe ? Qu'expriment ces ligotées avec leurs hurlements ?

Le mot s'impose à moi : « transes ». Toutes les hurleuses tombées sont noires. Dans l'assistance, je remarque beaucoup de religieuses à peau blanche, qui ne bronchent pas. Mais les religieuses africaines ne bronchent pas davantage. Les « frappées » sont de jeunes Africaines laïques, souvent flanquées d'enfants. Pas un homme ; pas même un adolescent imberbe. Les cris sont rigoureusement identiques : même tessiture, mêmes modulations. Or ce qui me stupéfie le plus, c'est ce que me souffle à l'oreille mon voisin africain, sanglé dans son complet veston, un dignitaire, puisqu'il est à mes côtés.

« Crises d'hystérie, affirme-t-il. C'est habituel. »

Bon sang, mais je ne lui ai rien demandé ! Voici donc un membre des élites africaines qui nomme « hystérie » ce que j'appelle transe. Mon voisin pense en *toubab*, mot utilisé pour désigner le Blanc en Afrique. Peut-être parce qu'il s'adresse à une Européenne, mon voisin se met dans la peau d'un *Toubab* noir, c'est-à-dire d'un Africain occidentalisé. (C'est ainsi qu'au Sénégal certains de ses adversaires appelaient le président Senghor, le « Toubab noir ».) Et ça aussi, c'est habituel en Afrique, surtout quand la destinataire du message appartient à la nation qui colonisa le pays. Que choisir comme appellation ? La transe ou l'hystérie ? Après tout, le mot « transe » n'est pas moins occidental que l'autre… Il m'embête, mon voisin. Me voilà tout à fait perdue.

Elles sont noires, catholiques, elles piquent des crises pendant une messe solennelle au soleil. Elles sont nées sur la côte de l'Afrique de l'Ouest, à l'endroit où sont arrivés les premiers colonisateurs portugais en même temps que les premiers prêcheurs musulmans, au XVe siècle. C'est de cette époque que datent l'implantation de l'islam et le catholicisme africain. Mais le Sénégal d'aujourd'hui étant musulman à 90 %, le catholicisme représente une part infime des populations : ces femmes qui crient appartiennent à une minorité religieuse. Et l'animisme d'avant le XVe siècle ? C'est simple, il est resté partout.

Toutes les religions monothéistes installées en Afrique ont gardé presque intact leur passé animiste.

Les musulmans adorent Allah et leur chef spirituel, calife ou marabout, au même titre ; on invoque les génies en chantant « Bismillah », on asperge l'initié de sang après le baptême chrétien. Cela ne gêne personne, et les djinns font bon ménage avec le dieu unique. Or, pour des cris perçants excités par une messe, voilà que le mot lâché par les officiels renvoie à une pathologie occidentale ! L'hystérie, voyez-vous ça, comme à Vienne à la fin du XIXe siècle… Il me paraît clair qu'il s'agit d'un phénomène ancien rebaptisé en langue des « Toubabs » ; et dans un pays où les élites parlent le meilleur français du monde, il leur est impossible d'ignorer le mot « transe » pour désigner ces crises. Non, c'est autre chose qu'exprime mon voisin dignitaire : un refus, une gêne. L'hystérie dérangerait moins que la transe, ce grand secret d'Afrique.

Au Sénégal, difficile d'analyser la filiation exacte qui relie ces transes à l'animisme refoulé depuis le XVe siècle. Les côtes des régions sérères ont connu des marranes, des juifs portugais, des protestants ; puis le catholicisme l'a recouvert d'un glacis où la foi est profonde, mais les modes d'expression métissés. Sous le glacis, la transe africaine émerge. Africaine, la transe ? Mais qu'est-ce que je raconte ? La transe est universelle : on la trouve partout au monde ! Pourtant, je ne peux me défaire de l'idée : transe d'Afrique. Sans doute parce que j'imagine une porosité particulière aux femmes noires, je crois deviner chez elles un accès foudroyant au sacré, analogue à celui de leurs cousines afro-brésiliennes pendant les cérémonies « candomblés » à Bahia : le corps à l'abandon, les yeux révulsés, elles sont comme à Popenguine agitées de tremblements.

Or, franchies les apparences, au Brésil c'est très différent. Les transes du candomblé sont ciblées, prévues. Sous l'emprise de dieux africains dûment nommés selon le calendrier des saints – Shangô saint Jérôme, Yemanja la Vierge Marie, Ogun saint Antoine –, les possédées sont guidées par le « Père », l'officiant vaudou. Au Brésil, à cause de l'esclavage, le rite d'Afrique a repris le dessus et les femmes en transe crient peu, ou alors c'est dans l'ordre. Ici, à Popenguine, on ne les « guide » pas, on les attache. Aux déchaînées il faut des chaînes, tandis que dans le candomblé le « déchaînement » est encadré d'avance. Étrange renversement des chaînes de l'esclavage... À Bahia, le lien entre le « Père » et les possédées est purement spirituel ; à Popenguine, le lien entre le clergé et les femmes qui crient est matériel ; ce sont des sangles. Là-bas, à Bahia, le catholicisme a plié sous le poids de l'Afrique en exil ; ici, à Popenguine, il ne sait trop que faire de ce désordre sacré venu du passé résistant sur le sol natal. Faute de mieux, les secouristes limitent les dégâts. Avec des sangles.

Allons ailleurs. Quand je vivais en Inde, je ne voyais aucun désordre sacré dans les pratiques religieuses des bourgeoises indiennes, bien « tenues » par un siècle d'occupation britannique puritaine, et aussi par leur caste d'origine. Car, dans les hautes castes du système social hindou, la porosité du corps ne fait pas partie du code des bonnes manières. Pas question de se laisser aller. Mais pour avoir vu dans les pèlerinages populaires les paysannes indiennes elles aussi déchaînées, je soupçonne que la transe et sa porosité ont sans doute à voir avec la caste d'origine. Caste d'origine ? Attention… Il faut voir de plus près.

Une caste est une sorte de tiroir où l'individu naissant est classé à la naissance, et d'où il ne peut sortir. La caste n'a rien à voir avec la « classe sociale », c'est certain. Mais elle entretient le plus étroit rapport avec le vieux concept marxiste d'« origine de classe », ce tiroir mental qui détermine les pulsions et pensées dès la naissance. Pour Marx, si l'on peut à l'évidence sortir de sa classe sociale, on ne peut pas se défaire de l'« origine de classe », pas plus que l'on ne peut se défaire de l'inconscient, selon Sigmund Freud. Dans ce cas, la « caste » d'origine jouerait le même rôle que le retour du refoulé : à la moindre brèche, elle ressort. Impossible de s'en débarrasser. Pour un rien d'émotion, la voilà qui réapparaît. Il faut un encadrement fort discipliné si l'on veut contenir ce retour de naissance… Voilà pourquoi, en Inde, les hautes castes tenues par les strictes manières de l'hindouisme sont capables de résister à la transe ; voilà pourquoi à Popenguine, « tenues » par l'éducation de leur ordre, les religieuses africaines n'y cèdent pas, non plus que les femmes de dignitaires sur le podium. Celles qui hurlent sont des femmes sérères, des villageoises ou des servantes.

Elles sont minoritaires et servantes, elles tombent en transe. Eh bien ! Pas besoin d'aller en Afrique pour constater ce phénomène. À Paris, dans les années soixante, je me souviens d'avoir vu à l'hôpital Sainte-Anne une vraie crise « hystérique », déclenchée involontairement par le docteur André Green, alors chef de service. Ce jour-là, la jeune fille, qui était bretonne, nous a sorti le grand jeu : une stupéfiante acrobatie hystérique dans son accomplissement parfait, tête et pieds soutenant le corps raidi, courbé comme un arc, l'esprit ailleurs, les yeux lointains, insouciante, à l'abandon. Commentaire du bon docteur : « On ne voit plus ce phénomène archaïque que chez les Bretonnes analphabètes quand elles arrivent à la ville par la gare Montparnasse. » Il n'était pas besoin de préciser pourquoi les Bretonnes analphabètes arrivaient à Paris : à l'époque, on savait que c'était pour se « placer » comme domestique.

Au XIXe siècle, du temps de Charcot et de Freud, les bourgeoises d'Europe avaient encore l'acrobatie dans leur répertoire hystérique. L'éducation aidant, l'*opisthotonos* – c'est le nom savant de la figure en arc – s'était réfugié dans les campagnes ; il a probablement disparu aujourd'hui. Mais dans les années soixante, les Bretonnes analphabètes possédaient encore cet art archaïque de la transe acrobatique : le choc entre la campagne et la ville déterminait la perte de conscience et la somatisation brutale. C'était précisément le cas de cette jeune fille, en l'année 1964. Or nous étions à l'hôpital psychiatrique, où le sacré n'a point de part. Revenue à elle, la Bretonne aura eu une crise d'hystérie dont ni elle ni les médecins n'auront su précisément quoi faire. Dans la psychiatrie, personne ne sait que faire d'une transe « laïque » ; et comme le sacré ne fait pas partie des classifications, on la déclare comme *opistothonos*. C'est un mot savant, et qui bluffe. Cela lui faisait une belle jambe, à la Bretonne qui débarquait à la gare Montparnasse. Ailleurs, elle aurait pu utiliser ce don de transe à des fins religieuses ; peut-être aurait-elle pu accéder au statut de visionnaire ; mais elle était malade au service des urgences psychiatriques de la capitale, voilà.

À la vérité, je suis plus assurée sur les origines de classe que sur la porosité du corps, ton domaine. Non que je sois si savante sur les classes sociales ! Mais à force de voyages et de longs séjours à travers le monde, partout, j'ai vu des femmes en proie au sacré. Le fait est que je l'ai rarement observé quand elles savaient lire et écrire, ou alors c'était par snobisme, comme nos Européennes coiffées de cri primal à l'américaine. Au Sénégal, les femmes sortent encore très peu de la famille traditionnelle, et l'éducation nationale est en voie de dégradation. Est-ce pour cette raison que les Sénégalaises offrent aux regards une sorte de « porosité » ? Dans ce pays devenu largement analphabète, les majestueuses Africaines déambulent dans les rues avec une démarche d'une ostentatoire sensualité, boubou glissant sur les épaules. La porosité de ces déesses de deux mètres de haut laisse, littéralement, à désirer.

Tel n'est pas vraiment le cas de mes hurlantes de Popenguine. Rien de majestueux chez elles ; l'apparence est plutôt insignifiante. Je t'ai dit qu'elles étaient villageoises, ou servantes. Ce n'est pas un détail. En Afrique, ce qu'on appelle avec tant de facilité « ethnie » dépend aussi du système des castes – très dissimulé mais extrêmement présent – ainsi que de la fonction sociale. Les femmes sérères de la région de Popenguine sont souvent placées comme « bonnes » dans la capitale, chez les bourgeois de la grande ville. À Dakar, une « bonne » (*sic*) est sérère comme au début du siècle une Bretonne à Paris ; il existe même un syndicat des bonnes sérères. En clair, elles sont parmi les plus exploitées de la métropole sénégalaise.

J'en déduirais, peut-être un peu vite, qu'elles accèdent plus volontiers à la transe que leurs maîtresses. Oui, je pense que la capacité d'accéder au sacré par la voie foudroyante dépend bel et bien de l'état de minorité, ou d'exploitation économique. Il faut que « ça » sorte quelque part et, faute d'éducation, ce lieu d'expulsion est celui du sacré. Ou du crime. Ou des deux, cela s'est vu. Te souviens-tu de l'accès de violence qu'on vit au Mans dans les années trente lorsque les deux sœurs Papin, excellentes servantes bien sous tout rapport, trucidèrent leurs patronnes, mère et fille, par une nuit d'orage ? Elles les dépecèrent sous l'effet d'un raptus, autant dire une transe. Elles étaient épuisées après le crime, et sans remords aucun, comme dans les tragédies grecques les héroïnes assassines foudroyées par la démesure. Elles auraient juste dit en lavant soigneusement les hachoirs : « En voilà du propre. » Les sœurs Papin étaient elles aussi des bonnes.

Mais, somme toute, être « bonne » chez les autres suscite la révolte, et la transe en est une. Il y a de quoi devenir méchant quand on est asservi. Il y a de quoi profiter d'une messe pour crier à pleins poumons quand on est paysanne ou servante, catholique et sérère au Sénégal. On n'appartient pas à la majorité musulmane, on n'est pas du parti des puissants. Et puis on n'est pas du sexe qui domine la nation. Bref, on a raison de se révolter, et le décor d'une messe solennelle fait l'affaire. À travers le sacré d'un rite monothéiste, se faufile un autre sacré, l'ancien. Des chœurs, de l'encens, des ors sur les chasubles, de l'éclat, le soleil au zénith, une petite Vierge noire posée au bas de l'autel, et brusquement la faille… C'est sorti. Qui s'y opposera ? Ni les sangles ni le clergé. Le cri est irrésistible, et il est fait pour ça.

Je te propose une première piste, effacée par les siècles. Le sacré chez les femmes exprimerait une révolte instantanée qui traverse le corps, et qui crie. À toi de m'éclairer sur la porosité.

Catherine

Paris, 1er décembre 1996

Chère Catherine,

Ta lettre m'a attendue plus de quinze jours à Paris, pendant que je retrouvais une fois de plus le faste et la brutalité de New York. J'ai toujours du mal à atterrir dans l'Hexagone, au désagrément du décalage horaire s'ajoutant cette impression de plus en plus pénible que les Français *boudent* : ils boudent l'Histoire qui, certes, n'est pas de tout repos, mais qui se déroule bel et bien ailleurs… En effet, que reste-t-il d'une nation dans les « États unis du monde » ? La question est gravissime mais ce n'est pas le sujet de notre correspondance…

Tu évoques des femmes noires qui hurlent dans une foule de quatre-vingt mille personnes au Sénégal autour d'une vierge statufiée ; joyeuses libertines qu'un cri strident transforme en possédées ; porosité de leurs corps ; indifférence efficace des religieuses et des infirmiers, blasés de cette sensualité ostentatoire qui se mue en crise hystérique… Et le diagnostic « psy » d'un notable sénégalais.

De mon côté, j'ai encore dans les yeux l'« africanité » américaine. À chacun de mes voyages, New York m'apparaît de plus en plus noire et métissée. Mais curieusement ce sont les corps féminins – souvent si lourds et disgracieux – qui confèrent à cette humanité de mutants son aspect le plus rassurant, apaisé même, d'indélébile sérénité. Elles ne sont nullement en transe, ces dames noires qui dirigent les rayons des magasins, les administrations des universités, les agences bancaires et même, parfois, les *panels* des symposiums et autres célébrations télévisuelles ou culturelles. Alors que leurs maris et leurs fils semblent toujours prêts à s'énerver, quand ils ne manifestent pas franchement leur violence en guise de revendication personnelle ou politique – et nous savons toutes deux qu'il y a de quoi faire en Amérique, surtout quand on est noir –, ces sombres matrones déploient une compétence professionnelle et une solidité de nerfs à toute épreuve. Rien à voir avec l'agitation fébrile des femmes émancipées qui, il y a quelques années encore, croyaient se libérer en se virilisant. Celles que j'ai vues cette fois se comportent comme des mères quelconques et fières de l'être, qui tout simplement prennent la parole et, tout aussi simplement dirigent les affaires de la cité. Professionnalisme ou indifférence, elles nous signifient qu'elles ont tout le temps – la vie devant elles.

Voilà une autre dimension du sacré : la certitude de soi dans l'instant, qui vient de la certitude d'avoir le temps. Non pas l'angoisse de castration dont l'homme habille sa peur de la mort, au point de faire de celle-ci la veilleuse insomniaque et le support ultime du sacré ; non pas la catastrophe du deuil, que les femmes connaissent dans leur chair et qui fait d'elles des pleureuses éternelles, avec ou sans cadavres – je te parlerai une autre fois des sources de cette indomptable mélancolie féminine. Non. Cette attitude, si sereine qu'on hésite à la rattacher au sacré – le mot « sacré » véhicule une vibration mélodramatique ou « hystérique », comme dirait ton savant voisin de la tribune des dignitaires –, s'enracine dans la certitude de la vie. Il y a de la vie et *elles* peuvent la donner : *nous* pouvons la donner. Le temps alors se transforme en une éternité d'instants miraculeux. Certaines le font avec plus ou moins de désir, de peine, de joie ou de souffrance, et arrivent même à en communiquer le sens. Le sens de la vie la plus modeste, la plus quelconque. Avec un geste d'humilité, un sourire, le sentiment de l'efficacité transmise, de la patience, du lendemain. Ces corps-là ont le charme opaque des terres cuites, la résistance chaleureuse des bronzes, de quoi chanter des *negro spirituals*, mais aussi diriger un pays – en douceur.

J'étais partie de l'africanité américaine et je tiens à te rassurer : j'ai horreur des *politically correct*, je ne prêche pas l'avenir de la femme noire contre l'impasse de l'homme noir, ni même la supériorité de la femme contre l'homme, et encore moins celle de la déesse noire contre l'hystérique blanche – sur ce dernier point, les « opéras savonnettes » made in USA que consomme désormais l'humanité câblée n'épargnent aucun sexe, aucune ethnie, bien que la bourgeoise blanche semble avoir une bonne longueur d'avance sur sa consœur noire dans la mise en scène des crises de nerfs et la manipulation financière du chantage sentimental... Non, je m'en tiendrai à la vie comme face ultime du sacré. D'abord, parce que c'était un des buts de mon voyage : présenter à la *New School* « Hannah Arendt et le concept de "vie" » ; et puis parce que, habitée sans doute par mon sujet, je voyais le théâtre quotidien confirmer mes intuitions. Ces femmes noires, ces femmes hispaniques, ces femmes chinoises qui donnent à la métropole américaine le visage cosmopolite du troisième millénaire imposent, en contrepoint à la misère angoissée et trépidante, l'image d'une verticalité imperturbable et même sensuelle.

Puisque la vie est devenue la valeur refuge de nos démocraties avancées, chrétiennes ou post-chrétiennes, comme tu voudras, nous oublions que cette sacralité de la vie a une histoire ; et que cette histoire dépend de la place que les religions et les sociétés ont accordée aux femmes. J'aimerais qu'on revienne un jour à la Vierge : désérotisée, dit-on, trop facilement peut-être ; mais sans corps, sûrement pas ; et sur cet extraordinaire équilibrage entre, d'une part, le culte de la naissance qu'instaure Marie, mère de Dieu, et, d'autre part, le « contrôle des taux de natalité » (comme on dit maintenant) qu'elle aurait permis d'instaurer !

Mais restons dans l'âge moderne : on oublie trop vite aussi que les deux totalitarismes, nazi et stalinien, ont en commun la monstruosité des camps, c'est-à-dire rien d'autre que la destruction de la vie. Par ailleurs, les progrès techniques de nos démocraties avancées, qui n'ont pour ambition que de « gérer » la vie en toute innocence, sont lourds de la même menace totalitaire :

la menace de détruire la vie après avoir dévalué la question de son sens.

Et les femmes là-dedans ? Les libertés que nous avons acquises grâce à la contraception et à la fécondation artificielle n'empêchent pas que le désir de maternité reste et restera l'onde porteuse de l'expérience féminine. Et que l'avenir de l'espèce dépend et dépendra de ce désir, si nous ne voulons pas que la technique soit la seule à « gérer » nos destins. L'amour entre les sexes et la tendresse de parents, homme et femme, ne cessera pas d'abriter la vie psychique, la vie tout court, de l'enfant, de l'éternel enfant que nous sommes. Cette vie-là, voulue et conduite par une maternité aimante, n'est pas un pur et simple processus biologique : je parle du sens de la vie – d'une vie qui ait un sens. Nous sommes ici au « degré zéro » du sens, pour reprendre l'expression de Barthes, dont je n'oublie ni l'ironie ni l'amoureuse pensée. Et si ce que nous appelons le « sacré » était la célébration de ce mystère qu'est l'émergence du sens ?

Hannah Arendt distinguait, avec les Grecs, entre *zoè* (vie biologique) et *bios* (vie à raconter, susceptible de biographie). Puisqu'elles sont plus aptes que jamais à décider de la vie, grâce à la technique, les femmes sont aussi plus prêtes que jamais à ne pas être de simples génitrices (à supposer qu'être « génitrice » soit quelque chose de « simple »), mais à *donner sens* à cet *acte de donation* qu'est la vie.

Cela ne va pas de soi. Il est fort possible qu'une société dominée par la technique et le profit réduise les femmes à n'être que les détentrices de la vie « zoologique » et ne favorise nullement l'interrogation, l'inquiétude spirituelle qui constitue un « destin », une « biographie ». Quand je t'ai proposé cet échange à propos des « femmes et le sacré », j'avais surtout en vue ce danger : cette nouvelle version de totalitarisme *soft* qui, après la célèbre « perte des valeurs », érige comme « valeur suprême » la vie, mais la vie pour elle-même, la vie sans questions, les femmes-mères devant être les exécutrices naturelles de cette « zoologie ».

Pourtant, la percée du féminin sur tous les continents, dont je t'ai donné une image quotidienne new-yorkaise, laisse la question ouverte. Et si le partage ancestral entre « celles qui donnent la vie » et « ceux qui donnent le sens » était en train de disparaître ? Qu'en penses-tu ? Ce serait un bouleversement radical, du jamais vu. De quoi annoncer une nouvelle ère du sacré, justement, qui pourrait bien être la surprise de ce troisième millénaire. Après deux mille ans d'histoire mondiale dominée par ce sacré qu'est l'Enfant Jésus, les femmes ne seraient-elles pas en position de donner une autre coloration à ce sacré ultime qu'est le miracle de la vie humaine : non pas de la vie pour elle-même, mais de la vie porteuse de sens, à la formulation duquel les femmes sont appelées à apporter leur désir et leur parole ?

Je n'oublie pas la porosité des corps en transe. Même les madones placides que j'ai croisées dans les rues cosmopolites de New York, même les mères les plus sensées qui savent raconter leurs désirs de femmes et leurs tendresses de mères ne sont pas à l'abri d'une « possession ». Je me laisse éblouir par la savoureuse parole des huîtrières de mon île de Ré, où tu sais que désormais j'ai pris racine – comme si on pouvait s'enraciner dans une terre de marais salants ou de fjords –, mais je sais qu'elle va de pair avec une coléreuse mélancolie. Tant de rillettes et de crépinettes de langage dont elles saturent leurs enfants, brusquement interrompues par des cris de rage, quand ce n'est pas par le suicide ou le meurtre ! Où est le sacré ? Je ne te propose pas de définition, tu en sais plus que moi en anthropologie, philosophie, psychanalyse et j'en passe. Je dis seulement que, dans ces parages où nous sommes maintenant, entre la Vierge et ses « frappées », le temps et l'absence, la sérénité et la perte de soi, je dis que ce qui nous revient comme « sacré » dans l'expérience d'une femme, c'est le lien impossible et cependant maintenu entre la vie et le sens.

Le corps humain, et plus dramatiquement encore le corps d'une femme, est un étrange carrefour entre *zoè* et *bios*, physiologie et narration, génétique et biographie. Freud a dessiné la cartographie de ce clivage en ajoutant au réservoir biologique les étages de l'inconscient, du préconscient, du conscient. Le langage y transite mais ne s'y réduit pas : une frontière le sépare de l'excitation biologique.

L'interdit instaure et consolide cette frontière : « tu ne tueras pas (ton père) », « tu ne coucheras pas (avec ta mère) ». Interdit du meurtre et de l'inceste, l'interdit est éprouvé comme une violence par le soma. Le Dieu juif l'a dit avec une justesse sans précédent, qu'on ne cesse de lui reprocher : l'interdit « tranche » ou « coupe » : *béréchit* est le premier mot de la Bible. De manières diverses et moins conscientes des effets tranchants de la parole, toutes les religions célèbrent dans le sacré un sacrifice : celui d'une plante, celui d'un animal, celui d'un homme. Le judaïsme, puis le christianisme avouent que ce sacrifice est celui qui inscrit le langage dans le corps, le sens dans la vie. Et cela par un interdit qui n'a pas besoin de tuer pour trancher, mais se contente de tracer une morale. Sacrée morale, lourde de révoltes et de passions.

Les dévots du sacré se gardent d'insister sur la violence que ce sacré/sacrifice/interdit recèle et impose. Seul le « divin marquis » de Sade en a tiré les conséquences hyperboliques, dites désormais sado-masochiques, de notre condition d'êtres biologiques-et-parlants ; mais ses vérités brutes ennuient quand elles ne font pas peur.

Or, puisqu'elle parle, la femme est sujette au même sacrifice : son excitabilité se soumet à l'interdit, la jouissance de son corps engendrant se traduit dans la représentation d'une parole, d'une image ou d'une statue. Pourtant, le sacrifice ne parvient pas à s'imposer comme un absolu capable de mater sans reste toute la passion. De surcroît, les représentations elles-mêmes – cantiques, paroles, sculptures –, ne restent pas à leurs places de représentation, mais replongent dans la chair pas si sacrifiée que cela, et la mettent en résonance, en jouissance. Le sadomasochisme du lien sacré (corps/sens) semble plus évident à une femme, plus à l'œuvre chez une femme. Elle y est, elle est « en phase », elle le manifeste. En transe. Être de frontière, biologie *et* sens, une femme est susceptible de participer aux deux versants du sacré : au calme apaisement où la nativité s'assure en éternité (mes New-Yorkaises qui gèrent la cité), mais aussi à la déchirure de la nappe sacrée où le langage et toute représentation s'abîment en spasmes ou en délires (tes Sénégalaises en transe). Sereine ou déchaînée, une femme est, en raison de cette double nature, à la fois de plain-pied avec le sacré, et sa rebelle la plus irréductible – une athée potentielle.

« L'horizon de l'Être est poreux », écrivait Husserl repris par Merleau-Ponty : il suggérait le suintement des sensations irréductibles au langage lui-même. Une femme – avec ou sans transe – est la démonstration quotidienne de cette distillation plus ou moins catastrophique ou délicieuse de la chair dans l'esprit, et vice versa. Les psychanalystes diront que celle qui est susceptible de donner la vie est un sujet, certes, mais un sujet dont le refoulement reste fort problématique. Sujette plutôt à des vapeurs généralisées. En termes plus élégants, Baudelaire parle, dans *Les Fleurs du mal*, de parfums : « La Circé tyrannique aux dangereux parfums ». Et encore : « Il est de forts parfums pour qui toute matière est poreuse. On dirait qu'ils pénètrent le verre. »

Voilà, je te propose le *parfum* comme image de ce refoulement problématique, de cette porosité troublante des femmes. Le « verre » du refoulement ne résiste pas à la pression d'une réalité intérieure : le moi féminin (comme le moi baudelairien ?) est « vaporeux ». Tu vois que je lie le sort de l'érotisme féminin au destin de la maternité : bien qu'il s'agisse de deux versants parfaitement distincts de l'expérience féminine, le corps vaginal, cet habitacle de l'espèce, impose de toute façon à la femme une expérience de l'« intérieur », de la « réalité intérieure », qui ne se laisse pas facilement *sacrifier* par l'interdit, ni représenter par les codes consécutifs à l'interdit (langages, images, pensée, etc.). Maîtresse ou mère, une femme reste étrangère au sacrifice : elle y participe, elle l'assume, mais elle le dérange, elle peut aussi le menacer. On comprend alors que cette *profondeur* vitale constitue également un danger *social :* en effet, quelle morale, quelle éthique, si le sacré devait être confronté aux assauts des hurlantes, à leur animisme endogène ?

Mais il y a femme et femme, et comme je ne voudrais pas te donner l'image d'un univers en dominos noirs et blancs, pas plus qu'en structures psychiatriques (hystériques, psychotiques, etc.), je te parlerai plus tard d'histoires singulières. Du sacré tel que le rencontrent, ou non, mes patientes… et mes personnages.

Je sais que tu connais parfaitement toutes ces choses que je t'écris sous la forme brouillonne, jetée, de la lettre. Je me demande si ce genre convient à la rapidité de nos vies et à la complexité du sujet. Pourtant, j'ai envie de continuer, pour le moment, ces échanges épistolaires qui me donnent aussi le sentiment de me placer avant et après l'effort. Avant et après le surgissement d'une impression ou d'une pensée, tout en leur redonnant de l'innocence, dans une humeur de détente et presque de joie, avec comme seul souci de faire coïncider mes instants avec ton attente, mais sans exigence d'exactitude. Un flottement, en somme, qui mise sur la suite. Ce qui, après tout, est peut-être l'essentiel en amitié.

Julia

Dakar, 7 janvier 1997

Chère Julia,

Ta lettre au retour de New York s'est abattue sur moi comme une pluie de mousson. J'ai ouvert mon parapluie et commencé à trier les semences.

Les dames afro-américaines dont tu admires la solidité tranquille à New York sont bien les dignes sœurs des Sénégalaises. Mais quelles différences de situation ! Visiblement, tes paisibles Américaines ne sont pas dans la misère. Par surcroît, en Amérique du Nord, aucun matriarcat à l'horizon, alors que dans l'Afrique sahélienne, les sociétés vivent en groupes familiaux sous l'autorité exclusive du père de famille. Pire, malgré le choix légal possible entre monogamie et polygamie, la polygamie progresse chez les jeunes, toutes origines sociales confondues. Il faut y ajouter l'autorisation qu'ont certains marabouts de pratiquer une polygamie illimitée, trente, quarante épouses, un harem, quoi. Les prescriptions de Mahomet ont volé en éclats, et ces marabouts, aussi entreprenants en affaires capitalistes qu'en capitalisation d'épouses légitimes, retrouvent sans coup férir les traditions pré-islamiques. On est loin de New York, et pourtant...

Comment se fait-il donc que les Sénégalaises ressemblent tant aux Noires new-yorkaises ? À l'évidence, il faut encore puiser dans « de l'Afrique ». Pourquoi ? Parce que les femmes y jouissent de fonctions singulières, et qui relèvent surtout du sacré. Par exemple, la ville de Dakar est entourée par un peuple minuscule, celui des pêcheurs lébous. Or depuis l'aube des temps, lorsque le pêcheur revient à quai, il doit donner le poisson à l'épouse, seule habilitée à le vendre ; elle prendra sa dîme au passage, son argent à elle, qui est appelé « sacré ». Ce sont aussi les Lébous qui pratiquent un rite thérapeutique spectaculaire fort en vigueur dans les banlieues, le N'Doeup.

Destinée à faire sortir un génie vengeur du corps où il est « descendu », cette cérémonie dure sept jours et sept nuits. On y passe par des rituels infiniment sophistiqués de mesures du corps, par des séances de possession publique dans les rues, par le sacrifice d'un « bœuf » – taureau sur lequel on transfère l'esprit du génie, et l'on y célèbre pour finir le culte de l'esprit dans une transe généralisée. J'ai assisté au jour de la préparation du sacrifice – sept heures ! J'en suis sortie épuisée par la tension psychique du groupe, dirigé par les guérisseuses. Car la thérapie du N'Doeup est réservée aux femmes, réunies village par village en collèges de guérisseuses officielles. Il existe aujourd'hui un seul homme guérisseur : mais, pour officier, il doit s'habiller avec des vêtements féminins.

Homme habillé en femme pour guérir. Ce fait brut appellerait un flot de commentaires sur la bisexualité des thérapeutes en général, mais nous y reviendrons plus tard. Pour l'heure, je préfère repérer le rôle des femmes africaines dans le traitement des maladies mentales. Comme toujours en Afrique, l'opération consiste à transférer délicatement le « djinn » – le génie – d'un corps souffrant à un animal sacrifié, ensuite à un culte visible, pilon de mil planté dans le sol, ancêtre statufié. Qui « fixe » le génie baladeur ? La guérisseuse. Qui transfère ? La guérisseuse. Qui répare le groupe abîmé par la folie d'un seul ? La guérisseuse. Et comment devient-on guérisseuse ? À une seule condition : avoir été possédée soi-même, et puis avoir guéri. Le passage est rigoureux. Une femme guérie par le N'Doeup n'a pas le droit d'échapper à son statut de guérisseuse, sinon elle retombe dans les griffes de son génie.

Imagine que toutes les femmes passées sur le divan soient obligées de devenir psychanalystes : telle est la situation chez les femmes lébous dans les faubourgs de Dakar. Or loin de disparaître, le rite lébou progresse. De même, la cérémonie éthiopienne du *zâr*, au fonctionnement semblable, avec transes, également pratiquées par des femmes, remonte aujourd'hui jusque dans les banlieues du Caire ! C'est clair : lorsque la pauvreté envahit les bidonvilles, les guérisseuses s'en occupent. N'Doeup à Dakar, candomblé dans les quartiers pauvres de Bahia, macumba dans les favelas de Rio, *zâr* en Égypte, et, si l'on ouvre le compas à l'extrême, Mère Teresa à Calcutta, sœur Emmanuelle au Caire… D'autres s'en indigneront, pas moi. Je vois dans ce phénomène un bon contrepoison aux intégrismes de tout poil. Moderniste, masculin, technologique en diable, l'intégrisme exclut les femmes. Qu'elles retrouvent le pouvoir de guérir en passant par l'archaïsme des rites me paraît une plaisante ruse de la raison, et que la régression historique se mette en travers de la mieux-disante modernité, voilà qui me plaît.

Revenons à New York. Si en Amérique du Sud le catholicisme a pu intégrer aisément le polythéisme africain des anciens esclaves déportés, en Amérique du Nord l'éducation protestante a encadré l'expression des corps dans les cases de l'esclavage. Autorisés assez tôt par les maîtres au Brésil, aux États-Unis les tam-tams furent longtemps interdits au bénéfice des cantiques chrétiens. Les Afro-Américains n'ont trouvé leurs sanctuaires qu'en inventant le cantique africain, le *negro spiritual*, puis le blues, enfin le jazz. Les chorales se sont déchaînées dans les églises baptistes et pentecôtistes, plus enclines à l'expression spontanée de la foi qu'à l'encadrement rigide. Or la marque de fabrique protestante m'éclaire sur l'aspect entreprenant des Afro-Américaines que tu as vues à New York : car il reste vrai que les pays protestants s'entendent mieux aux affaires que les catholiques.

Et l'origine africaine de ces belles entrepreneuses m'éclaire sur leur tranquillité. Tu as raison : elles apparaissent en donneuses de vie, en donneuses de durée. Pour autant, la différence entre « celles qui donnent la vie » et « ceux qui donnent le sens » est-elle véritablement en train de disparaître ? Je te trouve optimiste. Vois l'épidémie de philosophie en France aujourd'hui. Brillants, charmants, les philosophes du troisième type sont tous des hommes, comme les nouveaux philosophes en 1978. Le si célébré « retour de la philosophie » est à double tranchant : quand reviennent les philosophes, les femmes n'en sont pas. Les cafés philosophiques français n'ont rien de commun avec les salons des Encyclopédistes où les femmes étaient de vraies partenaires de discussion dans des débats où la morale n'avait que peu de part... Nous ne sommes pas dans l'ouverture des Lumières, nous replongeons dans l'obscurantisme des cercles aristos de Balzac auxquels les jeunes duchesses du faubourg Saint-Germain n'avaient pas accès. Le monde du sens était alors celui de sociétés secrètes pour hommes seuls. Quant aux femmes, à trente ans, chez Balzac, elles étaient vieilles. Les femmes ne « duraient » pas. Leur rôle ? Qu'elles aillent à la passion, comme « à la cuisine ». Es-tu vraiment certaine qu'on les laisse aujourd'hui progresser sur le don du sens ? En politique, oui. Mais en matière de pensée, non.

Tu proposes le parfum comme métaphore de la porosité des femmes, symbole de leur accès facile à la transe. Dans la foulée, tu remarques que les femmes assistent le sacrifice mais ne sacrifient pas. Bien vu. Tel est le cas du N'Doeup : c'est toujours un homme qui tranche la gorge du taureau ; et d'ailleurs c'est le seul geste masculin de la cérémonie. En revanche, les très actives guérisseuses se servent de leurs sécrétions. Le « baptême » du génie quand il est identifié est officialisé par la salive de la guérisseuse : elle crache le nom de l'envahisseur sur le possédé, à travers un tuyau de bois. Elle crache sur le corps du taureau lorsque le génie accepte de s'y transférer. Tu ne t'étonneras pas que les ethnologues appellent cette opération sacrée la « vaporisation » de la salive. Nous voilà bel et bien dans le registre du parfum, même s'il est de crachat. Où est donc le sacré ? Dans la bouche de la guérisseuse faisant office de vaporisateur. Matérialisé par le jet de salive, il est rendu sacré par le raclement du larynx qui le fait surgir des lèvres ouvertes d'une prêtresse. À elle de sacraliser ce qui lui sort du corps.

« Parfum », le mot est poétique. Trop poli pour être honnête. Au demeurant, la fabrication des parfums ne comporte pas que les extraits de fleurs, et le musc est une sécrétion animale d'origine génitale ; tout se tient. Plutôt que « parfum », je te propose sécrétion, humeurs, odeurs. Je songe à ce qu'en dit Freud dans *Malaise dans la civilisation* sur le redressement de l'animal à quatre pattes : lorsqu'il se met debout, le singe devenu homme perd l'odorat. En clair, ses organes sexuels s'éloignent de ses narines. Seul le coït, dit Freud, redonne à l'être humain le sens et le goût des humeurs de sexe. Il y faut un « lâcher-tout » qui n'est pas sans rapport avec la transe ; et comme dirait le professeur Charcot à propos des crises d'hystérie qu'il suscitait sous les yeux du jeune Freud à Paris, « il y a de la chose génitale là-dedans ». Est-ce à dire que le sexe est sacré ? Pas sûr. Mais inversons la figure : parce qu'il autorise l'insurrection brutale des humeurs défendues pendant les cérémonies, le sacré est sexuel.

Catherine

Paris, 14 janvier 1997

Chère Catherine,

Hasard ou nécessité, je ne sais – ta demeure à Dakar d'une part, la fascination que l'Afrique exerce sur les ethnologues et les écrivains depuis des siècles de l'autre –, nous voici fixées à un « sacré » de plus en plus « noir » ! Femmes noires, religions noires : notre voyage continue d'associer les trois énigmes du *féminin*, du *sacré* et des divers destins de l'*africanité*, dans cette métaphore qui ne cesse de s'épaissir sous nos plumes respectives et qui complique encore, si besoin est, ce que Freud appela en son temps le « continent noir »... Je t'envie de pouvoir participer à ces rites de sept heures, les thérapies N'Doeup réservées aux femmes qui en sortent... guérisseuses. J'en étais restée, quant à moi, aux... *Impressions d'Afrique* de Raymond Roussel, d'une étrangeté non pas ethnologique mais intime, sacrément démoniaque, à moins qu'elle ne fut à mourir de rire. Et, bien entendu, aux « possessions » décrites par Leiris, puisque Marcel Griaule le recruta comme secrétaire-archiviste et enquêteur, et qu'avec l'assentiment de son psychanalyste, Adrien Borel, l'auteur de *L'Âge d'homme* fit, de 1931 à 1933, un séjour de deux ans à Dakar-Djibouti, pour en rapporter L'*Afrique fantôme, Message d'Afrique* et *La Possession et ses aspects théâtraux*. Chez les Éthiopiens qu'il décrit, comme dans les cérémonies que tu as observées, la bisexualité et le transvestisme semblent dominer les possessions, et, apparemment, nourrissent à merveille l'imaginaire… africain aussi bien qu'européen. C'est ainsi que Leiris relate un sacrifice de poulets – blanc, noir, rouge – où l'on fait manger l'animal à un homme, possédé par un *zâr* femelle et rendu impuissant. De la sorte, le *zâr* maléfique est transféré à sa sœur, laquelle devient en conséquence un « cheval » capable de supporter le maléfice mieux que ne le pouvait son frère, sans compter qu'elle peut à son tour pratiquer des sacrifices ; le tout se déroulant dans une langue réservée à l'usage rituel dans diverses confréries. La participation à ces rites de métamorphose totémique et de transsexualisme, et surtout l'art de les raconter ont eu, semble-t-il, un effet plus cathartique que la psychanalyse chez l'écrivain subtil qu'est Leiris. Et qui s'avoue « sexuellement anormal » car affecté d'« une immense capacité d'ennui ». À l'aune de l'ennui, qui me paraît un critère absolu, il y aurait pléthore d'anomalies sexuelles à travers le monde ; mais fort peu de voyageurs perspicaces pour s'en laisser posséder et déposséder.

Ignorante du N'Doeup, je n'en suis pas moins attirée par la « possession », tu le sais, et je lui ai même consacré une méditation sous forme de roman, *Possessions*. Une femme cette fois-ci, mais qui a absorbé corps et âme un frère mort et adoré, se laisse posséder par ce double mâle, ainsi que par une vengeance impensable contre leur mère, contre La Mère. La possession donne lieu dans ce cas à une dépression dont mon héroïne ne parvient à se déposséder que par le crime : la décapitation du corps d'une autre femme. C'est là une féminité sacrée qu'il m'a été donné de percevoir, sur le divan mais aussi en moi-même, et qui n'ignore pas le tranchant du sacrifice, bien au contraire. Parfum ou vapeur-odeur, si tu veux, imprègnent en effet le rapport des femmes au sacré – Marie-Madeleine qui oignit d'huile parfumée les pieds de Jésus en est la figure consacrée –, mais il n'en est pas moins chargé de beaucoup de violence et témoigne également d'un sacré mal-être.

Pour aborder les choses sacrificielles et féminines sur un ton moins grave, pensons à la redoutable Françoise, la servante du narrateur dans *À la recherche du temps perdu :* une de ses occupations favorites (écho de sa perception de l'art de l'écrivain, qu'elle adore avec une dévotion sans bornes ?) consistait à… égorger un poulet dans la cour en criant, extatique : « Sale bête, sale bête ! » Comme ma propre grand-mère. Que voilà du vaudou bien de chez nous ! Réplique plus noble de cette boucherie cuisinière, la belle Oriane de Guermantes ne fut-elle pas une cruelle petite fille qui « cassait les reins aux chats, arrachait l'œil aux lapins » ?

Tout cela pour te dire que je ne me dérobe pas à l'africanité, que je m'intéresse beaucoup à tes témoignages. Quoiqu'ils me viennent de loin, j'essaie de les entendre de l'intérieur. Il y a longtemps déjà que j'ai choisi mon « terrain » ethnologique en changeant de langue, pour élire domicile dans le français et en France. Je ne regrette pas d'avoir rencontré cette tribu, qui me le rend d'ailleurs assez bien, en curiosité et en bienveillance. Tout compte fait. Je me suis même employée à approfondir l'enquête en passant d'abord sur le divan, puis en écoutant ceux qui me font l'honneur de se confier à moi dans la position analogue. La psychanalyse m'apparaît en somme comme une micro-anthropologie des profondeurs, où les frontières ethniques et nationales deviennent perméables (suis-je bulgare ou française ? l'une et l'autre ? ni l'une ni l'autre ?), et cède la place à nos irrémédiables étrangetés, autant de possessions singulières à déplacer à l'infini…

Ceux qui s'engagent dans une expérience analytique, en tout cas avec moi, sont rarement des croyants. Certains l'ont été, la plupart ne le sont pas du tout, ou presque pas. J'entends donc rarement parler de Dieu, et quand cela arrive, tu peux imaginer que mon « attention flottante » s'arrime momentanément à ce mot, se cristallise même. J'éprouve une ombre de honte à l'idée de cette curiosité ; prouverait-elle que Dieu ne m'a pas tout à fait abandonnée, comme j'ai tendance à le croire d'habitude ? C'est comme ça.

Marianne, une jeune femme dramatique qui a souffert de boulimie-anorexie et qui, au bout de trois ans d'analyse, s'en sort de mieux en mieux – quoiqu'elle ait remplacé l'ancienne mise à mort alimentaire par des rapports érotiques passionnels et « tuants » avec deux hommes – me décrit ainsi ses relations avec ses partenaires : « Une force au-dessus de moi me plaque au sol, c'est Dieu, il n'y a pas d'autre mot. Il me demande une offrande implacable, sans répit, sans pardon. Une obligation de souffrir. D'aller souffrir partout, ailleurs, sans amour, l'amour toujours raté… » Je reprends : « Dieu, amour raté… » Marianne : « Je dis "Dieu" parce que c'est une force hors de moi, impersonnelle, ni féminine ni masculine, une fermeté impitoyable qui rend le féminin et le masculin impossibles. Vous voyez ce que je veux dire ? [Elle m'interroge toujours, en pure perte, quand elle sait parfaitement que je vois ce qu'elle veut dire, et notamment qu'elle ne sait pas de quel sexe elle est.] Mais quand vous dites "amour raté", cela me fait penser à ma mère : à la souffrance que j'ai vécue auprès d'elle parce qu'elle était triste depuis que mon père l'avait laissée tomber, et parce qu'elle préférait mon frère. Quand je dis Dieu, je pense à une souffrance absolue, proche de ma mère, une douleur inéluctable, au point qu'on finit par se persuader qu'elle est normale, et même qu'elle est douce… »

Je ne cite pas les mots de Marianne pour te dire que le « divin », chez les femmes, répond à leur masochisme : cet aspect des choses n'est pas négligeable mais je préfère y revenir plus tard. Je cite les mots de Marianne pour dire que ce qui est vécu comme « sacré » est une traduction anoblie de l'érotisme. C'est quand elle ne trouve pas de mot pour sa jouissance – à proprement parler exorbitante, une jouissance sadomasochique avec des partenaires qui l'humilient ou qui lui font mal mais qu'elle est la première à solliciter, une jouissance qui l'annule, qui la « plaque au sol » – que Marianne reprend le mot « Dieu », lequel n'a pourtant été pour elle qu'une référence fort fade de son éducation catholique, somme toute banale. C'est la jouissance du sacrifice désiré et subi qu'elle appelle « Dieu ». Georges Bataille a écrit à ce sujet des pages essentielles : l'expérience intérieure est une transgression des interdits sexuels dans la jouissance, au bord de l'annulation de soi, de la conscience, et souvent au bord de la mort. Paradoxalement, en évoquant le divin – cet absolu de spiritualité –, nous évoquons des passages à la limite inverse, où l'humain s'abîme dans l'animalité et le néant.

Mais j'évoque Marianne ici pour une autre raison. On pense souvent, avec Freud, que le bénéfice de la religion consiste à consoler l'homme (et la femme) en proposant, contre la détresse narcissique, une toute-puissance : la toute-puissance des dieux thaumaturges, et celle d'Un Seul Dieu qui condense enfin les pouvoirs du père. Cette vision des choses a sa pertinence et je ne la conteste nullement. Encore qu'il y aurait beaucoup à dire du besoin qu'une femme peut avoir d'un père, mais aussi de la méfiance, de la non-croyance, du sentiment d'étrangeté même qu'une femme éprouve à l'endroit de cette « puissance » paternelle. Voici un autre sacré sujet sur lequel il faudra revenir. Marianne, donc, nous conduit plus loin : son « Dieu » est… sa dépendance à sa mère. Une mère dont on n'est jamais sûr qu'elle nous aime. Rien de plus puissant, rien de plus « divin » si l'on veut, qu'*un amour qui ne se donne pas*, puisque c'est de celui-là que nous dépendons, absolument. Si l'on songe qu'une fille est en osmose avec sa mère, que fille et mère n'ont pas de *secrets* l'une pour l'autre, que la mère déprimée se *transfuse* tout entière dans sa fille alors qu'elle se force quand même à *séduire* son fils, eh bien, il y a fort à parier que Marianne dit juste. À savoir qu'une force maternelle implacable, qu'une toute-puissance « divine » domine bien souvent la psyché féminine. Et que les stratégies qui aident à se protéger contre ce « Dieu »-là ne sont pas de tout repos. En effet, comment faire : éviter la féminité ? répudier le maternel en soi ? s'immoler par tous les moyens pour satisfaire ce spectre de la toute-puissance ?

Une analyste nous a parlé récemment d'une de ses patientes, Clara, qui clame dans ses séances son option, précoce, pour l'athéisme, s'opposant ainsi à la religion catholique qui avait été essentiellement celle de son père. Or, à la mort de sa mère, Clara éprouve une fois de plus le désarroi et la nécessité de se forger un idéal. Alors qu'auparavant elle critiquait sa mère qui « ne cessait d'opprimer toute la famille et de réclamer la vérité », Clara se met soudain à l'idéaliser, au point qu'aucune autre personne n'est supportable et aimable à ses yeux : et surtout pas… son mari. Les séances se déroulent dès lors suivant deux discours contradictoires : profession de foi athée d'une part, apologie « religieuse » de la mère d'autre part. Un clivage s'opère en Clara : d'un côté, elle rejette la religion (du père) ; de l'autre, elle abrite son deuil dans une idéalisation bien loin d'être morte… de la morte, à travers laquelle elle essaie de se racheter de ne l'avoir pas assez aimée, et de se réparer de l'amour « pas sûr du tout » qu'elle pensait avoir été celui de sa mère à son égard.

Question : si le besoin d'idéalisation est immortel car il nous console de nos frustrations, de nos privations, de nos sacrifices, s'il peut concerner le père, et encore plus secrètement, plus sournoisement, la mère, est-ce à dire que la religion est indépassable ?

Clara nous permet d'évoquer quelques figures non plus privées mais fort publiques de l'athéisme contemporain. Ainsi, lorsque notre dette à l'égard de nos père et mère n'est ni reconnue ni dépassée, nous pouvons choisir de la dénier. En conséquence, nous dénions l'idéal religieux qui en prend le relais et nous célébrons à sa place, par exemple, la toute-puissance de la pensée : c'est le cas de l'intellectuelle Clara. Ce n'est pas Dieu qui me protège, enfant souffrant et impotent, c'est Ma Pensée. Qui ne reconnaîtrait le bénéfice d'un tel choix, les autoroutes de réussite intellectuelle et professionnelle qu'il ouvre ? Il reste que la non-reconnaissance de cette dette à nos idéaux parentaux peut retomber comme un poids écrasant sur nos épaules, et mettre en danger nos réussites intellectuelles, toujours provisoires et fragiles. La consolation religieuse ne résout pas la question, mais conserve l'utilité, certes illusoire mais non moins réparatrice, de nous autoriser à nous « en remettre à quelqu'un ».

D'une autre façon, nombre d'entre nous, toujours dans cette même tribu des Européens, et plus spécifiquement des Français qui est à présent la mienne, ont choisi, contre la religion des pères, une autre « religion » : celle de l'athéisme communiste comme contrepoids à leurs dettes et à leurs idéaux infantiles. Non, je ne simplifie pas à outrance, je n'ignore pas qu'une foule de raisons – et souvent de très bonnes raisons – conduit les hommes à adhérer à une idéologie ; je parle de l'intime, du microcosme. Il suffit de lire les ouvrages critiques de certains anciens communistes, parmi les plus lucides, pour constater que leur athéisme est décrit en termes religieux : il s'agit de rien de moins que de construire une antireligion qui prend la place de la religion antérieure (souvent celle des parents) et qui aliène plus brutalement encore l'individu que ne le fait le dogme classique. Edgar Morin, Emmanuel Leroy Ladurie, Jean-Toussaint Desanti, François Furet ont fait état de ces nouvelles croyances, qu'ils ont qualifiées d'« étranges », de « sacrifices de l'intelligence », de « soumission aveugle » aux exigences du Parti qui vous fait « avaler des couleuvres ». Autant de métaphores sur fond de connotations sadomasochiques, comme le fait remarquer ma collègue Martine Bucchini, dans une brève et claire étude qui révèle que c'est l'ombre d'une mère redoutée mais idéalisée qui se dissimule dans nombre de croyances dissidentes, aussi longtemps qu'elles restent des croyances. Confer Marianne, Clara…

Distinguons la croyance et la religion d'une part, et le sacré de l'autre. J'aimerais te proposer le schéma suivant, sommaire, comme il se doit. La croyance et la religion peuvent être des constructions imaginaires (comme chez Marianne ou Clara), idéologiques (comme chez les croyants-athées-communistes), scientifiques (où l'on croit à la toute-puissance de la science) : toutes dénient les jouissances sexuelles et les dépendances narcissiques de l'enfant immature par rapport à ses parents, mais aussi notre dépendance de la nature, de la biologie, de la génétique. Elles proposent des figures de consolation et de toute-puissance réparatrices. En ce sens, Freud a raison dans *L'Avenir d'une illusion* : ces constructions illusoires que sont les croyances et les religions peuvent être progressivement dépassées par la science, mais elles ont toujours devant elles un florissant avenir ; et ce n'est qu'une certaine modestie, une certaine humilité qui peuvent nous soustraire, à la longue, à ces illusions : « Les critiques persistent à appeler "profondément religieux" tout homme qui avoue le sentiment de l'insignifiance de l'homme et de l'impuissance humaine en face de l'univers, bien que ce ne soit pas ce sentiment qui constitue l'essence de la religiosité, mais bien plutôt la démarche qui s'ensuit, la réaction à ce sentiment, réaction qui cherche un secours contre lui. Qui ne va pas plus loin, qui humblement acquiesce au rôle minime que joue l'homme dans le vaste univers, est bien plutôt irréligieux au sens le plus vrai du mot. »

Je pense, mais je te dirai pourquoi une autre fois, qu'une femme est plus apte à accepter « humblement » de jouer un « rôle minime » dans le vaste univers : qu'une femme est finalement moins narcissique qu'on ne le dit, et donc plus… irréligieuse, au sens freudien que je viens de rappeler.

Il reste que le sacré n'est peut-être pas le religieux. Rassure-toi, je ne vais pas me lancer dans une définition du sacré : la théologie, la philosophie, l'anthropologie et j'en passe s'en sont chargées. J'esquisse une approximation pour continuer à m'inquiéter avec toi sur la question des femmes et du sens. Et si le sacré était cette perception inconsciente que l'être humain a de son insoutenable érotisme : toujours aux frontières de la nature et de la culture, de l'animal et du verbal, du sensible et du nommable ? Et si le sacré était non pas le *besoin* religieux de protection et de toute-puissance que les institutions récupèrent, mais la *jouissance* de ce *clivage* – de cette puissance/impuissance – de cette défaillance exquise ? On explore cette incomplétude dans des cérémonies métamorphiques, on la célèbre dans des sacrifices, on en jouit en visitant la mémoire de l'enfance, de la dépendance, d'une parole plus ou moins étrange, plus ou moins « parlante ». Les femmes seraient donc peut-être autrement placées, j'ose même dire mieux placées, pour se tenir sur ce « toit »...

Mais pourquoi n'en parlent-elles pas ? Jamais assez, et encore moins aujourd'hui qu'il y a quelque temps, écris-tu. En effet, « elles » n'ont pas l'air de vouloir se ruer dans les cafés philosophiques, ni dans les débats télévisés, « elles » n'aspirent pas vraiment à donner du sens, « elles » se contentent de donner la vie. Même la vie politique, la « parité », etc., n'en intéressent passionnément que quelques-unes, toi et moi, les plus « évoluées », les plus masculines... Alors, régression par rapport au XVIIIe siècle ? Par rapport au féminisme d'après 68 ? En un sens, oui. Mais aussi, peut-être, une différence qui ne cesse de se creuser et dont nous devrions essayer de prendre la mesure : et si *ça* (ce « toit »), n'était pas absolument montrable, visible, dicible ? Et si *ça* pouvait simplement se sentir, se faire, s'entendre ? *Ça*, le sacré. Bien entendu, ce que je suggère là ne manque pas de m'inquiéter moi-même, « rationnelle » et « active » comme je suis et comme tu me connais. En effet, est-ce que *ça* existe si *ça* ne se montre pas, si *ça* ne se dit pas ? Pas sûr. Personnellement, je confie *ça* à la psychanalyse, et au roman. Mais ce n'est sûrement pas la seule voie. À moins que, lorsque la conscience prend conscience de cette réserve-là, lorsque la conscience des femmes elles-mêmes prend conscience de cette réserve-là, nous ne puissions découvrir, dans ce *ça*, comme une résistance. Une résistance au Spectacle dans lequel culmine la religion du Verbe. Mais comment le faire savoir au Spectacle et au Verbe ? D'ailleurs, est-ce que ça vaut la peine de le leur faire savoir ? Voici ce qui m'amène à ouvrir le dossier des mystiques chrétiennes, la prochaine fois.

Je t'embrasse,

Julia

Dakar, 16 janvier 1997

Chère Julia,

Je prendrai ta dernière lettre par la fin : par le « toit » du sacré que tu désignes sous le vocable de « ça », façon pulsion. J'ai eu en lisant ces lignes une impulsion irrésistible ; j'ai pensé « Vache sur le toit » au lieu de « Bœuf sur le toit »…. Et l'Inde, patrie des vaches sacrées, m'est retombée sur la tête avec son fracas ordinaire. Il faut dire qu'entre le sacrifice du « bœuf » en Afrique et les vaches indiennes, je fricote dans le bovidé depuis une petite décennie.

En avant le troupeau… Comme en Égypte la déesse Hathor, la vache sacrée en Inde est l'enveloppe de l'univers, car c'est dans la peau cousue d'une vache qu'est né le premier homme. Mâle, cela va sans dire. La vache est donc maternelle et enveloppante, soit. Les Hindous en tirent les conséquences : tout ce qui tombe de la vache est non seulement sacré, mais utile. On boit le lait, on en fait le beurre de la vie quotidienne, le même avec lequel on arrosera le cadavre pendant la crémation ; on mange le caillé qui reste, on utilise l'urine comme nettoyant antiseptique pour les sols, et la bouse, tassée en briquettes et séchée sur les murs, comme combustible. La cohérence de l'hindouisme va jusqu'à composer la boisson sacrée par excellence avec ces cinq éléments, bouse comprise… On m'a souvent proposé d'en tâter : là, j'ai bloqué, je l'avoue. Passe pour le caillé et le beurre, le lait, mais pour le reste, non merci, sans façons. Pourtant, les Hindous sont parfaitement logiques, puisque dans la mère, tout est bon. Comme tu vois, la composante maternelle ne peut s'exonérer des sécrétions, si fétides soient-elles.

Dans ce cas, pourquoi diable ce « toit » du monde ne pourrait-il pas se dire ? Est-ce que les femmes en rébellion ne s'essaient pas à le soulever, ce toit-couvercle ? Judith, l'héroïne biblique, n'a-t-elle pas accompli le même acte de décapitation que le personnage de ton dernier roman ? Les héroïnes guerrières ne sont-elles pas contraintes à ce soulèvement du « toit » sacré du monde ? Il me semble que la résistance à la communication généralisée peut s'accommoder d'une sorte de spectacle public de type épique, comme Judith, Jeanne d'Arc, Golda Meïr et Indira Gandhi l'ont montré. « Fortes » femmes, dit-on. « Femmes masculines » ? Non, malgré cuirasses, épée, poignard, bombes terroristes ou sari de soie. C'est en longue chemise que Jeanne d'Arc fut jugée, et brûlée. Pas en chausses. Quand l'affaire devient sérieuse, le simili qui fait croire à de l'homme disparaît.

Crois-tu vraiment que les femmes soient capables d'accepter plus « humblement » le rôle modeste de l'espèce humaine dans l'univers ? Songe un peu aux fondatrices de sectes religieuses en Inde, où elles sont légion, et même aux fondatrices d'ordres monacaux en Europe. En général, hommes ou femmes, les fondateurs religieux ne sont « modestes » qu'en apparence ; ou plutôt, le narcissisme propre à la sainteté leur confère une propension à l'immodestie du sublime. Qu'exigeait Mère Teresa de ses nonnes ? À l'humilité la plus totale s'ajoutaient les macérations personnelles, l'humiliation consentie de la personne devant Dieu, où je perçois plutôt un formidable orgueil, loin de la modestie dont tu parles. Toute volonté réformatrice est suspecte ; et j'ai toujours en tête quelques lignes admirables de Lacan sur le sadisme inconscient des philanthropes, des éducateurs, des réformistes et des altruistes… Oui, qui veut, coûte que coûte, imprimer un changement profond s'appuie sur les ressources inconscientes du sadisme, dont la nature est de forcer. Car pour imposer un nouvel ordre, il faut laisser venir en soi une farouche résistance, une colère extrême, une révolte d'orgueil.

Mais si, comme tu le dis, ce n'est plus Dieu qui protège, mais « Ma Pensée », alors je ne vois pas pourquoi les femmes échapperaient à cet orgueil. Humilité des femmes ? Et nous deux, là, qu'avons-nous entrepris ensemble ? D'accord, nous ne sommes ni l'une ni l'autre sur une ligne anti-religieuse, anti-cléricale ou anti-réformiste, c'est vrai. Pour autant, en nous efforçant de penser la relation entre le féminin et le sacré, je ne nous trouve ni humbles ni modestes. Pourquoi le serions-nous, d'ailleurs, dans un monde où dominent la frime, le bluff, l'invérifié ? La pensée m'est toujours apparue réparatrice. Elle n'est pas toute-puissante, tant s'en faut ; elle trouve vite ses limites. Mais pourvu qu'elle ne soit pas transformée en système logique implacable, elle est plutôt bonne plombière, capable de boucher les trous et d'épancher les fuites d'être. Encore faut-il déceler l'endroit exact de la fuite.

Quand il s'agit du sacré, être de fuite par excellence, nous avons intérêt à ne pas nous tromper de tuyau. Si nous ne voulons pas tomber dans d'impossibles qui-proquos, distinguons, veux-tu, le religieux et le sacré. Déjà nous nous embrouillons, nous mélangeons cérémonie et vie quotidienne, exceptionnel et commun. Donc, précisons. Il me semble que le sacré préexiste au religieux. Je m'explique.

Au-delà des clivages entre Bien et Mal, pur et impur, permis et interdit, intellectuel et sensible, le sacré est « sublime » au sens où l'entend Kant dans la *Critique du jugement :* un court-circuit entre le sensible et la raison, au détriment de l'entendement et de la connaissance. Un coup de la sensibilité contre l'intelligence. C'est l'enveloppante sensation d'absolu devant un paysage de montagne, la mer, un coucher de soleil, un orage nocturne en Afrique... Alors oui, le sacré autorise la défaillance, l'évanouissement du Sujet, la syncope, le vertige, la transe, l'extase, le « par-dessus le toit », si bleu.

Quant au religieux, je ne l'imagine guère sans organisation. Avec un clergé sous l'autorité papale comme dans le catholicisme, ou avec une question communautaire comme dans l'islam, la fonction du religieux revient toujours à l'organisation du culte : on entre ici, on passe par là, ici l'on prie, là on se prosterne, on commence et on finit, bref, le temps et l'espace sont bien gérés. Le sacré fait exactement le contraire : il éclipse le temps et l'espace. Il *passe* dans un illimité sans règles ni réserves qui est le propre du divin. Bref, le sacré est un accès immédiat au divin, tandis que le religieux aménage un accès balisé, avec médiations prévues pour les cas difficiles. Il va sans dire que le sacré ne s'efface pas avec l'apparition des codes religieux : il surgit à son heure, ou plutôt, à son instant, puisque c'est sa nature que de bousculer l'ordre. Mais le religieux peut exister sans sacré ; lorsqu'il est pratiqué sans états d'âme, c'est même son statut le plus commun.

Or parmi les verrous des clivages que fait allégrement sauter le sacré, la distinction des sexes est sans doute la plus importante. C'est ici que je ferai entrer en ligne de compte la si fréquente bisexualité des inspirés que j'avais évoquée à propos de l'homme qui doit se vêtir en femme pour présider à l'office du N'Doeup. Les exemples de travestissements sacrés font partie des classiques de l'ethnologie, et même dans le registre de la Sainte Église catholique, Michel de Certeau, savant jésuite en rupture de ban avec son ordre, remarquait que le surnom de Thérèse d'Avila était… *il padrecito*. Non pas la mère, mais, à cause de son autorité, le « petit père ». En Inde, le personnage le plus extravagant que j'ai rencontré est un homme adulte d'une cinquantaine d'années, marié et père de famille, aucunement efféminé. Mais quand il est en transe et rend l'oracle en son temple (le mardi et le vendredi), on ne l'appelle plus par son nom d'état civil, on l'appelle la « Mère ». Tu ne peux imaginer l'effet produit quand dans un temple immense au sud de l'Inde, on te présente poliment « la femme de la Mère »... Les structures élémentaires de la parenté dûment apprises de Lévi-Strauss implosent. C'est fait exprès. Ici, on te dérègle.

Or, comme dans ce pays la bisexualité fait partie de l'outillage symbolique élémentaire, personne n'y prête attention. On y dérègle l'intellectuelle qui connaît Lévi-Strauss, ce qui n'est pas un mal. Implosées, mes chères structures de la parenté. Il faut donc se casser un peu la tête, et changer de tuyauterie pour comprendre. Où est la fuite ?

Le grand dieu de la vie et de la mort, Shiva, est parfois représenté sous une étrange forme : moitié femme, moitié homme. Partagé du haut de son chignon à ses mignons orteils, poitrine plate d'un côté, renflée de l'autre par un joli sein rond, le dieu de la virilité ascétique est doté d'une hanche gauche de pin-up. C'est que la bisexualité sacrée n'est pas l'indépassable, elle est le passage même. Je pense à Ramakrishna, le mystique bengali du XIXe siècle qui s'habilla en femme pendant de longues années pour séduire la « Mère » (la mère éternelle en Inde), la déesse Kâli. Le but de ce déguisement séducteur était l'illumination, qui inonda Ramakrishna au moment précis où il se précipita sur la Mère tant aimée le sabre à la main... Alors, ô miracle, l'extase jaillit en gouttelettes d'eau marine. À cet instant, le travesti en femme voulait... quoi au juste ? Mourir, ou frapper la déesse mère ? Lui-même ne sait pas. L'épée à la main, il se rue sur la Mère et, disait-il, « voilà ! ». Ce « voilà » est une belle fuite en avant. Mieux valait en effet disparaître de soi et se dissoudre dans l'infini.

Passer d'un sexe à l'autre est monnaie courante dans l'histoire du mysticisme, mais le mystique ne s'arrête pas à cette différence : il passe, c'est là son acte. Il outrepasse. Gare à ceux qui parachèvent cet outre-passage des deux sexes en prononçant, comme le soufi irakien al-Hallaj, l'énoncé sacrilège : « JE SUIS DIEU ». Ni homme ni femme, mais Dieu. Pour avoir poussé à son terme la profonde logique du contact mystique avec Dieu, al-Hallaj fut crucifié, écorché, décapité, goudronné, brûlé. Il n'avait pourtant rien fait d'autre que de prononcer publiquement l'essence du sacré. Il s'était contenté de la dire. Mais en le disant, il sortait le sacré de la réserve sauvage. Or, si on a le droit de crier, de balbutier, de chanter, l'énoncer est interdit. Fixer le sacré hors de l'instant est sacrilège. Du coup, al-Hallaj ne fut pas seulement puni, il fut matériellement sali. Car dans le registre du sacré, le « sale » est ambivalent : tantôt il exalte, tantôt il châtie.

Qu'on salisse un condamné qui marche à son supplice en lui jetant des ordures, voilà qui est banal dans l'histoire universelle. Plus étrange est l'exaltation des saletés dans le sacré. Par exemple, le mysticisme des Himalayas est coutumier de la fréquentation des malpropretés. Le tantrisme dit « de la main gauche » passe par une longue utilisation de l'urine et de l'excrément : pour être Dieu, il est prescrit de tout faire à l'envers. Il faut se soumettre au puant. On ne compte plus les rituels d'initiation en Afrique qui, en ligotant dans le dos les mains des initiés, les contraignent à manger sur le sol dans une écuelle jamais lavée, à ras de terre, à ras la gueule, façon animal. Le saint Antoine rêvé par Flaubert dans *La Tentation* se sauve de ses diableries en s'immergeant dans la nature animale, et c'est là qu'il rencontre une illumination confusément semblable à Dieu.

Ce fantasme n'est pas rare. Dans *L'Apothéose d'Auguste*, esquisse de tragédie écrite sur le chemin de son retour du Brésil dans les années trente, le jeune Claude Lévi-Strauss met en scène un « Cinna » ethnologue qui résume l'ethnologie à « ça » : le devenir-animal. Superbe fable d'ethnologue épuisé par le terrain… Lorsque à la veille de son apothéose le futur empereur Auguste découvre que sa divinisation l'obligera à laisser les insectes s'accoupler sur sa nuque et les oiseaux l'inonder de leurs fientes, il s'enfuit à toutes jambes. Car souvent, le sacré est l'animal et Dieu tout ensemble. Pour Ramakrishna, qui s'attachait une queue de singe au fessier, Dieu est singe, femme ou mère, tête et cul. Curieusement, lorsque, dans les années soixante-dix, certaines féministes ont commencé à écrire sur les menstrues et les sécrétions des femmes, la *vox populi* fut choquée, dames comprises. Il est vrai qu'on en fit un peu trop, mais pourquoi tant de répulsion convenue ? Serait-ce « ça » l'indicible, le toit ? La pensée n'aurait-elle pas accès aux senteurs de sexe ?

On veut bien de la maman, mais le sein seulement, s'il vous plaît. Les Indiens ne font pas tant de manières ; la maternelle vache sacrée de l'Inde fournit le lait, mais aussi la bouse et l'urine… Mais prudence. Je reconnais que l'adoration animalière peut menacer l'humanisme. Je n'oublie pas la loi nazie sur la protection des animaux, qui, en toutes lettres, les plaçait en meilleure position que les Juifs dans les wagons des trains ; dans un livre formidable, Luc Ferry l'a fort bien démontré. En France, voir Brigitte Bardot : tout pour l'animal, mais rien pour son fils, rien pour les immigrés. La protection des animaux et son sadisme réformiste inconscient s'en prennent directement à l'espèce humaine. Où est passée la générosité du lait maternel ? À l'as. La vache !

Baisers quand même…

Catherine

Paris, 22 janvier 1997

Chère Catherine,

Je te parle de communisme athée, d'athéisme religieux qui avale des couleuvres, et tu me réponds : « La vache ». Chapeau ! La preuve est faite qu'un échange de lettres, autant que l'écriture automatique des surréalistes ou l'« association libre » du patient sur le divan, peut faire jaillir de ces étincelles qui en disent plus long sur le corps et la mère des protagonistes que des montagnes de laborieux développements. Tu t'y connais en flashes, je le savais, mais là – j'ai reçu le message. Ça chauffe, et c'est tant mieux ! Cherchez la femme, cherchez la vache – sacrée nourricière, mais aussi intraitable bouseuse, et peut-être jamais l'une sans l'autre.

Je reprends sur l'humilité et l'indicible. Non, je ne veux pas que les femmes restent humblement à la maison ni dans les antichambres des partis politiques ; je pense même – toujours d'avant-garde ! – que nous avons droit à la « parité » à l'Assemblée nationale, au gouvernement et dans tout ce qu'on peut imaginer comme pouvoir politique national, international et autres. Et loin de moi l'idée d'insinuer que les femmes se complaisent dans leur « statut » de sujets passifs, quand ce n'est pas dans celui de douloureuses martyres des religions.

Il semble, par exemple, que les extases de sainte Thérèse d'Avila (1515-1582) allaient de pair avec une poigne de dirigeante, et que son *Chemin de la perfection* pas plus que son *Château de l'âme* ne l'ont empêchée – au contraire – de se distinguer comme la fondatrice d'une quinzaine de couvents de carmélites réformées à travers l'Espagne. Petite-fille d'un marchand juif de Tolède converti au christianisme, d'accord. Ayant bénéficié du soutien fervent et efficace de saint Pierre d'Alacantra, admettons. Et surtout de celui de saint Jean de la Croix et de Gracian, cela va sans dire. Mais c'est bien elle, et elle seule, qui imposa son autorité à ses sœurs, c'est elle et elle seule qui prit le risque de s'exposer à l'Inquisition avant que Grégoire XIII ne consacre l'autonomie des Déchaux ; c'est elle et elle seule que ses filles appelèrent « très sainte Mère, notre Patronne et Souveraine » (et pas seulement *il padrecito*, comme tu le rappelles et qui la caricature gentiment). Alors, quand je lis sous sa plume les recommandations d'humilité qui seraient indispensables pour entrer en état d'oraison (« Eh bien ! il n'y a pas de dame qui oblige le Roi divin de se rendre, comme l'humilité »), je ne pense pas qu'il s'agisse d'une simple conformité à l'obéissance chrétienne ou aux ruses ancestrales du féminin. Je ne pense pas non plus qu'elle exhibe un penchant pour la passivité irrationnelle : car elle sait tout aussi bien exhorter ses filles à ne pas se contenter de « prier vocalement », mais à « méditer » – puisque c'est par le « recueillement » dans la « méditation », recommande Thérèse, que ses filles peuvent et doivent « se tenir près du Maître ».

Cet apprentissage de la concentration, de la maîtrise méditative, du recueillement de soi dans le pouvoir de la pensée ne lui paraît nullement une vertu masculine, mais un état au contraire parfaitement accessible aux femmes. Pourtant, et tout particulièrement quand elle décrit l'âme comme un diamant dans *Le Château de l'âme*, Thérèse nous prévient : « À la vérité, notre intelligence, si clairvoyante qu'elle soit, *ne peut le comprendre*, comme elle ne saurait, non plus, *représenter* Dieu… Or si la chose est vraie, et elle l'est, il n'y a aucun motif pour nous fatiguer à vouloir comprendre la beauté du château. » Thérèse se reprend quand même : tenir à ce point aux « choses très secrètes », ne serait-ce pas une « folie » ? craint-elle. Avant d'essayer courageusement de pénétrer dans ce diamant impénétrable – en commençant tout en bas, en compagnie des « reptiles », s'il le faut… Et ainsi de suite, toujours guidée par l'amour, et en sachant que le voyage est possible mais que la « compréhension » ou la « représentation » demeurent à jamais imparfaites. J'ai la conviction qu'avec ce diamant impénétrable et cependant à connaître, elle tient une *réserve* qui lui confère souplesse et énergie. Conquérante subtile, elle l'est parce qu'elle éprouve et fait entendre *ses limites*. Limites de ce que nous appelons l'« inconscient » ? Limites d'une « autre logique » ? Ou de pas de logique du tout ? Voyage au bout de la nuit, scansion de l'inconnu inconnaissable que Freud nomme joliment un « ombilic des rêves » ? Le diamant de Thérèse est son être le plus intime : aussi aimable ou désirable qu'éblouissant et inaccessible.

Le Moyen Âge se prêtait mieux encore à cet aveu d'expériences irreprésentables. Hildegarde de Bingen, Angèle de Foligno, pour ne parler aujourd'hui que de celles-là, ne disent pas autre chose : nos vies sont embrasées de *sens*, mais cet incendie n'a pas de *signification* directe et n'est pas directement communicable. Alors elles créent des poésies, elles nous submergent de métaphores, d'images, de mots plastiques, elles peignent et brodent dans la matière même des mots. Elles ne savent pas qu'elles sont des « auteurs », elles auscultent simplement ce qui ne se dit pas d'emblée. « Le style est une vision », écrira beaucoup plus tard Marcel Proust.

Comme ces Béguines que tu évoques, et dont j'ai admiré et préfacé il y a quelques années une exposition à Bruxelles : pas d'œuvres écrites cette fois-ci, mais surtout – et c'est ce qui me saisit tandis que je t'écris – des ouvrages tissés et brodés, des assemblages de pierres, de poupées, de fleurs, d'écorces, d'herbes : des « installations » comme on dirait aujourd'hui, où ces femmes célébraient leur vibration avec… le Cœur. Des cœurs à toutes les sauces, dans cette exposition : cœurs peints, sculptés, cousus, tricotés… Cœurs d'amour et de douleur, cœurs du Christ, naturellement – enfant sublime et impossible, père tout aussi sublime et tout aussi impossible que les béguines parvenaient à atteindre néanmoins dans le silence de leurs ouvrages, qu'elles se persuadaient d'incorporer dans leurs propres cœurs et corps. Bisexualité, sans doute. Maternité fantasmatique d'éternelles filles amoureuses du père, cela saute aux yeux. Et, avec cela, quelque chose de plus complexe et qui soutient toute expérience créatrice, qui a partie liée avec l'expérience amoureuse. Il s'agit de traverser le néant de soi ainsi que le néant du langage, pour atteindre un bouquet de traces et de sons qui défie l'intellection, au profit de ce qu'elles appellent le « paradis d'amour ». Cette expression ambitieuse me paraît désigner une mise en forme de la chair sensible, délicieuse et toujours recommencée. Mais qui exige en effet un certain néantissement de soi, de la conscience de soi.

« Au milieu de la poitrine de la figure que j'avais contemplée au sein des espaces aériens du midi, voici qu'apparut une roue d'une merveilleuse apparence. Elle contenait des signes qui la rapprochaient de cette vision en forme d'œuf, que j'avais eue voici vingt-huit années... » Ainsi écrit sainte Hildegarde (1098-1179), abbesse dynamique qui sut se séparer de la communauté masculine de Disibod et fonder un cloître modèle au bord du Rhin, près de la cité de Bingen. Ces « visions » extravagantes, où ne manquent pas des têtes de loup, léopard, ours et autres lions, n'empêchent pas la postérité de voir en elle une des personnalités les plus entreprenantes du Moyen Âge. Parmi les plus belles de ses visions, j'ai encore dans les yeux ses tableaux gourmands et lucides de viscères et d'humeurs. Comme munie d'une caméra, Hildegarde de Bingen descend dans les replis et cavités du corps, sans épargner le sang et le cerveau, et parvient à capter une impression précise de ce grouillement qui l'habite, jamais apaisé, toujours à refaire, décidément innommable – et pour cela même à nommer sans cesse. « Les vaisseaux du cerveau, du cœur, des poumons, du foie et autres apportent aux reins leur force, les veines des reins descendent jusqu'aux chevilles, qu'elles confortent… » Hildegarde est en train de visionner la circulation sanguine, elle l'invente sous nos yeux ! On dirait qu'elle pressent aussi le flux hormonal. Écoute cela : « Le phlegme gagne en aridité et en venimosité, il monte au cerveau, il fomente des maux de tête, des douleurs oculaires ; la moelle osseuse se flétrit, et l'épilepsie parfois se déclenche dans le dernier quartier de la lune. Lorsque les pensées sont gagnées par la sauvagerie, par la dureté et par la tyrannie… [la] science… elles la poussent à la désespérance, comme en une épilepsie, parce que la lumière de la vérité qui l'éclairait est déjà affaiblie. Quant à l'humidité qui se trouve dans le nombril de l'homme, chassée là par ses propres humeurs, elle accule à la sécheresse, au durcissement… » Etc. Nous sommes à l'époque où les premiers croisés se dirigent vers Jérusalem, quand Hildegarde entreprend sa croisade microscopique pour délivrer le tombeau du corps souffrant en le nommant. Elle se fait précurseur de la médecine moderne et des diverses techniques « psy », son expérience du sacré est un combat contre l'invisible et l'indicible. Extraordinaire, cette réflexion sur l'épilepsie, mal sacré comme tu sais, qu'Hildegarde compare à une science « poussée à la désespérance, la lumière de la pensée s'étant affaiblie » ! Oui, elle se tient sur le « toit » des mots, mais juchée au-dessus d'un océan de muqueuses en souffrance et d'humeurs convulsives.

Angèle de Foligno (1248-1309), plus mélancolique, avoue sincèrement ce saut, cette distance, ce *rien* qui séparent le battement de ses désirs ou de ses angoisses d'une éventuelle et toujours imparfaite saisie. « Le corps repose et dort, la langue coupée et immobile », écrit-elle dans le *Livre des visions.* « Ni rire, ni ardeur, ni dévotion, ni amour, rien sur la face, rien dans le cœur, pas un tremblement, pas un mouvement. » Négative et anéantissante, Angèle se décrit comme « faite le non-amour ».

Le divin (qui fut pour l'une un palais de diamant, pour l'autre un cœur ou des muqueuses palpitantes) est, pour Angèle de Foligno, un « abîme », « *chose qui n'a pas de nom...* et défie le désir de demander au-delà d'elle ». Là, « il n'y a même plus à balbutier... *N'approchez pas, parole humaine* ».

Je dis que ce sacré, cette « chose sans nom » trahit peut-être, au-delà des silences dépressifs de notre mystique, un soupçon d'incroyance. Car, s'il n'a pas de nom, le divin existe-t-il vraiment ? On peut y croire, on peut aussi en douter. Les latences d'un athéisme mystique (peut-être le seul, qui n'a rien à voir avec la religion athée des intellectuels soi-disant matérialistes, dont je te parlais la dernière fois) et, comme je le pense, d'un subtil athéisme spécifiquement féminin, s'enracinent, me semble-t-il, dans cette suspicion portée sur les pouvoirs du Verbe, dans ce repli vers le continent abyssal, dérobé du corps sensible. « Corps vache », disait... saint Bernard. Lui aussi ! Mais justement : il ne s'agit pas de dire que ce corps n'existe pas, ni qu'il est identique au Verbe. Mais de l'approcher dans sa différence, dans sa résistance. Sans quoi : gare à la religion des athées, ils n'ont pas fini d'« avaler des couleuvres » et autres abjections…

Jusqu'aux temps modernes, cette familiarité des femmes avec leur corps intense et fuyant a fait de leur expérience religieuse une confrontation avec *l'abjection* précisément, et avec le *néant*. La plus spectaculaire, peut-être la plus pathologique, de ces exploratrices du néant est sans doute Louise du Néant : car c'est ainsi que se fit appeler, au XVIIe siècle, Mlle de Bellière du Tronchay. En abandonnant son « nom-du-père » prestigieux pour s'annuler en même temps qu'elle annule l'autorité paternelle, cette demoiselle d'Anjou se fait « gueuse d'hôpital » par pur amour pour un Jésus-Christ abject. Elle s'identifie avec la déchéance du Christ, se laisse enfermer à La Salpêtrière en 1677 – bien avant les folles de Pinel et les hystériques de Charcot –, où tout le monde se fait un plaisir et un devoir d'aller voir la figure du Néant. Souffrances démesurées, théâtre de la folie et de la cruauté, à la fois subi et joué, qui ne manque pas de rappeler Artaud, Louise change de pseudonyme au milieu de sa vie : elle se fait appeler, pour finir, Louise-la-pauvre, Louise-servante-des-pauvres, et adopte une attitude non plus de nihiliste, mais d'enfant, pour mourir sereine à Loudun.

Alors, cet innommable secret/sacré serait-il simplement le corps surexcité de l'hystérique ? Que d'histoires pour pas grand-chose ! La psychiatrie, brutalement peut-être, mais efficacement, en vient à bout ! se féliciteraient les uns. Et la psychanalyse, avec des gants, *idem* ! susurreraient les autres. Je sais que tu n'es pas d'accord avec ces gens pressés. J'ai lu ton livre : *La Folle et le Saint*, avec Sudhir Kakar, et j'aime la façon dont tu montres qu'on ne fait pas l'économie du désir en l'enfermant dans la pathologie. C'est pour cela même que nous nous entendons, tout compte fait, et que nous essayons de faire ce bout de chemin ensemble.

Car cette indicible jouissance est à la fois *provoquée* en moi par l'autre – par « mon prochain », par le langage –, et *irréductible* à leur transparence. L'excitabilité indomptable du corps hystérique porte témoignage de ce paradoxe, et le sacré a été l'espace où la femme pouvait donner libre cours à cette abjection comme à ce plaisir, à son néant comme à sa gloire. Cela ne veut pas dire que l'expérience sacrée peut basculer entièrement dans la pathologie (psychiatrique) ou dans le symptôme (psychanalytique). Ce qui reste, l'irréductible, c'est la *dynamique même du dédoublement* qui fait de mon être un être irréconcilié, un être de désir. La psychanalyse telle que je l'entends essaie de laisser ouverte cette liberté – la liberté de l'« ombilic des rêves » ; elle cherche à redonner son droit – qu'il faut bien dire salubre – à *l'illusion*. Winnicott, plus fermement que Freud (on l'accuse un peu trop vite de « rationalisme », alors qu'il prédisait – quelque homme de science qu'il fût – un bel « avenir » à nos « illusions », ce qui prouve sa clairvoyance plutôt qu'un parti pris scientiste) fonde la capacité de création sur l'« espace transitionnel » qui n'est autre que l'espace de rêverie ou d'illusions laissé ouvert par la mère à son jeune enfant…

En feuilletant mes vieux livres afin de reprendre pour toi quelques phrases soulignées au cours de mes anciennes lectures – car je dois dire que, depuis longtemps, je n'étais pas retournée à ces archéologies de la foi auxquelles m'avait poussée jadis l'amour de mon père (mais c'est une autre histoire, pour une autre fois), j'ai mis la main par hasard sur un livre-catalogue de Georgia O'Keeffe (1887-1986) qui m'a paru tomber à pic. J'adore cette femme-peintre sobre et sensuelle, ses fleurs charnues, ses visions d'œufs (elle aussi !), d'os humides et de crânes nettoyés. Encore une exploratrice modeste de l'innommable que j'aimerais ajouter à la liste de ses prestigieuses ancêtres, dont je viens de copier pour toi quelques bribes. Elle ne se prive pas de tracer les mystères, mais de quoi ? Son corps, un sexe-fleur, la vie, la mort, le cosmos, l'être ? Secrètement, modestement, elle se déplace – elle ne nomme pas mais se tait. Et dessine. Elle ne dessine pas ce qu'elle dessine, mais autre chose dans la chose même ; une chose insignifiante, presque rien, Dieu sait quoi, mais qui est tout, ou plutôt un « toit » d'où je vois et sens ce qui ne se voit ni ne s'interprète ; qui me séduit. J'essaie d'en dire quelque chose, je ne peux pas, il faudrait écrire un poème, un roman… En attendant, je t'en fais deux photocopies que j'espère tu aimeras : « Série I, numéro 1 » (un titre qui ne veut rien dire, mais la couleur vrillée de ce bouton obscène fait vibrer le regard et la chair) ; et « Crâne de vache avec des roses calicot » (nous y revoilà, une station de plus, et si belle, dans les infinies métamorphoses de la *vache)*.

Question enfin bien terre à terre : comment verser tout cela – cette ferveur et ce doute, cette intensité et ce néant, cet enthousiasme et ce « dieu sait quoi »... au dossier de la « parité » ? Impossible ? Non souhaitable ? Peut-être. Et pourtant, si ladite parité laissait frémir un petit souffle de tout « ça » dans la vie dite politique... Mais je rêve, naturellement, forcément, avec ces sacrées femmes...

Julia

Oxford, mardi 4 février 1997

Chère Catherine,

Je n'ai pas encore reçu ta lettre, je crois savoir que tu es en voyage et, du reste, rien ne nous impose de poursuivre cette correspondance au rythme des allers et retours, questions-réponses, stimulus-réflexes... Il fait nuit sur Oxford, une pluie bien anglaise inonde la pelouse sous mes fenêtres, et je n'ai pas envie de dormir. C'est souvent comme ça après une conférence, surtout après une conférence « réussie » comme on dit : beaucoup de monde, public d'étudiants et de professeurs hétérogène et attentif, un silence sans faille – quelle vanité n'y trouverait son compte ? Pas de débat naturellement – le rituel de ces prestigieuses « *Zaharoff lectures* » est trop cérémonieux pour cela ; *the wines*, en revanche, délient les langues et révèlent des auditeurs lucides et chaleureux, des amis aigus, fidèles, inattendus. Le dîner enfin, dans une élégance mi-religieuse mi-studieuse, succulent et bien arrosé...

comment dormir après ? D'autant que je ne sais pas qui a eu l'idée perfide de me loger à la « Maison française » – lieu, certes, accueillant, mais si laid ! si déprimant ! une sorte de motel de banlieue miteux, qui me fait regretter à mourir ces vieilles pierres gothiques ou renaissantes que je viens de quitter, les splendeurs de la *Bodleian Library*, le somptueux *guest room* de *New College* que j'habitais lors de mon dernier séjour ici, et cette salle « Voltaire » où je viens de prononcer mon topo, escortée, comme il se doit, par ce qu'ils appellent le *bedot*, et avec l'autorisation indispensable et auguste, comme il se doit aussi, du *vice-chancellor*, les deux, tu t'en doutes, en toges d'époque…

Nous voilà, n'est-ce pas, au cœur d'une autre forme du « sacré ». J'aime ce rituel universitaire des Anglais, je l'aime bien maintenant, car il y a quelques années, il me paraissait sinistrement ridicule. Je me souviens de mes premières visites à Cambridge avant et après mai 1968 : que le grand sinologue Joseph Needham, objet de mon admiration et motif de mon déplacement, puisse chanter dans une chorale d'église me semblait la plus extravagante des lubies. Et je pouffai de rire lorsque je fus invitée à guider le cortège de la prière, avant le dîner de ces messieurs, pendant que mes chaussures à semelles compensées, comme le voulait la mode du temps, résonnaient affreusement sur le vieux parquet ciré et que mon amie, Marian Hobson, seule femme de cette docte assemblée, en rougissait de gêne ou de plaisir, je ne sais. Pour nous deux et pour le fameux « sacré »… Depuis, j'en ai vu d'autres, et je sais me tenir. Il n'y a pas si longtemps, au Canada, j'ai dû moi-même revêtir une robe violette d'archevêque, à l'université de Western Ontario, où l'on m'a élue « doctor honoris causa ». Pendant que l'orchestre et toutes les personnes présentes – plus d'un millier de diplômés réunis avec leurs familles – entonnaient en mon honneur (et en leur honneur, soyons justes !) le *God save the Queen*, eh bien, j'ai eu les larmes aux yeux en pensant à mes parents. À eux et rien qu'à eux, cela va sans dire. Ils auraient été si fiers ! Sacrée dette que la dette aux parents, dont on ne finit jamais de payer les sacrés dividendes.

Et à mon retour à Paris, je fus saisie par la conviction que la hideuse pauvreté de Jussieu n'était pas vraiment obligatoire pour mener à bien les projets de la science et les enjeux de la laïcité. J'ai même essayé de convaincre notre président que l'Université a, certes, besoin d'argent pour se développer et acquérir du prestige, mais qu'il est peut-être nécessaire de lui redonner aussi ses valeurs symboliques, ses fêtes, ses rites, ses cérémonies – médiévales, renaissantes, encyclopédistes, pourquoi pas ? Diderot oblige, puisqu'il est désormais notre patron ! On m'a regardée comme si je me prenais pour la Jeanne d'Arc d'un renouveau spirituel intra- ou *infra*-académique, et il n'en a plus été question.

Bref ! Ces Anglais m'agacent un peu avec leur formalisme désuet, mais ils m'intriguent. D'accord, ils ne se pressent pas pour faire entrer des femmes à l'Université, et beaucoup de mes amies anglaises piaffent d'impatience à des postes inférieurs. Le royaume a bien une reine à sa tête, mais sa gracieuse tête couronnée pas plus que la poigne de Mme Thatcher ne sauraient cacher la forêt misogyne : les anglicans et les protestants ont autorisé le mariage des pasteurs, ils ont même des diaconesses et des femmes prêtres, mais le rejet des femmes du domaine de l'esprit perdure, et rien n'empêche qu'elles soient écartées des fonctions les plus élevées. J'ai ma petite idée là-dessus : et si c'était à cause de leur oubli de… la Vierge Marie ? qui ne fut pas l'esclave de son fils qu'a pu croire Simone de Beauvoir. N'a-t-elle pas permis aux femmes de relever la tête ? Il me semble que son absence se fait sourdement et même cruellement sentir dans le machisme et ses clubs fermés de l'autre côté de la Manche. Voici une question qui mérite d'être posée, mais je te reparlerai une autre fois de cette chère Vierge Marie, sur laquelle, d'ailleurs, une Anglaise, Marina Warner, a écrit en 1976 le plus beau et le plus complet des livres modernes, *Seule entre toutes les femmes, mythe et culte de la Vierge Marie*…

Ce qui m'impressionne, ce soir, c'est le cérémonial : j'ai eu la sensation physique que, lorsque tout s'écroule, leurs antiques ballets confèrent une certaine dignité aux pauvres corps que nous sommes, et tirent nos discours vers le haut. Lequel ? Ni évident ni très clair, mais n'est-ce pas mieux comme ça, dans ce clair-obscur d'une *high church* ou d'une salle plus ou moins gothique ? Tout à l'heure, ce fut un croisement du rite médiéval avec… la mémoire de Voltaire. Comme tu le sais, les archives de Voltaire ont atterri, grâce à Besterman, à Oxford précisément… et non pas dans un des temples de notre Université républicaine. Et la salle « Voltaire » où j'officiais est un haut lieu qui accueille tout ce qui pense ces temps-ci par le monde, ou est supposé le faire.

Par chance, le motel quelconque de la « Maison française » est tout de même doté d'une somptueuse édition des œuvres complètes de… Voltaire, tu l'avais deviné, en quarante-deux volumes, de 1829, due à M. Dupont, éditeur et libraire à Paris. Tu penses ! un régal, par cette nuit insomniaque, et je pense à toi, à nous. Je vais tout droit aux mots « sacré » et « femmes ». Rien sur le « sacré » dans le *Dictionnaire philosophique*, mais quelques vacheries sur les « femmes » quand même, que ce grand ami d'Émilie n'a pas manqué de mettre noir sur blanc – humour oblige, l'humour étant la face noble de la haine, grâce à laquelle nous (hommes et femmes) nous séparons de nos mères, et devenons ce qu'on appelle « nous-mêmes ». Je vais t'en livrer quelques-unes. Du genre :

« Il n'est pas étonnant qu'en tout pays l'homme se soit rendu le maître de la femme, tout étant fondé sur la force. Il a d'ordinaire beaucoup de supériorité par celle du corps et même de l'esprit.

« On a vu des femmes très savantes comme il en fut de guerrières ; mais il n'y en a jamais eu d'inventrices. »

Il reconnaît tout de même le droit des femmes à l'amour – en lançant quelques piques contre les complaisances « grecques » de son cher Montesquieu –, en allant jusqu'à avancer que le « divin » n'est autre que l'« amour des femmes ». Voilà un sujet pour nous, à reprendre !

« Montesquieu, dans son *Esprit des Lois*, en promettant de parler de la condition des femmes dans les divers gouvernements, avance que “chez les Grecs les femmes n'étaient pas regardées comme dignes d'avoir part au véritable amour, et que l'amour n'avait chez eux qu'une forme qu'on n'ose dire." Il cite Plutarque pour son garant.

« C'est une méprise qui n'est guère pardonnable qu'à un esprit tel que Montesquieu, toujours entraîné par la rapidité de ses idées, souvent incohérentes. »

Et vlan !

« Plutarque, dans son chapitre "De l'amour", introduit plusieurs interlocuteurs ; et lui-même, sous le nom de Daphneus, réfute avec la plus grande force les discours que tient Protogènes en faveur de la débauche des garçons.

« C'est dans ce même dialogue qu'il va jusqu'à dire qu'il y a dans l'amour des femmes quelque chose de divin ; il compare cet amour au soleil, qui anime la nature ; il met le plus grand bonheur dans l'amour conjugal, et il finit par le magnifique éloge de la vertu d'Éponine. [...] »

J'admire cet homme qui a pu écrire, voici deux siècles déjà, sur la « foi » ce qui va suivre. Le pape Alexandre VI, homme voluptueux et incestueux, ne sachant pas si le nouveau-né de sa fille Lucrèce est son propre enfant, celui de son fils ou peut-être de son gendre qui passe pour impuissant, s'adresse à Pic de la Mirandole pour avoir la réponse :

« – Je crois que c'est votre gendre, répondit Pic. – Eh ! comment peux-tu croire cette sottise ? – Je la crois par la foi. – Mais ne sais-tu pas bien qu'un impuissant ne fait point d'enfants ? – La foi consiste, repartit Pic, à croire les choses parce qu'elles sont impossibles ; et de plus, l'honneur de votre maison exige que le fils de Lucrèce ne passe point pour être le fruit d'un inceste. Vous me faites croire des mystères plus incompréhensibles. Ne faut-il pas que je sois convaincu qu'un serpent a parlé, que depuis ce temps tous les hommes furent damnés, que l'ânesse de Balaam parla aussi fort éloquemment, et que les murs de Jéricho tombèrent au son des trompettes ? » [Le pape rétorque à cette raillerie :] « Dites-moi quel mérite on peut avoir à dire à Dieu qu'on est persuadé de choses dont en effet on ne peut être persuadé ? Quel plaisir cela peut-il faire à Dieu ? Entre nous, dire qu'on croit ce qu'il est impossible de croire, c'est mentir.

« Pic de la Mirandole fit un grand signe de croix. – Eh ! Dieu paternel, s'écria-t-il, que votre sainteté me pardonne, vous n'êtes pas chrétien. – Non, sur ma foi, dit le pape. – Je m'en doutais, dit Pic de la Mirandole. »

Et sur les « sectes » cela :

« Toute secte, en quelque genre que ce puisse être, est le ralliement du doute et de l'erreur. Scotistes, thomistes, réaux, nominaux, papistes, calvinistes, molinistes, jansénistes, ne sont que des noms de guerre.

« Il n'y a point de secte en géométrie ; on ne dit point un euclidien, un archimédien.

« Quand la vérité est évidente, il est impossible qu'il s'élève des partis et des factions. Jamais on n'a disputé s'il fait jour à midi. [...]

« Vous êtes mahométan, donc il y a des gens qui ne le sont pas, donc vous pourriez bien avoir tort.

« Quelle serait la religion véritable, si le christianisme n'existait pas ? c'est celle dans laquelle il n'y a point de sectes ; celle dans laquelle tous les esprits s'accordent nécessairement. [...]

« Ce que ma secte enseigne est obscur, je l'avoue, dit un fanatique ; et c'est en vertu de cette obscurité qu'il la faut croire ; car elle dit elle-même qu'elle est pleine d'obscurités. Ma secte est extravagante, donc elle est divine ; car comment ce qui paraît si fou aurait-il été embrassé par tant de peuples, s'il n'y avait pas du divin ? [...]

« Or qui jugera ce procès ? [...] L'homme raisonnable, impartial, savant d'une science qui n'est pas celle des mots, l'homme dégagé des préjugés et amateur de la vérité et de la justice ; l'homme enfin qui n'est pas bête, et qui ne croit point être ange. »

Ce n'est pas seulement grâce à Besterman que les archives de Voltaire se sont retrouvées à Oxford, avec celles de Montesquieu, d'ailleurs. Le ritualisme des Anglais confère peut-être aussi à leur façon de vivre le sacré – indéfiniment mis en scène –, une légèreté qui le rend libre jusque dans la gestion de la vie profane, de l'espace social. Et qui permet à des esprits aussi insoumis que celui de Voltaire de s'exiler auprès d'eux, pour s'exprimer avec et devant eux, afin d'atteindre l'incroyance, et presque l'athéisme. Est-ce possible, sinon dans ce contexte culturel anglais où le « sacré » (et donc la gravité et la lourdeur du « sacrifice ») à la fois se réalise et s'estompe dans le geste, la coutume, l'exemple ?

Ce Voltaire sarcastique, tonique, bouleversant de désobéissance résonne dans ma nuit pluvieuse, pendant que je te copie ses phrases, comme s'il était un extraterrestre, comme s'il n'était pas de notre monde. En effet, nous nous sommes tellement habitués à vénérer des idoles, des idéaux ou simplement des « différences », que son rire qui se paye la tête des dévots paraît à beaucoup un sacrilège. C'est parce que je me sens profondément en accord avec ses sarcasmes – tout en étant incapable de les proférer – que je t'ai proposé ce livre sur le sacré. Les esprits religieux trouveront cela paradoxal : pas toi. En effet, c'est seulement quand on « n'en est pas » qu'on peut, me semble-t-il, apprécier à la fois la force et les impasses d'une appartenance. Et pourtant, je n'éprouve pas le besoin voltairien de fustiger l'« infâme ». L'époque a changé, les guerres de religion, toujours fondamentales et féroces, ont pris de nouveaux visages. Il nous reste à débusquer pourquoi ils séduisent les hommes comme les femmes.

Bien avant de lire les textes salutaires du sage de Ferney, je m'étais sentie incapable de Dieu. Est-ce la compagnie de Voltaire ? Me reviennent soudain, cette nuit, des moments de mon enfance et de mon adolescence jamais clairement remémorés jusqu'à aujourd'hui.

Sous une icône représentant mon homonyme, sainte Juliana, que mon père avait accrochée au-dessus de mon lit, et dont je ne garde aucune image précise tant le récit de ses épreuves a dû autrefois m'épouvanter – je me souviens qu'une nuit, j'essayais d'*éprouver* la foi dont ma famille m'avait appris à réciter les prières. L'école communiste la désapprouvait, et j'oscillais entre le désir de plaire à mes parents en partageant cette foi qui était la leur, et la révolte qui me poussait à leur déplaire en m'alignant sur les consignes de l'école, Œdipe oblige. L'âge était venu où j'avais besoin de découvrir ce que je croyais, moi, sincèrement, personnellement. Une amie m'avait confié qu'elle avait trouvé la foi à cause de la mort car, disait-elle, seul Dieu est capable de nous donner l'immortalité, *ergo*... Je m'efforçais de penser à ma mort – dans l'espoir de m'approcher de Lui. Quelle ne fut pas ma surprise quand je constatai que cette éventualité m'était à proprement parler impensable ! Si je cherche à restituer les composantes de ce « flash », je me souviens que l'idée de mon corps, que je m'employais à imaginer sans vie, me terrorisait, car je l'imaginais dépourvu moins de chaleur ou de désir que, fondamentalement, de pensée. Étais-je déjà une « intellectuelle » ? Peut-être, dans un pays où la pensée était la seule résistance possible au mal et à la misère... J'assimilais donc la pensée à ce que la vie et ses charmes avaient de plus libre, et j'étais pétrifiée par l'horreur d'en être un jour privée. Mais cette glaciation ne dura pas. J'eus la sensation physique que la pensée n'était nullement mienne, qu'elle me dépassait ou transcendait au contraire, et qu'elle était indestructible. Non pas « ma » pensée, non, une aperception m'avait envahie de la pensée discontinue de l'espèce, si je peux formuler ainsi cette inclusion du fini dans l'infini. L'éternité, c'était tout simplement cette infinie discontinuité, par-delà la mort individuelle, de la pensée de l'espèce – tant qu'il y aura des hommes –, s'affrontant à la limite de chaque corps-pensée de soi. L'idée que quelqu'un ou quelque chose puisse prétendre prendre la place de cet infini de la pensée rythmé par l'impensable de la mort, et plus encore, prétendre remédier à son improbable, à son impensable extinction – cette idée dont me parlait mon amie me semblait illogique, inutile, incongrue.

Quel besoin, quel désir d'un tel être suprême, puisqu'il y avait l'endurance de la pensée sans moi ?

Cet état me rendit soudain sereine, d'un calme inquiétant dont j'entends encore aujourd'hui le silence et la paix. Il n'avait rien à voir avec une exaltation du genre « toute-puissance de la pensée déniant l'angoisse de mort ». Au contraire, face à l'illimité de la pensée *hors de moi*, j'étais confrontée à la limite de mon esprit tributaire de ma chair. Il me paraissait naturel qu'ils soient périssables, et logiquement naturel et regrettable, mais nullement effrayant qu'ils le soient. J'ai eu le sentiment, dans la confusion de ce raisonnement, d'une étrange humilité, une version de ce qu'on appelle savamment la « castration » : je n'avais que ma pensée, elle était limitée, et il n'y avait rien sans elle ou au-delà d'elle. Rien que la discontinuité indestructible de pensées limitées, à l'infini. C'était un sentiment de pauvreté mêlé d'orgueil qui me fit honte. Je voulus rallumer la peur, la peur de la mort, appeler au secours comme l'avait fait mon amie, mais je n'avais pas peur. J'étais tout simplement seule avec ma pensée limitée, sans peur, dans le silence de l'espèce pensante. Il fallait sans doute être une jeune fille pubère, une femme, pour transfuser ainsi le relais des générations auquel me préparait ce sexe, dans le destin fragile d'un corps pensant donné. Pour imaginer la pensée comme une vie au-delà de la vie propre, ainsi que la vie comme une pensée plus forte que la mort ou qu'un destin personnel.

Des années après, alors que je m'occupais d'un groupe d'enfants pendant les vacances d'été, je fis une autre découverte. Ces enfants me donnaient beaucoup de soucis : je voulais qu'ils soient meilleurs qu'ils n'étaient, je voulais moi-même être la meilleure monitrice : tu vois la névrose adolescente, l'angoisse de la compétition et l'ambition phallique d'améliorer le monde à tout bout de champ ? Je pleurais de rage, d'impuissance, d'échec. Jusqu'à cet instant très clair et nu que je revois aujourd'hui, par un après-midi torride. Les enfants faisaient un tapage infernal au lieu de faire la sieste, et j'étais supposée les obliger à la discipline. Brusquement, j'eus la certitude qu'il n'y avait rien à faire. Ni avec eux, ni dans un autre cas : *il n'y avait rien*. Bien sûr, il fallait « faire », et je faisais, et je ferais. Mais c'était parce qu'il n'y a absolument rien à faire qu'on faisait au mieux ce qu'on pouvait. Sans cela – s'il y avait quelque chose d'absolu et non pas rien – c'était la course au martyr, la course à la guerre. Or, je n'aimais ni l'un ni l'autre, mon corps adolescent s'éveillait à peine à d'autres plaisirs.

Ces deux moments se télescopèrent ce jour-là : l'absence de peur de la mort, sous ma couette, devant l'icône de sainte Juliana, et la conviction qu'il n'y avait rien à faire dans le camp des pionniers… Mais ce n'est qu'aujourd'hui que j'en formule les contours : humilité et endurance de la pensée, en dehors desquelles il n'y a rien – au point que la mort elle-même recule naturellement dans l'impensable et le rien. Ce n'est pas tout. Je suis convaincue que cette conjonction de la pensée et du rien peut être célébrée comme un « sacré », devrait être célébrée comme un « sacré ». Mais ne saurait nullement donner prise à une foi comme celle dont se moque Voltaire, et qui est potentiellement fanatique.

Plus tard, j'ai lu ceci chez Dostoïevski, qui pourrait résumer mes illuminations du moment : « Tout homme saura qu'il est entièrement mortel, sans résurrection, et il accueillera la mort fièrement et calmement, comme un dieu. » Je pourrais prendre cette phrase pour épitaphe : si elle n'était pas prononcée par le diable s'adressant à Ivan Karamazov, mais positivement par un esprit clair – ce qui voudrait dire que la fierté qu'elle contient n'aurait pas besoin du mot « dieu » pour se faire entendre.

Tu trouveras peut-être cette version de mon athéisme trop sobre, sans attrait, terne. Peut-être me suis-je laissé imprégner par la retenue du sacré anglican, par la banalité des pelouses d'Oxford, trempées d'une pluie hivernale, par mon enfance qui s'obstinait vaille que vaille à résister à l'enthousiasme communiste et à l'anti-enthousiasme orthodoxe ? Toujours est-il que je cherche encore des variantes de cette conjonction entre la puissance de la pensée et le rien… Toi qui connais toutes les religions, en connaîtrais-tu une qui célébrerait mon simple sacré à moi, que j'imagine être la tourbe d'où le pétillant Voltaire a pu extraire ses braises ardentes ? À moins que ce ne soit pas une religion que j'invoquais là-bas, sous l'icône de sainte Juliana ou dans la névrose des scouts rouges. Mais tout simplement quelque chose comme de la littérature. Je ne t'ai pas encore dit que c'est de Proust que je parlais ce soir, dans la salle « Voltaire », cet ironiste, ce blasphémateur.

Julia

20 février 1997

Chère Julia,

Je reviens d'un tournage en Inde ; mes vaches sacrées ne manquent pas à l'appel dans le paysage urbain. Mais ne manquent pas non plus les femmes indiennes au volant et les passantes munies d'un téléphone portable. En revanche, dans les villages et sur les routes où elles cassent des cailloux sur les chantiers, rien n'a changé. La tranquille assurance des Noires américaines que tu as croisées dans les rues de New York ne leur fait pas défaut, mais leur misérable condition n'a pas encore été atteinte par la théorie dite du « percolateur » : que la *middle class* s'enrichisse, et la richesse « percolera » jusqu'aux pauvres... Tu parles.

Là-bas, comme partout ailleurs en ces temps de modernisation accélérée, les temples se multiplient. Enrichie, la *middle class* s'informatise, et se replie sur l'identité hindoue. Et elle sélectionne les divinités. On écarte Shiva, le grand bisexuel du panthéon ancien.

On élit plutôt les mignons dieux à figure de gros poupons ou de singes fidèles serviteurs de ses maîtres. Enrichissement, climatiseur, téléviseur, ordinateur, obéissance et mouflets... Le sacré perd du terrain au profit du familialisme. Du coup, le passage de la bisexualité tend à se raréfier.

Reparlons donc de cette bisexualité que nous traînons d'épître en épître. Car ce qui me frappe dans ta dernière lettre, c'est la force étrange des saintes que tu décris. N'en font qu'à leur tête, profondément rebelles, créatrices impénitentes, d'ordres religieux ou de méthodes intérieures d'anatomie mystique. Drôle d'acte, la révolte qui pousse sœur Louise à annuler le nom paternel au bénéfice du Néant. « Je suis inengendrée » – autre façon de dire « Je suis Dieu » : car tu te souviens que, dans l'islam, rien n'est plus sacrilège que de s'identifier à l'inengendré. Comme al-Hallaj, sœur Louise passe à la déclaration d'absolu : à part mourir d'amour, il n'en est pas de plus forte.

Féminines ou masculines, ces saintes ? La réponse exige un détour, qui nous fait revenir à l'Anglais Winnicott. Oui, il est le seul à avoir décelé l'aire de création, voire de liberté, qu'il appelle « transitionnelle », cet espace de formidables potentialités qui s'instaure entre le bébé et la mère au moment où elle se retire à l'enfant. Jusque-là, l'enfant n'a pas de corps à soi. Vient ce moment précis où le corps de la mère se sépare du sien. Il n'est plus « elle », il devient un peu « lui ». Alors, faute de sein, l'enfant attrape avec les doigts un bout de n'importe quoi pourvu que « ça » soit doux et moelleux, suçable à merci, triturable à volonté. C'est cet objet soumis à toutes les agressions destructrices du bébé que Winnicott appelle l'« objet transitionnel ». Et pourtant, l'objet ne disparaîtra pas. Abîmé, énucléé, déchiré, agressé, l'objet demeure indestructible. Nounours, fragment de linge, peluche ou collant de la mère, l'objet en question permet d'occuper l'espace de jeu brusquement ouvert entre le corps de la mère et celui du bébé, qui n'a pas encore acquis l'expérience de son propre sac de peau. Il va l'acquérir avec le premier objet, le « non-moi », graine du futur « moi ».

On l'oublie dans un coin. On ne le jette pas. On n'y pense plus, mais il est là. Mon propre objet transitionnel fut une Blanche-Neige en caoutchouc que j'agrippais sous le hurlement des sirènes pendant les bombardements à Paris. Chaque fois, mon père me disait : « Prends ce que tu aimes le plus au monde. » Si j'ai un rapport quelconque au sacré, il trouve sa source secrète dans ce souvenir menaçant. Je n'ai pas la capacité de croire en un dieu, mais le sacré au quotidien me revient de la guerre. Une lampe qu'on allume (signal), l'aube à travers la fenêtre (l'heure du laitier, ou de la Gestapo), le crépuscule (y aura-t-il des bombes cette nuit ?), le départ des miens dans un train pour un aller simple, sans retour, la fin d'un texte. Absence et non-retour, c'est banal, en psychanalyse d'enfant.

Plus intéressant : après avoir décrit l'objet de l'aire transitionnelle, Winnicott se met en devoir d'expliquer comment cet espace potentiel est aussi celui de la bisexualité. Il commence par écarter toute confusion entre l'homosexualité et la bisexualité de l'aire transitionnelle. Il s'agit de bien davantage encore. Chaque homme a en lui un principe féminin pur, chaque femme a en elle un principe masculin pur. Chacun porte enclavé le principe du sexe opposé. C'est indémontrable, mais conforme à de si nombreuses mythologies qu'il faut s'en préoccuper. Winnicott est bien capable d'avoir réinventé les mythes les plus archaïques de la naissance de l'humanité…

Je songe aux mythes africains de la gémellité, dont le mythe dogon est le plus célèbre. Je résume à grands traits. Par la faute d'un perfide ambitieux, le rusé Renard, l'humanité a perdu sa gémellité initiale, héritée d'un dieu qui fut trahi. Souillée par le traître, elle demeure en Dieu seul : sauf naissance extraordinaire, plus de jumeaux sur terre. Pour les hommes, la perte est cruelle. Mais du jumeau perdu et de la jumelle disparue demeurent cependant les traces en chacun de nous : là, dans l'étang, réside pour le jumeau sa jumelle secrète qui le guide, et pour la jumelle, son jumeau dissimulé dans l'eau. Ajoutons que Dieu, créateur imparfait, ne réussit pas son affaire et laisse à l'humanité le soin de réparer les dégâts : les principes masculin pur et féminin pur enkystés dans chacun des deux sexes sont les réparations des défaillances de Dieu. Lequel, fatigué, s'est retiré sans mot dire. Débrouillez-vous ! C'est fait, Seigneur. Nous autres humains, nous avons inventé l'aire de jeu.

Dans la marge du jeu définie par Winnicott, le féminin pur, c'est l'être même : il est premier, jusqu'au sevrage. Ensuite, lorsque l'enfant quitte le lieu de la fusion, apparaît avec l'agrippement des doigts autour de l'objet triturable le premier acte vrai du principe masculin pur : le « faire ». Le principe féminin relève de l'être à l'état pur, tandis que le principe masculin assure le contrôle du faire – et l'acceptation qu'on fasse avec lui. J'aime la façon dont Winnicott résume sa pensée : « *After being, doing and being done, but first, being* ». *Being*, c'est le féminin. *Doing and being done*, c'est le masculin.

Quel rapport avec nos cogitations ? Eh bien, Winnicott qualifie fort bien l'aire transitionnelle : elle est sacrée. Voici expliqués les travestissements bisexuels dans les cérémonies shamanistiques, la fluidité poreuse d'un espace libre que ne clôt encore aucune norme sexuée, la force masculine pure qui anime tes saintes préférées, et, *last but not least*, leur fabuleuse capacité de création. Voici que se met en place leur passivité extatique, puisque *doing* et *being done*, agir et être agi, participent du même principe masculin pur : se réduire à néant n'est pas retourner à l'être du féminin, au contraire. Angèle de Foligno n'est pas dans l'être pur lorsqu'elle gît la langue coupée : aucun vagissement, aucun cri, silence actif. Nous sommes bien dans le dédoublement – le problème, c'est que l'homme s'y trouve aussi.

Car je ne vois aucune raison de laisser aux seules femmes le privilège de réactiver l'aire transitionnelle et d'accéder ainsi au sacré. Si l'on veut être rigoureux, on a l'obligation de penser que l'homme accéderait au sacré en retrouvant son principe féminin, l'être. Serait-ce la solution philosophique de Heidegger ? Peut-être. Du côté des philosophes, je constate que le Balayeur Suprême de la Pensée en Marche, j'ai nommé G. W. Hegel, pose dans le cheminement dialectique la femme à côté de la pierre, dans l'immédiat : elle est là, et c'est sa fonction d'être là. L'homme, lui, provoque l'acte et la médiation. La guerre, puis la négociation.

La famille, c'est-à-dire le contrat et l'échange. Le social, puis l'État. La religion, puis l'extase. Et pendant tout ce temps de la pensée en chemin, la femme fut là, est là, aura été là.

De bisexualité au sens propre, pas question. Mais Hegel ne manque pas d'analyser un personnage féminin à l'âme masculine, la chère Antigone. Symbole de la contradiction entre les lois sacrées et les lois des hommes, Antigone, la jeune fille idéale selon l'esprit du philosophe, est celle qui ose enterrer son frère malgré l'interdiction de la cité. Certes, il existe un acte d'Antigone. Elle sort la nuit, elle gratte la terre, elle couvre le cadavre de son frère. Mais au moment qu'elle est découverte, « elle est là », têtue, immobile, de la pierre. Quand les gardes approchent Antigone pour l'arrêter, elle ne se sauve pas. Il me semble que s'ouvre une piste nouvelle : la société régit selon le principe masculin pur, tandis que le sacré résiste selon le principe féminin pur. Résister serait le mot qui convient au sacré.

Mais Hegel n'insiste guère. Tout au plus glisse-t-il au passage, dans la *Phénoménologie de l'esprit*, que la femme est « l'ironie de la communauté ». Il ne s'en explique pas et pourtant, quelle intuition ! Fauteur de désordre, le féminin se situe bel et bien dans la marge de jeu, au sens où des pièces de menuiserie assemblées laissent toujours un interstice possible pour que le bois « joue ». Non que les femmes soient des rebelles éternelles, des anarchistes patentées. L'ironie de la communauté n'exige pas un engagement radical, au contraire. Juste, au bon moment, un décalage. Une chiquenaude, ou le fin mot. Jamais le mot de la fin.

Quel serait le ressort féminin de cette machinerie secrète ? Il n'y a guère le choix. Force est de constater que, mère ou pas, le corps d'une femme n'obéit pas entièrement aux normes de la société. Son cycle naturel ne correspond pas aux mois de l'année ; il n'est pas ajusté aux calendriers de la cité moderne. Je me suis longtemps agacée des litanies féministes sur les menstrues et la lune – comme s'il s'agissait de fonder un nouveau culte d'Artémis, ou une nouvelle sorcellerie de type américain – mais on ne peut nier qu'à côté du temps social, le temps cyclique des femmes et son rapport au système lunaire ne sont pas contournables.

Cette affaire de différences entre le système astronomique copernicien réglé sur le Soleil et le système ptolémaïque réglé sur la Lune, me tracasse. En Inde, la totalité des engagements de la vie est réglée par le système lunaire : le Soleil n'y est pour rien. Maîtres de la Lune, les astrologues décident de la date des mariages, des contrats, des élections, des affaires, des déménagements, etc. Personne n'y trouve à redire, de sorte que l'astrologue joue le rôle d'un notaire du temps. Or ce n'est pas en vain que l'Inde se nomme elle-même « Mother India », en anglais : titre d'un célèbre film populiste des années cinquante, ou surnom d'Indira Gandhi en campagne électorale, l'évocation de la Mère-Inde est permanente. Il se trouve même à Bénarès un temple de « Mother India » dont la divinité est la carte de l'Inde, en marbre blanc. Au refrain : « Mais en Inde »... Enfin, dans ce continent, l'aire transitionnelle occupe la quasi-totalité du terrain : on glisse d'un dieu l'autre, d'un sexe l'autre, d'une vie l'autre, avec fluidité, la durée est cyclique et l'astronomie, forcément lunaire. Le sacré – du coup – est partout.

Il paraît attesté qu'Aditi, la première divinité de l'Inde, était féminine. Ensuite seulement s'installèrent les dieux masculins. On dirait que ce lointain souvenir féminin n'en finit pas de revenir, pour le meilleur – la fluidité – et pour le pire – l'incroyable violence des déesses vindicatives. On dirait que l'univers polythéiste masculin ne parvient pas à juguler la source maternelle et ses horreurs potentielles, sinon en invoquant l'énergie féminine, Shakti, également partagée entre homme et femme, entre dieux masculins et divinités féminines : faute de mieux, pas de jaloux. Chacun a sa « shakti » en lui. Décidément, c'est le rapport entre le masculin et le sacré qui m'intrigue. Qu'il existe une relation entre l'homme et Dieu, aucun doute. Mais entre l'homme et le sacré ? Et si d'aventure dans d'autres régions du monde, dont la nôtre, l'adoration du dieu unique barrait le sacré au masculin ?

Je délire peut-être. Exemples. Quelle que soit la dominante masculine du polythéisme hindou, la présence d'épouses divines permet à tout individu homme de s'identifier aisément à la « femme » dans le couple de dieux. C'est ce que revendique un de mes amis indiens, qui a connu l'extase en s'identifiant à la belle Radha, la maîtresse de Krishna… En revanche, côté monothéisme chrétien, je ne vois pas qu'un saint ait pu s'identifier à quelque figure féminine que ce soit, surtout pas à la Vierge. Quant au monothéisme islamique, il est implacable : pas de quartier. Excepté le moment où commence le ramadan, pas le moindre petit quartier de lune à l'horizon. Dans le Coran, c'est clair, la femme est faible, dangereuse, confuse, bonne pour le service. Sauf si elle meurt en couches : alors, elle est sainte et martyre.

Jusqu'à la chute du Temple de Jérusalem, le monothéisme juif ne fait pas davantage de quartier. Ensuite, il existe un double féminin de Dieu, que les juifs appellent la Shekhina. Mais cette belle et plaintive figure qui ressemble à Rachel pleurant la mort de ses enfants, n'apparaît qu'à compter des larmes d'Israël en exil. Même jeu dans le bouddhisme, qui a laissé s'installer dans sa version tibétaine une divinité jumelle du boddhisatva : Tara, la divinité jumelle tibétaine, ne représente que les larmes du boddhisatva, c'est-à-dire la sécrétion de sa compassion. Dans de nombreuses régions du monde, la part du féminin dans le sacré est le pleur.

Seuls ceux et celles de la branche mystique de l'islam, les soufis, laissent vraiment passer l'identification féminine, la bisexualité et « tout le tremblement ». On se met en extase en haletant, en tremblant, en tournant, en hurlant s'il le faut. La première femme soufie, Rabhia, était iranienne ; on venait la vénérer de loin. On sait que les saints soufis aimèrent souvent des hommes : en Turquie, le maître fondateur de la confrérie des derviches tourneurs était éperdument amoureux d'un certain Shams, qui disparut. L'amour perdu du jeune homme conduisit l'amoureux à la divinité : alors que l'homosexualité est interdite par le Coran, dans le soufisme musulman, elle est indifférente. Car seul compte l'« amour-tout-court » quel que soit son objet. Triomphateurs de l'aire transitionnelle, les soufis s'emparent du premier être humain venu pour s'exercer à l'amour divin. Il se trouve que comme par hasard, les soufis prônent la tolérance en matière de religion : tout ce qui est divin s'équivaut, homme ou femme, temple, église, mosquée, fétiche. J'y vois une preuve supplémentaire de la liberté propre à l'aire sacrée transitionnelle : elle sait être amorale. Je crois que c'est sa fonction.

Je m'aperçois que je ne t'ai pas répondu sur la parité. Telle qu'elle est prônée, elle me paraît régie par l'univers de la séparation des sexes, à égalité, bien masculine dans sa conception. Pour moi, je la sais nécessaire, mais je m'en accommode comme d'un pis-aller. Je crains qu'à travers la parité la machine à cliver ne réduise le « petit souffle » dont tu parles à un pet de lapin. Les dispositions des femmes au sacré s'accommodent davantage de la révolte brute, de l'héroïsme insurrectionnel, de l'enthousiasme du moment, bref, des échappées du temps social. Le faire passer légalement dans la représentation parlementaire est un détour désagréable pour l'idéal, mais bon. Il y faudrait un souffle de la parole publique, une période d'éloquence. Mais l'éloquence, aujourd'hui, tu sais… On la célèbre, mais qui l'applique ? La gauche socialiste, parfois…

Catherine

Paris, lundi 17 mars 1997

Chère Catherine,

Je reçois ta lettre tandis que je me prépare à accompagner David à l'hôpital pour une intervention chirurgicale, et une seule pensée m'occupe l'esprit tandis que je te lis : « Rien n'est plus sacré, pour une femme, que la vie de son enfant. » Voici une de ces évidences banales de la sagesse populaire qui s'imposent depuis l'éternité, et qui pourraient prêter à dénigrement : quel dommage, n'est-ce pas, que les femmes s'en tiennent aux enfants ! La preuve, s'il en fallait une, qu'elles manquent de rapport au sacré… Permets-moi de m'accrocher à cette phrase qui tout à la fois me parasite et me soutient. Les épreuves hospitalières m'angoissent comme tout le monde, et puisque je ne dors pas et ne peux rien faire d'autre, t'écrire ce soir me force à attendre, et en quelque sorte me soulage. Cette correspondance serait donc en train de devenir vitale. J'exagère naturellement, j'exagère toujours quand je suis angoissée.

Le grand pédiatre subtil que fut le psychanalyste anglais Winnicott a une drôle d'idée qui me plaît, à savoir que le lien primordial de la mère à son enfant relève de l'« être » et se distingue du « faire », qui n'adviendra que plus tard, avec la pulsion, le désir et les actes. J'ai pensé, comme toi, que la « sérénité de l'Être » dont rêvait Heidegger s'enracine peut-être dans ces régions de l'expérience, si l'on veut voir ces choses-là d'un œil anthropologique. *Elle est* tout simplement *là*, la mère, avec une part d'elle qui est déjà un *autre. Être là avec* : aurore de la différence. Paix, reconnaissance, dévouement. Ce n'est pas qu'elle ne « fasse » rien, mais l'avidité de l'action est suspendue dans une tendresse efficace. Séduction, affect, pulsion, désir – les atouts de l'amante qu'elle fut, neuf mois plus tôt à peine, ne sont pas détruits, mais différés, « inhibés quant au but » (disent mes collègues femmes psychanalystes qui ont lu leur Freud). Je me méfie de ce soupçon d'inhibition, je préfère parler d'attente. La sérénité de l'amour maternel est un éros différé, un désir en attente. En différant et en attendant, il ouvre le temps de la vie, de la psyché, du langage – temps de l'inconnu dont on ne peut ni ne veut rien savoir, pour le meilleur et pour le pire. C'est bien dans l'aurore de ce lien de la mère à son enfant que se produit une miraculeuse alchimie : l'« objet » de satisfaction érotique qu'est le père (ou telle relation, profession, gratification…), se résorbe doucement en « autre » aimé et seulement aimé. L'amour-tendresse prend le relais de l'amour érotique : l'« objet » de satisfaction se transforme en « autre » – à soigner, à cultiver. Soin, culture, civilisation. Hors la maternité, il n'existe pas, dans l'expérience humaine, de situations qui nous confrontent aussi radicalement et aussi simplement à cette émergence de l'autre. Le père, à sa façon et moins immédiatement, est conduit à la même alchimie ; mais il doit, pour ce faire, s'identifier au parcours de l'accouchement et de la naissance, donc à l'expérience maternelle, se faire lui-même maternel et féminin ; avant d'y ajouter sa propre part de distance indispensable et radicale. J'aime à penser que, dans notre aventure humaine, il nous est donné de rencontrer l'« autre » – parfois, rarement... – si, et seulement si, nous, hommes et femmes, sommes capables de cette expérience maternelle qui diffère l'érotisme en tendresse et fait d'un « objet » un « autre moi ».

Tu me suis ? Ce que je te dis là est peut-être insolent, présomptueux, scandaleux, et pourtant cela me semble évident – ce soir, plus que jamais, à cause de mes inquiétudes sans doute, et de tout ce qui nous lie à nos enfants et que certaines circonstances mettent soudainement au jour. Si tout amour de l'autre s'enracine dans cette expérience archaïque et fondamentale, unique et universelle, qu'est l'amour maternel, si l'amour maternel est le moins ambivalent (quand il s'agit du fils, selon Freud ; et de toute façon, puisqu'il est dans l'« Être », insiste Winnicott), eh bien, c'est sur l'amour maternel que sont bâtis... la *caritas* des chrétiens et les droits de l'homme des laïcs. Encore une hérésie ? Je continue à exagérer, d'accord ! De toute façon, l'éthique de l'amour n'est-elle pas toujours une « héréthique » ? Je me suis amusée à l'écrire ainsi, précisément à la naissance de David... dans mes *Histoires d'amour*.

Pourtant, c'est ici que je m'écarte légèrement de ce bon Winnicott. Bien que cette sérénité de l'être mère-bébé me séduise, je n'y crois qu'à demi. Narcissisme féminin oblige, cet « autre moi » de l'enfant est quand même un « moi-moi » : la mère ne manque jamais de la tendance à englober le cher autre, à s'y projeter, à l'accaparer, à le dominer, à l'étouffer. On connaît la tragédie des jeux de miroirs et des règlements de comptes qui transforment subrepticement les fées en sorcières, les mères bienfaisantes en mères mortes ou en horribles marâtres... Plus encore, la mère reste aussi une femme, avec ses désirs et son « faire » érotique ou professionnel, et cette tension de l'existence (cette bisexualité, si tu préfères) ne cesse de s'immiscer dans la sérénité de son lien à l'enfant. Lien chaud, conflictuel, lourd de tous les bruits du monde. Et heureusement ! Sans cette part pulsante, active, phallique de l'amour maternel, d'où viendrait l'appel du langage, l'élan de l'arrachement, cette érection (oui, je dis le mot et le souligne) qui leur permettent de se tenir debout, la mère et le bébé, de se transcender vers des tiers ?

Bref, la femme et le Phallus : revoici le scandale que nos amies féministes ont tant stigmatisé, en rejetant le vieux Freud dans la foulée ! On nous parle depuis, à partir des découvertes du code génétique, de la nature féminine précoce de tout être humain, le chromosome mâle n'apparaissant que tardivement – il faudrait plus de temps, en somme, pour devenir un homme, ce qui vous expose au risque d'attraper un peu de génie... et quelques malformations... On a voulu, à partir de là, spéculer sur l'« universalité de la nature féminine » de chacun et de chacune, etc., en oubliant que les êtres humains sont des êtres parlants, psychosomatiques, et que la bisexualité dont on parle, dont tu parles, se modèle dans les liens aux autres, qu'elle est donc une bisexualité en dernière instance psychique. Ce qui veut dire que, si la bisexualité psychique existe, ce n'est pas parce que les hommes ont deux chromosomes X et Y : sur quel chromosome se baserait alors la bisexualité des femmes, puisque notre sexe est défini par le couple XX et que nous n'avons pas le marqueur mâle Y ?

En fait, si la bisexualité psychique existe, c'est bien parce que les femmes, comme les hommes mais autrement, n'ignorent pas le Phallus, le gros mot est lâché, quelle histoire ! Que le Phallus soit un sacré fondamental, peut-être même le sacré par excellence, de nombreux cultes l'attestent, du Dionysos grec au lingam des Hindous. Le voilement et le dévoilement des mystères furent souvent, sinon d'abord, un dévoilement et voilement du Phallus, chez les Romains notamment, et ce rite a la vie dure, il fallait s'y attendre. Récemment, à Naples, j'ai pu constater que sur les mêmes lieux ont été célébrés à Pompéi le mystère du Phallus voilé avec Héliogabale et, dix-sept siècles plus tard, le culte du… Christ voilé sous l'apparence d'un marbre baroque dans l'église de San Severo. De l'organe au corps tout entier, la passion du Phallus séduit encore et toujours. Pourquoi l'organe mâle se prête-t-il à cette troublante cérémonie de cache-cache ? Parce qu'il est visible, preuve apparente de la jouissance et de la fécondité ? Sans doute. Mais aussi parce qu'il se détache, c'est le cas de le dire. Détachable, il est susceptible d'apparaître/disparaître, d'être présent/absent ; et de ce fait, d'inscrire à même le corps l'opposition qui est la condition minimale du sens : oui/non, un/zéro, être/non-être. On pourrait dire que l'organe mâle « incarne » des potentialités logiques qui font de lui... notre ordinateur corporel : le condensé de ce binarisme 0/1 qui est au fondement de tous les systèmes de sens (à commencer par le langage et en finissant par les... ordinateurs). Extraordinaire rencontre entre sexualité et pensée que cette expérience phallique où la physiologie rejoint la symbolisation. Car ce qu'on appelle un Phallus, c'est précisément cette coprésence sexualité/pensée qui spécifie notre condition humaine – nous ne sommes ni pur corps biologique ou animal, ni pur esprit, mais la conjonction des pulsions et du sens, leur tension réciproque : sacrée tension !

La petite fille, qui aime son père et qui se compare à son frère, n'échappe pas à cette rencontre phallique. Elle la constate, confrontée au corps du mâle, père ou frère, et au sien, mais avec, comme seul équivalent du pénis, son clitoris – à la fois désavantagé parce que mineur, et mystérieusement intime car invisible. La phase phallique est structurale, donc, pour les deux sexes, mais elle l'est différemment pour la fille et le garçon. Chacun se confronte au pouvoir (phallique) et au sens (paternel, distant du lien sensible à la mère), pouvoir et sens à la fois érotique et symbolique ; mais le garçon expérimente cette confrontation avec la conviction d'« en être », et la fille avec l'impression d'une *étrangeté*. Puisqu'elle va acquérir et consolider sa capacité de parler, sa capacité de se mesurer à la loi des autres, sa capacité à entrer dans l'ordre (de la pensée et de la société), la fille fera partie de l'ordre phallique. Mais puisqu'elle y demeurera étrangère, elle conservera un sentiment d'infériorité, d'exclusion ou, au mieux, d'ironie : « J'en suis, mais pas vraiment, je joue le jeu, je fais comme si... »

Dans son étude *Sur la sexualité féminine* (1931), Freud perçoit cette étrangeté, lorsqu'il affirme que la bisexualité est plus accentuée chez la femme que chez l'homme. Il y entend surtout le fait que la fille doit s'arracher à l'osmose avec la mère pour choisir le père – et le Phallus – comme objet érotique, auquel elle demandera, indéfiniment, de lui faire un enfant, pour essayer de satisfaire (sans jamais y parvenir) l'envie du pénis manquant. Cette osmose avec la mère primitive, que Freud compare à la civilisation minoénomycénienne aux fondements de la Grèce antique, serait source d'un dédoublement chez la femme. J'y vois aussi la raison d'une plus forte adhésion des femmes au sensible, au prélangage, aux « paradis parfumés » – autant d'impondérables qui donnent aux femmes cet air d'être un peu absentes, pas vraiment à leur place dans l'ordre phallique, pas à l'aise dans sa langue de bois... Rien de rassurant, en fait, dans cette étrangeté. Car ce sentiment d'être la paria du sacré phallique peut conduire aussi bien à la dépression (« je suis nulle, je n'y arriverai jamais ») qu'à la compétition acharnée de la virago phallique, qui donne les figures bien connues de la pimbêche raisonneuse, de l'homosexuelle virile ou de la cheftaine de camp... Mais c'est aussi ce sentiment d'étrangeté qui confère à certaines femmes cet air de maturité désabusée et bienveillante, de détachement serein qui me paraît être le véritable sens de ce que Hegel nomme si énigmatiquement l'« éternelle ironie de la communauté ». En effet, les femmes ne restent pas en deçà du pouvoir phallique, mais elles y accèdent pour mieux faire le tour de sa toute-puissance. Ce *détachement*, qui est l'indice même de la féminité, provient de notre immersion dans l'Être et le hors-temps sensible. Ce qui donne à certaine d'entre nous (à la plupart ? aux meilleures ?) la chance de réaliser cette socialité asociale que le monde reçoit comme une intimité ou une tendresse. Certes, l'enfant est une *présence réelle* qu'aucun Phallus au monde ne saurait remplacer. Mais lui non plus n'est pas « ça », rien n'est « ça ». « Ce n'est pas ça », c'est ce que dit en substance l'ironie de l'éternelle étrangère au phallique sacré, auquel cependant elle participe. Et si cette distance, ce recul désabusé était le seul garde-fou, qui empêche précisément que le sacré se transforme en fanatisme ?

Risquons un pas de plus. Je dis que cette distance, cette ironie, cette mise en doute du Phallus-Verbe par l'intimité minoénomycénienne du sensible est le vrai chemin de… l'athéisme. Je ne parle pas de la laïcité comprise comme un combat contre la religion, mais de l'athéisme comme résorption du sacré dans la tendresse du lien à l'autre. Et que cet athéisme-là, sobre et modeste, passe par le maternel. Tu me diras que ce n'est pas évident. D'une part, les églises sont remplies de femmes, d'autre part, le féminisme a propulsé un peu partout des dames de fer pas tendres du tout. Mais y croient-elles ? Sûrement, mais comment ? Toujours dedans et dehors, être et néant, ni l'un ni l'autre, les deux à la fois, douleur et ravissement.

La foi féminine ne se reconnaît-elle pas davantage dans le creuset du mysticisme que dans un dogme, quel qu'il soit ? Elle est la voie ouverte au doute – au scepticisme – au pragmatisme : toujours en bordure de ce lien, essentiel entre tous, entre la mère et son autre. Et cela en aval vers nos enfants, quand nous en avons ; et en amont vers nos mères, dont nous portons l'ombre dans toutes nos relations féminines…

La figure de Marie, depuis deux mille ans déjà, diffuse sur la chrétienté et le reste du monde, toujours médusé, ce mélange de pouvoir et de douleur, de souveraineté et d'innommable. Je te l'ai déjà dit, je n'ai jamais compris Simone de Beauvoir qui s'insurge contre ce qu'elle croit être l'humiliation de la Vierge devant son fils : agenouillée, Marie serait la passive servante d'un pouvoir mâle. J'ai beau regarder la Nativité de Piero della Francesca à laquelle se réfère la philosophe, Marie paraît ravie et confiante, nullement défaite dans sa douceur. Il ne fait aucun doute qu'en effaçant le corps et la sexualité féminine au profit de l'oreille et de la virginité, le christianisme censure dangereusement la fertilité féminine, combat le paganisme et ses déesses mères, et impose contre Ève-pécheresse une Marie pure prêtresse de l'ascétisme. Pourtant, si les femmes ont trouvé une reconnaissance au-delà de ce dénigrement, c'est que Marie fait signe à ces « affects différés » de la maternité dont je te parlais plus haut, et qui sont essentiels à la jouissance féminine. Plus encore, la *mater dolorosa* n'est pas seulement un encouragement au masochisme féminin : la *pietà* reconnaît la participation de l'étrangère à l'inquiétante étrangeté de son fils, à l'homme comme « homme de douleur », à sa castration, à sa mortalité – doublure inséparable de son « pouvoir ». Marie-mère de Dieu (*théotokos*), et enfin Marie reine tout simplement (*regina*) renvoient de surcroît à toutes les femmes une image bien flatteuse de leur propre phallicisme. Ces Marie-là confirment notre participation à l'ordre des puissants, et encouragent nos paranoïas latentes. Qui s'en priverait ?

On ne dit pas assez que les Évangiles sont en réalité fort discrets sur Marie. L'histoire de sa propre conception miraculeuse, dite « immaculée », par Anne et Joachim après un long mariage stérile, ainsi que sa biographie de jeune fille pieuse, apparaissent seulement dans des sources apocryphes de la fin du Iᵉʳ siècle. Livre de Jacques, évangile selon pseudo-Matthieu : ces « données » sont citées par Clément d'Alexandrie et Origène mais ne sont pas officiellement reconnues ; et bien que l'Église d'Orient les tolère aisément, elles ne seront traduites en latin qu'au XVIᵉ siècle. Pourtant, l'Occident de son côté n'a pas tardé à la glorifier à sa façon, toujours en s'inspirant des orthodoxes : la première poésie latine, « Maria », sur la naissance de Marie est due, comme tu sais, à la religieuse Hroswitha de Gandersheim, dramaturge et poète, morte avant 1002. Que de débats logiques sur la causalité et la temporalité – par exemple pour concilier le Christ Dieu et le Christ Homme – élisent pour terrain privilégié le corps et la biographie de Marie ! Un vrai régal pour l'esprit, et il m'arrive de relire ces textes que j'avais découverts en écrivant mon livre sur l'histoire du sentiment amoureux. Personne ne les lit aujourd'hui, c'est vraiment dommage, tu devrais y jeter un coup d'œil si tu ne l'as pas déjà fait : un régal, je t'assure. Après saint Jean Chrisostome et saint Augustin, ce sont saint Bernard et Duns Scot qui se distinguent. Il faudrait saluer au passage et tout particulièrement les artistes, les peintres et les musiciens qui n'attendent pas le feu vert du Vatican pour célébrer le maternel : peut-être parce qu'ils en partagent secrètement les ambiguïtés. *Vergine Madre, figlia de tuo figlio*, s'exclame Dante qui, dans *La Divine Comédie*, condense les trois fonctions féminines (fille-épouse-mère). Monteverdi l'exalte dans ses *Vêpres* à la Bienheureuse Vierge Marie, un véritable opéra sacré, tu le connais mieux que personne. Mais c'est la contre-réforme des Jésuites qui emporte le morceau : désormais, les catholiques vénèrent Marie pour elle-même. Et toutes les églises de fleurir de sa beauté picturale, de retentir de ses extases orchestrées. J'avoue mon faible pour le *Stabat Mater* qui, dans le texte attribué à Jacopone da Todi, nous enivre aujourd'hui en musique, de Palestrina à Pergolèse, Haydn et Rossini. *Eia mater, fons amoris*. Je ne connais rien de plus sacré que cela, et aucun amour n'y échappe.

Quant au féminin de l'homme… vaste programme. Je ne te suis pas lorsque tu écris que le monothéisme ferme l'accès au sacré compris comme « espace transitionnel » ou « bisexualité ». Incontestablement, il l'exhibe beaucoup moins que le polythéisme hindou. Pourtant, même Yahvé est dit avoir des « entrailles », et le Cantique des cantiques décrit le croyant comme l'« épouse » de son Dieu l'« Époux ». Plus encore, la place centrale de Marie – non seulement comme reconnaissance des femmes, mais comme invitation faite à l'homme de s'identifier dans sa foi à l'expérience mariale, puisque c'est d'elle et par elle que le Christ est humain – est une invitation ouverte à la féminité de l'homme. Le Christ lui-même, dans sa passion et l'offrande de son corps, a souvent été interprété, notamment à partir de l'iconographie qui embellit ou enlaidit à l'excès sa sensibilité et sa chair, comme exhibant la bisexualité de l'homme. La mystique de son côté a complété le topos. Tu dis ne pas connaître un saint chrétien qui se soit identifié à quelque figure féminine que ce soit. Je n'en sais pas grand-chose, mais j'en connais au moins un : saint Bernard de Clairvaux (1091-1153). Dans son commentaire du Cantique, il insiste longuement sur l'ambiguïté du passage qui décrit les mamelles de l'Épouse s'offrant au divin Époux, et n'hésite pas à affirmer que l'Époux lui-même possède des mamelles : « Tes mamelles sont meilleures que le vin, ton arôme meilleur que les meilleurs parfums. » Ce serait là des paroles adressées par l'Épouse à l'Époux... ce qui laisse à penser que le croyant (s'il est l'Épouse) et Dieu (s'il est l'Époux) seraient également... pourvus de mamelles, donc maternels ? En conséquence de quoi Dieu lui-même, l'évêque, le prêtre et Bernard en personne posséderaient bel et bien des mamelles ! Qui ne sont rien d'autre – le sens analogique oblige – que la « patience » et la « clémence ». Ouf ! nous avons eu chaud. Les peintres, eux, ne font pas tant d'embarras : l'iconographie abonde en représentations de Bernard recevant le lait de la Vierge entre ses lèvres ; d'autres montrent cette « voie lactée » sortant sans médiation de ses seins à lui... Rien d'étonnant, tout compte fait, puisque ce saint homme, qui fut un soldat croisé mais aussi un grand malade, a parlé de son corps, je te l'ai dit, comme d'une vache – j'y reviens pour te faire plaisir, toi qui adores les vaches sacrées indiennes : « Notre corps se trouve placé entre l'esprit qu'il doit servir et les désirs de la chair ou les puissances des ténèbres qui guerroient contre l'âme, comme le serait une vache entre le paysan et le voleur. » Corps mamelles ou corps vache ? Pour saint Bernard, c'est tout un.

Je ne suis pas sans savoir que le même Bernard a été critiqué pour avoir parlé des femmes comme de « sacs d'ordures » ! Pas moins ! Cela ne m'étonne pas de lui, même si ses défenseurs prétendent que l'image remonte à une rhétorique médiévale bien antérieure à Bernard, et que ce serait plutôt son frère André qui aurait ainsi qualifié leur… sœur, Hombéline, désastreuse mondaine, laquelle aurait cependant bien reçu le message et changé de vie illico… Quoi qu'il en soit, le corps-sac d'ordures est le corps masculin autant que féminin, avant qu'il ne devienne corps glorieux par le Christ… disent les théologiens. Dont acte…

Tout cela reste suspect, nous sommes d'accord. Je prends, quant à moi, très au sérieux les allégations de Guizot et de quelques autres qui, anticléricaux, c'est entendu mais quand même, nous rappellent que l'Église considéra en des temps pas si anciens que les femmes n'avaient pas d'âme. En réalité, il s'agirait d'une interprétation abusive de Grégoire de Tours qui, dans *Historia Francorum*, rapporte qu'au concile de Mâcon un « évêque prétendit que la femme ne pouvait être appelée homme ». Ceux qui cherchent à innocenter l'Église de toute misogynie soutiennent que le pauvre évêque, tout bêtement, n'était pas un très fin latiniste et se serait embrouillé entre *homo/vir/femina/mulier* : il aurait ignoré que le latin possède un terme générique, homo, qualifiant tous les individus humains, sans exception de sexe. Laisse-moi te faire un raccourci fulgurant de cette ténébreuse affaire : bien que *homo*, n'étant pas un *vir*, la *femina* n'a pas d'âme. Ce qui voudrait dire que l'âme est virile, alors que nous savons, grâce à Freud, Jung et quelques autres, mais bien après le concile de Mâcon, je te l'accorde, qu'il y a (au moins) deux âmes, donc une bisexualité psychique. Je me garderai bien de critiquer le concile de Mâcon, et Guizot pas davantage, mais nous sommes bien placées pour constater que, pourvue ou non d'une âme, dans l'Église comme ailleurs, la femme est sacrément dévalorisée, malgré les doux efforts de Marie…

Pourtant, les défenseurs des femmes dans l'Église rappellent que, quand Dieu créa l'homme, il les créa mâle *et* femelle, et leur donna le nom d'Adam (Genèse, V, 2). D'autres au contraire campent sur leur soupçon et citent doctement le mot de Jean (II, 4) : « Femme, qu'y a-t-il entre toi et moi ? » Et ainsi de suite. La question est loin d'être tranchée, c'est le moins qu'on puisse dire puisque s'y mêlent des audaces psychologiques (reconnaître le féminin de l'homme, le masculin de la femme et autres finesses du mystère maternel), et des exclusions institutionnelles (consolider le pouvoir paternel). Minorées, les femmes chrétiennes sont cependant protégées, notamment par le mariage, jusqu'à ce que celui-ci devienne à son tour une nouvelle oppression. Sans compter qu'il n'est pas évident de donner une *égalité* politique (ou religieuse) aux deux sexes, tout en préservant leurs *différences* psychologiques et la contribution que ces différences pourraient apporter à l'institution. Personnellement, je ne vois pas ce que les femmes pourraient gagner à être prêtres, à devenir comme les prêtres, officiantes fidèles et reconnues du culte du père et du fils. Quel intérêt, dans cette homologation aux mâles ? À moins qu'elles ne veuillent introduire dans ce culte paternel leur étrangeté, leur ironie, leur athéisme latent ? Mais alors pourquoi dans l'Église, qu'attendent-elles de l'Église ? Que l'Église se laisse transformer, envahir, réformer ? Pourquoi le ferait-elle ? Ces femmes inquiètes ne devraient-elles pas plutôt fonder un autre espace sacré, d'autres espaces de mise en question du sacré, que sais-je ? Ne devraient-elles pas sortir de l'Église puisque celle-ci cultive sa logique propre, et ne saurait se transformer sans se détruire ?

Nous reprendrons sans doute une autre fois cette question institutionnelle qui, à vrai dire, ne m'intéresse pas au premier chef. Je dois te quitter ici, car il me reste la valise à faire pour l'hospitalisation, et je commence à être bien fatiguée… Ce n'est pas t'écrire qui me fatigue, ne crois pas ça. C'est ce sentiment d'amour impuissant qui s'abat sur moi quand je suis livrée avec mon fils – plus encore que s'il s'agit de moi seule – au corps médical. Et que je sais que plus je l'aime, moins j'y peux quelque chose, et que plus je suis impuissante, plus je m'attache à lui. J'ai donné la vie, comme on dit… Ou plus exactement, la vie est passée par moi, et je n'y peux rien, ni en biologie ni en physiologie. Sauf à me donner sans fin, pour le reste du temps et dans le temps qui nous reste, ce qui est énorme et, tout compte fait, me fait vivre.

Julia

Dakar, le 12 mars 1997

Chère Julia,

Quelle drôle de lettre ! Julia en violet archevêque avec, rivée au cœur, l'ironie de Voltaire devant un rituel sans progrès, Julia dans un univers d'hommes qui la reconnaît sans qu'on sache, à te lire, s'ils l'intègrent en femme… Et pour finir, tu me sommes de dénicher une religion pour toi seule, capable d'accorder la pensée et le rien ?

Elle existe. Je ne suis pas sûre qu'elle te plaira : c'est le bouddhisme. Puisque de toute évidence le « rien » de tes désirs ne signifie pas le néant, les « nobles vérités » formulées par le Bouddha correspondent à ton idéal. Mais il faut que tu te pénètres de la première d'entre elles : tout est souffrance. Si tu l'admets, passe à la deuxième étape. La cause de toute souffrance est l'impermanence ; rien ne dure. Directives : pour éviter la souffrance de l'impermanence, se dépouiller des illusions du moi, sortir des phénomènes, se situer par-delà la durée et le temps, exactement à la jonction entre la pensée et le rien. Réfuter toute position par un « ni-ni » radical : ni joie ni souffrance ni bonheur ni malheur ni austérité ni débauche ni ceci ni cela. Ce faisant, découvrir la Voie du Milieu. C'est-à-dire mettre la pensée en état de réserve.

Admirable démarche, mais parfaitement athée puisque Dieu n'y est pas. À sa place vient l'ensemble des consciences du monde, d'où découle la dignité égale de tout être vivant. Voilà pourquoi, en 1977, invité par l'Assemblée nationale à énoncer une nouvelle formulation des droits de l'homme, Lévi-Strauss s'inspira des trois grandes pensées réellement cosmologiques, qui sont, dans l'ordre chronologique de leur apparition historique : les pensées sauvages, le bouddhisme et le stoïcisme. Les pensées sauvages s'attachent à l'ordre de la nature qui préserve animaux et plantes, garants de leur survie matérielle ; car, pour manger, il faut chasser, mais pas trop. Le stoïcisme est une pensée cosmique définissant un ordre cyclique dans lequel le sujet humain n'a de pouvoir que sur les-choses-qui-dépendent-de-lui, ses volitions et ses désirs. À l'évidence, pensée, bouddhisme et stoïcisme ne sont pas centrés sur l'homme, mais sur le vivant.

Au lieu de prôner les droits « de l'homme », au lieu de restreindre l'univers des droits à la seule espèce humaine (avec la redoutable ambiguïté du féminin niché dans la notion d'« homme »), ces pensées, dit Lévi-Strauss aux parlementaires en commission, intègrent à égalité la totalité des êtres vivants, dont l'homme fait partie. Les nouveaux droits de l'homme exigeraient donc de celui-ci un devoir absolu de non-violence envers l'univers entier, à commencer par le respect des espèces vivantes, végétales, animales ET humaines. En termes philosophiques et juridiques, la démarche de Lévi-Strauss s'efforce de réduire les effets pervers des droits de la Révolution française et en annule l'ethnocentrisme spontané.

Rien à dire, sauf que cela ne fait pas ton affaire. Car ces trois formes de pensée régies par le sacré cosmique libèrent les douleurs des individus, et d'eux seuls. La délivrance de la souffrance, ce point d'équilibre de la barque au milieu du fleuve, ce « ni-ni » génial ont un prix : celui de l'indifférence. Au sens propre, l'in-différence n'est pas ce que l'on croit : elle consiste à écarter toutes les différences – ni ceci ni cela. Ce sont là des pensées que l'Occident a pu former autrement. Par exemple, Leibniz cherchait à réduire l'in-quiétude, contraire de la quiétude ; mais du moins persistait chez lui le léger mouvement tressaillant de l'inquiétude à son meilleur, une perception affinée, une sorte de vigilance sur le monde.

Le meilleur de l'indifférence bouddhique s'exprime dans le sourire du Bouddha. Merveille de félicité, d'acquiescement, splendeur de vacuité, un lumineux joyau… Bon. Je me suis souvent rendue au Bhoutan, royaume bouddhiste coincé entre le Népal et le Tibet, ainsi qu'au Sikkim, ancien royaume de religion tibétaine devenu État de l'Inde. Les temples bouddhistes y respirent une joie singulière, c'est vrai. Les idoles sourient, la simplicité est paisible et les parquets, doux aux pieds déchaussés. À la fin de *Tristes Tropiques*, Lévi-Strauss trouve le ton juste pour exprimer les sensations qu'éprouve l'Occidental dans un temple bouddhiste.

« Le plancher en gros bambous refendus et tressés, brillant du frottement des pieds nus, était, sous nos pas, plus souple qu'un tapis. Cette salle simple et spacieuse qui paraissait une meule évidée, la courtoisie des deux bonzes debout auprès de leurs paillasses posées sur des châlits, la touchante application qui avait présidé à la réunion ou à la confection des accessoires du culte, tout contribuait à me rapprocher plus que je ne l'avais jamais été de l'idée que je pouvais me faire d'un sanctuaire. » Cependant, il a aussi remarqué « la féminité placide et comme affranchie du conflit des sexes qu'évoquent [...] pour leur part les bonzes des temples, confondus par la tête rasée avec les nonnes dans une sorte de troisième sexe, à demi parasite et à demi prisonnier. »

Après m'être laissé gagner par la tendresse des lieux, j'ai éprouvé le même malaise douceâtre. Dans cet univers de gongs et de clochettes, flotte une indéfinissable incertitude. J'entends bien que l'in-certitude est le but poursuivi. Pour autant, elle me laissa perplexe. Qu'est-ce qui me dérangeait ? Ni les chants, ni les prières. Était-ce le sourire ? Non. C'était olfactif. Dans les temples des Himalayas, les ornements d'autel sont sculptés dans le beurre. L'odeur dominante est d'une subtilité graisseuse, écœurante de maternel primaire encore indifférencié, il y a du foetal là-dedans. Et les moines et nonnes ne se distinguent pas. Ce prix du crâne nu est l'un des ressorts du bouddhisme : car si l'indifférence est le but à atteindre, la différence entre homme et femme est vouée à effacement. Le féminin disparaît dans l'uniformité ; l'indifférence est à prendre au sérieux, elle suscite l'indifférencié. Et puisque rien ne dure, la révolte est étouffée dans l'œuf.

Je sais qu'il ne faut pas s'attarder aux sensations intimes. Que la métaphysique bouddhiste est une construction grandiose, altruiste à force de détachement. Qu'en prônant l'égalité entre les êtres vivants le bouddhisme originel a fait éclater en son temps l'inégalité du système des castes dans l'hindouisme. Que le bouddhisme gagne les cœurs par la sérénité. Et pourtant, en 1947, Lévi-Strauss butait déjà sur la « glaçante alternative » de la morale bouddhiste : soit l'enfermement dans un monastère, soit la pratique d'une égoïste vertu.

Or figure-toi qu'auparavant, dans une bizarre rêverie sur le bouddhisme, l'« Occident » et l'islam, le jeune ethnologue s'abandonne à une drôle de pensée. À cause de ses confrontations historiques avec un islam qui sépare durement les sexes, l'Occident, écrit-il, n'aurait pas pu « se prêter » à une lente osmose avec le bouddhisme. Voilà qui nous aurait christianisés davantage, au-delà du christianisme même. Puis vient une phrase inouïe : « C'est alors que l'Occident a perdu sa chance de rester femme. » Quel fantasme ! Pas un mot sur le judaïsme alors que le grand-père de Lévi-Strauss était rabbin de Versailles, et que son petit-fils ne dut son salut, pendant la guerre, qu'à la fuite… Il est vrai qu'en 1957, date de la publication de *Tristes Tropiques*, l'appellation consacrée d'Holocauste n'existait pas encore ; il fallut presque vingt ans pour voir émerger l'iceberg. Et c'est en 1947 qu'il visita le temple bouddhiste de Chittagong. Je comprends qu'en ces lieux, deux ans après la fin de la guerre, un Juif rescapé ait rêvé de l'arrêt des conflits, fut-ce entre les sexes. Alors, après la Catastrophe, on peut partager le rêve de cette paix profonde qui serait l'élément « femme » dans le monde.

Mais le bouddhisme est-il la bonne façon de « rester femme » ? Cette religion qui lie la pensée et le rien dérive vers le « ni-ni » des sexes. Est-ce vraiment ton idée ? Cela m'étonnerait. En revanche, je crois qu'il n'est pas impossible que cette « asexuation » attire les fidèles occidentaux convertis au bouddhisme. Enfin débarrassés de la grande affaire du sexe ! Ensuite, on peut en effet sourire. Un de mes amis français, marié à une Cambodgienne, me disait en pleurant, à propos des vingt morts de la famille de sa femme, qu'avec les Khmers rouges il avait compris le célèbre sourire du Cambodge. Ce sourire, disait-il, est indifférent. C'était terrible.

Pourquoi l'indifférence est-elle si contraignante ? Pourquoi réduire toutes les têtes, la même pour hommes et femmes ? Et puis, pourquoi porter atteinte aux chevelures ? Il y a tant d'exemples… Consacrées, les chevelures des vierges ; consacrés, les cheveux du bébé hindou jetés au fleuve selon la règle, ceux des religieuses catholiques qui les coupent en épousant Dieu ; consacrés, les *nazirs* de Dieu dans le judaïsme, Samson, la Vierge Marie, qui, à l'inverse, ne doivent pas se les couper pendant le temps du vœu. Consacrée, l'unique mèche du brahmane. On dirait que les cheveux relient le ciel et la terre. On garde ses cheveux pour les consacrer à Dieu, ou bien on les rase pour s'en rapprocher. Ou bien on tisse le fil entre le ciel et nous, ou bien on le dégage pour faire table rase. Le bouddhisme monacal choisit la table rase.

Sublime refoulement. Quelle tourbière ! Braises interdites ; prière d'éteindre le désir. Venu des tréfonds de l'hindouisme, le bouddhisme en éradique les contradictions, les combats, les saignements, les passions violentes, les spermes jaillissants des ascètes et le plaisir féminin, tant chanté par les textes sacrés de l'Inde. Tu le vois, malgré son infinie grandeur, le bouddhisme ne m'enchante guère. Disons que tu as été saisie d'une sorte de « bouddhisme spontané », semblable à la « philosophie spontanée » des savants raillée par Louis Althusser. Et n'allons pas plus loin. Car enfin, tu parles du recul de la mort dans le « rien », mais quoi ! Alors, céder à la tentation asexuelle, passer dans l'abstraction pure ?

Après tout, qui sait ? Être seule avec sa pensée, oui vraiment, qui sait ? J'ai un remords d'esprit. Et si c'était possible ?

Voilà qui ne m'est peut-être jamais arrivé. J'ai lu ici ou là que les femmes n'avaient pas d'accès direct au symbolique, qu'elles avaient de la difficulté avec la pensée. Soit, et ensuite ? Je n'en éprouve ni pauvreté ni orgueil ni humilité ni déception. Aucune privation. Mon seul critère en matière de pensée, c'est l'excitation. On ne fait pas plus opposé aux principes du bouddhisme ! Ce sont les emballements de l'esprit, les enchaînements si rapides qu'une ellipse les fait bondir, l'électricité d'un courant de plaisir furtif, et pour y revenir, le court-circuit, qui fait des étincelles. Ce n'est sans doute pas la pensée dont tu parles, mais cela m'est égal. Je suis hédoniste en matière de pensée. Comment comprends-tu cela ? Je me souviens de ma lecture de *Sémiotikè*, le livre éblouissant que tu as publié dans les années soixante-dix : bluffée, je me disais que toi, tu avais une pensée, une vraie. Cela m'avait longtemps travaillé. Et puis, divan aidant, cela ne m'a plus rien fait. Je suis prête à confesser mon absence de pensée sur le monde. Je crois que, sur ce point aussi, je suis vraiment athée.

Je vais te dire ce qu'est mon sacré à moi. La mémoire des lignées familiales, « la tête de mes enfants » (sur laquelle on prête serment), les alliances d'amour et d'amitié, le respect des morts, la lampe juive devant la photographie de ma mère pendant l'année de son deuil, les rites des ancêtres. Suis-je confucéenne ? Non, je suis vraiment juive. Le rabbin qui enterra ma mère en juin dernier me disait que, pour les juifs, la seule croyance en l'au-delà touchait à la survivance d'Israël de génération en génération : l'au-delà, c'est la mémoire même. Voilà mon sacré ; il est par définition fidèle.

Qu'est-ce qui est sacré dans le rituel universitaire anglais ? La fidélité au rite. Je suis d'accord avec toi, la France d'aujourd'hui a consciencieusement détruit ses rites de passage. Le résultat est édifiant : aucune institution ne « prend ». Un rite, c'est une sorte de mayonnaise. Il ne suffit pas de mélanger les éléments, il faut les faire « monter ». Un rite est une émulsion, et pour la réussir, il faut savoir la battre. Un peu, pas trop, surtout pas trop longtemps, question de rythme, de durée, et de température. On apprend sur le tas. Si le rite est sacré en soi, c'est qu'il renvoie à cette sorte de mémoire. Propre aux femmes ? Bien sûr que non. Mais il n'est pas difficile de comprendre pourquoi les femmes peuvent avoir plus de facilité que les hommes :

en donnant le jour aux vivants, elles enchaînent les générations.

Enchaîner les générations, comme le rite, ça aussi fout le camp. La règle romaine du *pater incertus, mater certissima* exigeait la reconnaissance du père, qui n'allait pas de soi. Celle de la mère était acquise. Eh bien, c'est fini. Cette règle est en train de céder devant les accouchements sous X d'un côté, les travaux génétiques de l'autre. On peut ne pas avoir de mère, mais par les temps qui courent, ne pas avoir de père devient très difficile. Qu'est-ce que ce chassé-croisé biologique et social ? Que cherche un enfant dans la génétique de son père ? Son identité chromosomique ? C'est du propre… Alors, on va définir la filiation par le sang, comme aux temps du nazisme et de l'Inquisition ? Pire, les procréations artificielles balancent l'ordre des générations dans le ruisseau, les grands-mères accouchent en même temps que leurs petites-filles. Et comme chacun pressent l'orée d'un sacrilège, on cherche à en limiter les effets. Mais, au fait, posons-nous la question : en quoi est-il sacrilège de bousculer les générations ?

Après tout, les grandes héroïnes grecques infanticides mettaient sauvagement fin aux générations. Médée égorgea ses deux fils, Agavè la bacchante déchira son fils à mains nues dans son délire dionysiaque. Je les prends à témoin parce que le danger me semble du même ordre que les violations d'aujourd'hui. Prenons l'exemple d'Agavè. Reine-mère et prêtresse bacchante du dieu Dionysos, elle indispose son fils le roi Penthée, bon Grec traditionnel fort opposé aux cultes orientaux. Importé d'Asie Mineure, celui de Dionysos en est un. Comme Penthée est un souverain réfléchi, il l'interdit dans son royaume. Mais le dieu offensé décide de se venger et, par ruse, conduit le roi au cœur du culte nocturne, histoire de lui montrer de près ce dont il retourne. Ivre d'extase, la reine Agavè, sa mère, délire. Sous l'aiguillon du dieu, elle prend son fils pour un lion et l'attaque. Mort de Penthée. Il commence à faire jour. La reine voit enfin ce qu'elle tient dans ses mains, la tête ensanglantée de son fils. En retournant à la raison perdue, Agavè « retrouve la pureté du ciel qu'elle a souillée ».

Dionysos est un dieu en robe, un dieu pour les femmes d'abord ; et puis il vient de l'Est, comme les Hare Krishna d'aujourd'hui. Mère contre Fils, Orient contre Occident, délire contre raison, femme contre homme ; en actionnant la force surhumaine du délire sacré, le dieu transforme la femme en meurtrière, la nuit. Nuit contre jour. Mais il y a autre chose, que j'appellerai l'« étranger ». La reine Agavè adopte un dieu qui n'est pas de chez elle, et l'autre infanticide, Médée, tue ses enfants par révolte, en étrangère abandonnée par son mari Jason. C'est en « barbare » que Médée se venge sur les enfants qu'elle a donnés à son époux grec. Ce fait divers mythique en appelle aux dangers qu'on suppose à l'étrangère, comme en témoigne la nature de l'étrangère Iseut, une princesse irlandaise, mais aussi une sorcière qui empoisonne au philtre d'amour son neveu Tristan, le Breton.

Ah ! Je te vois venir. Tu es née étrangère ! Mais ces étrangères-là viennent d'au-delà des mers… C'est en bateau que Tristan ramène la princesse Iseut, c'est en bateau, celui de la Toison d'or, que Jason enlève la princesse Médée. Au temps du mythe et de la tragédie, la traversée maritime, c'est le risque d'un voyage sans retour. Les racines tranchées de Médée la déchaînent ; en embarquant avec Jason, elle a coupé les ponts, c'est fini. Et « ça » revient. Cet infanticide qu'elle accomplit comme un sacrifice sacré est un effrayant retour de mémoire au pays natal. Nous avons connu les échos diffus de ces mémoires vengeresses aux beaux temps du féminisme commençant. Nous avons entendu des slogans sur le retour des sorcières, de la lune, des marées, du matriarcat, du primaire. Il y avait du sang dans l'air et du massacre à l'horizon. Ainsi de l'innovation technique dans les systèmes de parenté.

Qui donc a écrit : « Le monde appartient aux femmes, c'est-à-dire à la mort » ? À la vie ou à la mort ? Les deux, général Sollers. À la vie à la mort. On a compris : qui donne la vie donne aussi la mort.

Une question pour finir. Elle concerne la Vierge Marie, dont je ne comprends pas comment elle peut faire relever la tête des femmes au sein du catholicisme. Et puisque tu es si savante en mariologie, explique-moi. En retour, je te parlerai des danseuses sacrées de l'Inde : elles n'avaient pas le droit de se couper ni de se laver les cheveux, elles étaient prostituées pour le compte des dieux, il existe des photographies de la dernière d'entre elles, morte dans les années soixante. Cheveux et prostitution, voilà qui ouvre sur le sacré une drôle de différence.

Catherine

Ars-en-Ré, 18 avril 1997

Ma chère Catherine,

En femme passionnée que tu es, tu ne dissimules pas ta mauvaise humeur – ta dernière lettre du 12 mars que j'ai reçue le 20 (nos lettres se croisent en ce moment, aucune importance) – m'en persuade, si besoin en était. La Vierge t'agace, la pensée *idem*, et les rituels des universitaires british pas moins. Tu préfères l'excitation et le bouddhisme. Je m'en doutais.

Je ne me battrai pas pour les cérémonies anglaises. À cet égard, et quel que soit mon respect pour l'hospitalité que les cénacles britanniques ont offerte aux œuvres de Voltaire, je partage volontiers le sentiment de James Bond. Tu sais, quand il revient sain et sauf de ses périlleuses aventures aux quatre coins du monde, son chef lui propose toujours, comme ultime récompense, une invitation à dîner à son club – un de ces clubs dont tu supposes que le charme mâle m'aurait subjuguée, rituel absolu et inégalable. Eh bien, notre agent 007 répond immanquablement qu'il craint d'avoir à refuser, car une obligation personnelle le retient précisément ce soir-là auprès d'une charmante personne... À rituel, rituel et demi : James Bond est la raison même, je sens que je suis de son côté, comme tous les téléspectateurs de l'univers.

D'abord, ne crions pas trop vite nos compétences sexuelles face à la niaise « virginité » ! L'adjectif « vierge » pour caractériser Marie serait une erreur de traduction : on aurait remplacé le terme sémitique désignant le statut socio-légal d'une jeune fille non mariée par le terme grec *parthenos* qui spécifie une situation physiologique et psychologique. Horreur discriminatoire, exclusion des femmes de la sexualité, chasteté punitive ? Bien sûr, bien sûr, nous sommes contre, violemment contre ce genre de manipulations machistes, cela va sans dire !

J'aime à imaginer pourtant que des êtres humains aient pu « penser »... un commencement avant le commencement. J'aime à entendre dans leurs divagations sur la « virginité » un proto-espace, un hors-temps, là où c'était avant que le Verbe soit. Préalable au Début : une non-empreinte, un non-lieu soustrait à l'emprise de la technè originelle, du sillon primordial ? « Cette région d'où viennent mes sommeils et mes moindres mouvements », rêve Rimbaud. Lorsque Maître Eckhart demande à Dieu de le laisser « quitte de Dieu » (dirais-je « vierge de Dieu » ?), n'envisage-t-il pas lui aussi ce non-lieu, ce dehors impensable ? J'aime à imaginer que la Vierge nous invite non pas à le cogiter mais à le rêver, à le chanter, à le peindre. « Transcendance » radicale et cependant qui se donne, qui devient immanente à ceux qui consentent, comme Rimbaud, à aller jusque-là : avant le temps, avant le sujet, avant le commencement. Que ce non-lieu avant le commencement soit désigné comme féminin ou maternel n'est pas pour me déplaire, et me fait comprendre le « féminin » tout autrement que comme un double symétrique du masculin : Freud ne disait-il pas, dans une de ces intuitions exorbitantes, que le féminin est le plus inaccessible pour les deux sexes ? Le plus inaccessible parce qu'« avant le commencement », et en ce sens « vierge » ? Qui d'entre nous encore reste à l'écoute de cette « virginité » en soi – de ce versant impensable de la féminité ?

Je suis, en revanche, prête à me battre pour ma Vierge. Je dis bien « ma » Vierge, car à chacun la sienne, et j'ai comme l'impression que la mienne n'est pas tout à fait conforme au canon de l'Église. Tu m'accorderas que je n'ignore pas les pièges tendus par cette sacrée femme à notre féminité depuis deux mille ans : le corps réduit à l'oreille et aux larmes ; cachez-moi cette sexualité que je ne saurais voir, sous tous les drapés possibles et imaginables des meilleurs peintres et des autres ; sanctification de la souffrance et de la douleur, et après cela seulement reconnaissance d'un pouvoir inégalé : notre Reine des cieux domine peut-être les abîmes mystiques mais on ne la voit guère dans les allées du pouvoir ecclésial... etc. Je suis bien placée pour ajouter que dans ma tradition, celle du christianisme orthodoxe, le rôle de la Vierge comme puissance d'intercession entre le Fils et le Père est intensément mis en valeur. On va même jusqu'à suggérer son immortalité, puisqu'elle est la seule de la saga évangélique qui ne meurt pas, mais se contente de passer de vie à trépas par le truchement de la « Dormition » – tu connais la superbe icône de Théophane le Grec, du XIVe siècle, à la galerie Trétiakov, à ajouter aux chefs-d'œuvre bien connus d'Andrei Roublev. Tout cela n'est cependant possible qu'au prix d'un *Pèlerinage de la Mère de Dieu parmi les tourments* – texte apocryphe du XIIe ou XIIIe siècle qui raconte comment Marie ne s'épargne aucun tourment des pauvres pêcheurs que nous sommes – « les enfants de mon fils » – dans le but avoué de mieux plaider notre cause devant Dieu, mais plus encore de se faire le défenseur du Fils lui-même, auprès d'un Père dont la pitié semble bien difficile à obtenir... Ce rôle marial est, certes, enviable, mais il exige une immersion sans borne dans les souffrances ; les mauvais esprits comme toi et moi diraient que Marie témoigne d'une disposition masochiste exceptionnelle.

Dans la foulée, des penseurs modernes comme Vladimir Soloviev et Serge Boulgakov vont jusqu'à introduire dans la théologie orthodoxe le culte de la Sophia, Sagesse divine, à fortes connotations féminines souvent ambiguës. Les connaisseurs constatent cependant que cette apparente promotion du féminin sous l'égide de la Vierge manque cruellement, dans l'Église orientale... de saintes femmes. À l'exception de quelques princesses et de la très maternelle Juliana de Lazarevskoïé, ma patronne – les saintes sont rares dans l'orthodoxie. Le culte marial orthodoxe a féminisé les hommes, il a peut-être virilisé les femmes, mais ne semble pas avoir contribué à faire reconnaître ce qu'une femme ressent et pense de particulier... Cela étant, et puisque nombre de constructions sublimes pourraient être soumises à la même critique, je continue à insister sur l'énormité que fut l'intronisation de Marie dans cette synthèse gréco-juive qu'est le christianisme.

Fort discrète dans les Évangiles, la présence de Marie ne cesse de s'amplifier au fil des siècles, sous la pression du paganisme populaire, avide de consolider le rôle d'une déesse mère dans le monothéisme triomphant. Mais aussi grâce aux peintres – connus pour être sensibles au maternel et au féminin, et qui brûlent de le sublimer, ledit « maternel ». Les théologiens et les philosophes eux-mêmes se mettent de la partie, qui voient en Marie un prétexte à débats et raffinements logiques et dogmatiques. Puisque la naissance de Jésus est sans péché, celle de sa mère ne devrait-elle pas être, d'une certaine façon, elle aussi soustraite au même péché ? Cohérence logique oblige. Saint Bernard répugne encore à célébrer la conception de Marie par sainte Anne et saint Joachim, essayant ainsi de freiner l'assimilation de Marie au Christ. Mais Duns Scot (1266-1308) – logicien subtil – invente une *praeredemptio* au titre d'argument de congruence : si le Christ nous sauve par sa rédemption, la Vierge qui le porte « doit » s'inclure à rebours, depuis sa propre conception, dans ce qui rend possible cette rédemption, autrement dit elle est porteuse d'une « prérédemption », d'où… une « Immaculée Conception », allant jusqu'à lever le péché originel ! Tu n'y avais pas pensé, et tu avais tort, car rien n'est plus cohérent que le dogme catholique, et chacun sait que sans cohérence il n'y a ni science ni maîtrise de la société. À bon entendeur salut !

Toutes ces finasseries auquel sera soumis le corps de Marie sont pourtant très lentes à s'imposer comme dogme, c'est-à-dire comme loi pour les croyants. La preuve : le dogme de l'Immaculée Conception ne date que de 1854, celui de l'Assomption de la Vierge… de 1950 (eh oui, cela n'empêche pas le Titien et tant d'autres de la peindre en assomption, mais quand même, ce n'était pas dans le dogme : tu ne le savais pas, moi non plus !) ; je t'apprends également avec plaisir que Marie, qui porte en peinture et sans sourciller sa couronne royale depuis des siècles, ne fut proclamée reine qu'en 1954, par Pie XII, et qu'elle est Mère de l'Église seulement depuis 1964. Une façon de récupérer les femmes en appuyant sur l'image de la Vierge, comme on tente de séduire les juifs en canonisant une célèbre israélite convertie ? Il s'agit, en somme, de rattraper ou de susciter, par le code officiel, ce qui s'est produit ou même imposé en dehors des instances officielles, et qui semble bien utile aux yeux de ces instances. Or, pourquoi donc la reconnaissance de Marie leur semble-t-elle si utile ?

Loin de moi l'idée de répondre à la place des autorités, sinon indirectement, cela va sans dire. Par exemple, on suggère souvent que le succès du féminisme dans les pays protestants serait dû, entre autres, à la plus grande initiative que les réformés accordent aux femmes sur le plan rituel et social. Il est permis de se demander, en outre, si cette expansion militante et quelque peu crispée du féminisme anglo-saxon n'est pas le résultat d'un manque, dans l'édifice religieux protestant, à l'endroit du maternel ? Ce maternel que les catholiques, au contraire, ont élaboré avec toutes les ambiguïtés possibles, qu'on n'a pas fini de scruter et qui rendent le catholicisme difficilement analysable, comme dirait Lacan. Or, plus c'est difficile, plus, évidemment, c'est agréable à analyser, infiniment...

Drôle de femme, en effet, que cette sublime Marie. Celles et ceux qui lui demandent de promouvoir les secrets de la sexualité féminine n'y trouvent pas leur compte et risquent de repartir déçus. Comme toi. Mais alors que représente-t-elle ? Marina Warner, dans son beau livre, cite des vers de Caelius Sedulius qui résument à merveille l'unicité de cette figure bel et bien pétrie de mystères : « Elle [...] n'a pas de pair/ Ni dans la première ni dans aucune des autres femmes/ qui devaient venir, mais unique de son sexe/ elle a plu à Dieu. » Femme, Marie ? Pas si sûr. Plutôt « unique de son sexe ». Construction habile qui, tout compte fait, calme l'inquiétude sociale au sujet des naissances, comble un être mâle que la féminité inquiète, satisfait aussi une femme que la féminité n'inquiète pas moins. De sorte qu'une certaine communauté entre les sexes puisse s'établir, au-delà de leur flagrante incompatibilité et de leur guerre permanente, et malgré elles. Et si c'était cela, une version du sacré, la version du sacré que les femmes portent à l'évidence : à savoir la possibilité d'une vie commune entre les deux sexes, la belle affaire ! On appelle cela le « sacre du mariage », on sacralise la famille et beaucoup s'offusquent d'un tel conformisme. Mais à y regarder de près, n'est-ce pas sacrément difficile de réunir un homme et une femme dans la durée ? Avec et par-delà le conflit des désirs rarement convergents, plutôt incompatibles. N'est-ce pas de plus en plus rare, peut-être impossible ?

Question : qu'est-ce qui, dans l'alchimie mariale, permet ou du moins facilite « une certaine entente » entre les sexes ? Car, ne chipotons pas, c'est bien dans le judaïsme et dans le christianisme que l'idée du couple, de l'émancipation de la personne, et notamment de la femme, a pu se développer, quelles qu'en soient les imperfections au regard de nos exigences modernes... On peut faire mieux, sans doute, c'est peut-être en cours dans quelques milieux protégés qui bénéficient de la démocratie, de l'indépendance économique des deux partenaires, de la liberté sexuelle de l'homme et de la femme, en même temps que du respect de l'autre – que sais-je ? Nous voulons tout avoir et ne rien perdre, et certains y arrivent peut-être, mais cela reste, avouons-le, un désir plus ou moins frustré. En attendant, la Vierge ne séduit pas qu'en Amérique latine ou en Afrique.

Je t'écris de l'île de Ré, le clocher d'Ars se dresse au loin devant ma fenêtre, amer tranchant, noir et blanc, qui découpe le ciel, lieu idéal pour traiter du sujet. Je me lance donc dans une plaidoirie pour Marie en trois points, pour faire vite.

Primo, de la Nativité à la Pietà, en passant par la Mater Dolorosa comme par la Regina Cæli, la Vierge n'a rien d'une amante : elle est exclusivement la mère dévouée. La « bonne mère », comme dirait Melanie Klein, qui se donne corps et âme à son fils, au point même que, sans elle, le cher fils n'aurait pas de corps : puisque ce dieu n'est homme, précisément, que par la seule grâce de son transit par le corps de Marie « pleine de grâces ». Cette grâce est une extraordinaire apologie de la maternité oblative, à l'orée du narcissisme primaire : origine de l'amour dont tout être humain a besoin pour aller plus loin. Et dont la carence est la source sinistre de toute dépression, quand ce n'est pas de la psychose. Marie réhabilite en somme ce socle primaire de nos identités que les analystes modernes appellent une « coexcitation mère-bébé », et que Winnicott identifie avec la sérénité de l'« être » – par opposition au « faire » pulsionnel et phallique, lequel va se développer ultérieurement et qui jalonnera l'évolution du sujet parlant.

À propos d'« Être », j'ai toujours été surprise par les pages de Heidegger qui, visitant la Grèce moderne, se montre déçu de ne pas y trouver les vestiges de l'Être inhérent à l'antique civilisation, mais croit en recueillir tout de même quelques traces dans… un monastère orthodoxe… Connaissant un peu les popes, j'ai du mal à les accorder à l'éclaircie de l'Être heideggerien. Pourtant, si l'impression du philosophe pouvait se justifier, ce ne serait qu'à cause de Marie. C'est elle, présente dans le christianisme orthodoxe plus fortement qu'en Occident, qui impose cette tonalité sereine, ce *Stimmung* de l'Être, cette « saveur de brioche » comme disent ceux qui savourent la sensualité russo-byzantine, en la préférant aux catholiques et à l'austérité protestante. La communion avec l'innommable envoûtement maternel, le crépuscule du prélangage, se prolongent dans les exercices mystiques orthodoxes tels que la « prière du cœur » ou l'« hésychaste » – ce recueillement dans la prière qui permet de restaurer l'union avec la divinité, de transfigurer l'homme et la nature. Marie « lien », « milieu », « intervalle » – et pas encore une « autre » – est l'agent principal de cette entente entre le dedans et le dehors, de cette restauration narcissique. Le désir de dévoration et de meurtre reste pourtant sous-jacent à tout bébé et à toute mère dans leur coexcitation, fût-elle sereine : pas besoin d'être psychanalyste pour le savoir. Pourtant, par un fort investissement du sein – ah, le saint sein de la Vierge ! –, et par la valorisation de la douleur – ah, le sanglot de notre Reine ! –, l'agressivité inhérente à ce lien archaïque est effacée, et nous sommes saturés du seul être de la sérénité. Qui nous manque tant, n'est-ce pas – fantasme indélébile !

De surcroît, cette symbiose du fils avec la mère préœdipienne, c'est-à-dire non pas désirable mais oblative, permet de sublimer des traits féminins de l'homme. Je me suis plu autrefois à démontrer comment un peintre de madones, le magnifique Giovanni Bellini, s'est mis à la place de sa mère (de fait absente de sa biographie : morte ? fille-mère ? mystère là encore) pour se peindre dans la douceur et dans la mélancolie mariale… Quant à la fille, dont le cas n'est pas prévu par la famille christique, elle trouve elle aussi – par identification avec les deux éléments du duo (avec la mère, avec le fils) – de quoi satisfaire et son homosexualité latente (« je » suis l'enfant souffrant-et-mâle de cette mère qui n'aime que moi), et son besoin de dévouement à l'autre…

Secundo, autour de ce lien archaïque de l'enfant à sa mère se déploie tout le continent qui s'étend en deçà et au-delà du langage : ce Verbe chrétien qui métamorphose le Logos grec en Parole christique et divine. Le Verbe, dans lequel vont se développer d'une part le parcours du Fils vers son Père, d'autre part la rationalité du christianisme qui lui permettra de retrouver Aristote et de se blanchir dans le *cogito* de Descartes, avant d'ouvrir la voie à la philosophie moderne, eh bien, le Verbe tourne en effet autour de Marie. « Le trou de la Vierge », dit Sollers, en entendant par là – je schématise, comment faire autrement –, que c'est autour d'un vide laissé à Marie que tourne la Trinité du Père, du Fils et du Saint-Esprit. Trou, d'accord, je m'entends, mais les artistes n'ont pas cessé de broder dedans et autour de lui. Car Marie, dans cette aventure solennelle du Verbe, agglutine les *figures hors-langage :* silence, musique et peinture. Elle suscite les représentations musicales et picturales, les artistes lui dédient leurs expériences. La Vierge : à la fois patronne et objet privilégié de l'art. C'est vers le XIIIe siècle, avec saint François d'Assise (1182-1226), que s'affirme la tendance à représenter Marie terrienne, humaine très humaine, et donc pauvre-modeste-et-humble : de quoi encourager à la fois la sensibilité humaniste et la représentation glorieuse du quotidien, de la nature – oiseaux, animaux, corps en tous genres. Il ne s'agit pas seulement de donner le feu vert à la représentation de la misère cosmique ou du masochisme féminin. C'est le vécu quotidien, la vie naturelle qui deviennent objet d'une figuration désinhibée du canon byzantin… Par la contre-réforme, les jésuites vont une fois de plus ranimer avec l'aide de Marie les fastes de la représentation, baroque, cette fois : après Titien et le Tintoret, Bernin, Rubens, Monteverdi…

Disons-le plus brutalement : la censure de la sexualité de Marie (voilà une maman qui n'a pas de désir, aucun érotisme en dehors de son fils) protège l'artiste de l'angoisse propre au drame œdipien, et lui permet d'incorporer cette jouissance déniée en la déplaçant dans le déluge des formes… qu'il engendre *lui-même*. Des formes qui sont à la fois un *infra* et un supra-langage, y compris lorsqu'elles s'imposent dans l'art verbal : le « style » littéraire n'est-il pas une vision, une mélodie, et aussi un silence infiltrés dans le langage de tous les jours ? Des formes dont l'auteur est désormais le seul créateur : à la fois sujet et objet. Le sacre de Marie est la condition intrapsychique qui favorise l'éclosion de l'art occidental. Certes, dans toutes les civilisations, les expériences esthétiques s'appuient inconsciemment sur le lien narcissique, et elles nécessitent le culte de la mère – en même temps que le matricide – pour moduler les signes banalisés de l'échange social en signes neufs, séduisants et régénérants. Mais d'avoir explicité cette dépendance, de manière préconsciente sinon consciente, rend le sujet du christianisme plus libre dans ce lien archaïque, plus joueur, plus insolent… Bref, plus artiste.

Tertio, Marie jouit d'un pouvoir, à la fois reconnu et dénié, qui tend un miroir sécurisant aux femmes. Mère de Dieu, la Vierge est plus gâtée que son fils, puisqu'elle ne subit pas le calvaire, transitant au contraire par l'intermédiaire des très flatteuses Dormition et Assomption, avant d'être intronisée Monarque du Ciel et de l'Église. Un superbe tableau de Piero della Francesca la représente, majestueuse, couvant sous ses jupes les rois et les évêques qui gèrent les affaires courantes, alors qu'elle se contente de dominer ! Quel destin ! Quelle astucieuse configuration, n'est-ce pas ? D'une part, elle satisfait les aspirations féminines au pouvoir : je te l'ai dit, elle flatte nos paranoïas latentes – toute femme qui se mire dans la Vierge est implicitement promise à la même gloire... Mais en même temps et d'autre part, elle les bride quand elle ne les brime pas : à genoux, mesdames, vous n'êtes qu'un lieu de passage, prenez soin des enfants et des malades, ni sexe ni politique, l'oreille et l'entendement valent mieux qu'un corps sexué, on ne vous le dira jamais assez.

Dès le XIIIe siècle, l'implantation du christianisme ascétique aidant, et surtout, dès 1328, dans la foulée de la loi salique qui excluait les filles de la succession et rendait ainsi l'aimée très vulnérable, l'amour pour une femme se colore de toutes les teintes de l'impossible. Résultat, le courant marial l'emporte sur le courant courtois. Autour de Blanche de Castille (morte en 1252), la Vierge devient explicitement le centre de l'amour courtois : les qualités de la femme désirée sont agglomérées à celles de la sainte mère. De quoi construire l'idéal de la femme chrétienne : qui fait souffrir toute femme, et rêver tout homme. Pour sept siècles au moins, une certaine cohésion règne dans les ménages : on peut oublier la guerre des sexes et construire des villes, des industries, des écoles...

Enfin, bien que possible, l'identification avec Marie est loin d'être encouragée : Marie, mesdames, est unique. Est-ce à dire que chaque femme est unique, que ce n'est pas la peine de se comparer aux autres, de chercher des similitudes et des rivalités avec les autres ? Une manière, en tout cas, de colmater l'aspiration aux complicités homosexuelles, aux sociétés secrètes entre femmes auxquelles la vie des moniales aurait pu inciter, mais que l'unicité de Marie veille à restreindre, à éliminer.

Je vais m'arrêter là : comme tu le vois, la Vierge me rend prolixe. Le clocher de l'église d'Ars-en-Ré qui se découpe maintenant dans la nuit indigo, illuminé par une réverbération intérieure, m'incite pourtant à continuer. On a raison d'éclairer les monuments. En ces temps sans valeurs, les monuments demeurent des valeurs sûres à faire voir jour et nuit, la nuit de préférence, la nuit en urgence… Rassure-toi, je suis fatiguée et vais t'épargner les suites possibles de mon apologie. Comme je te l'ai dit au téléphone, l'opération de David s'est bien passée, malgré les difficultés post-anesthésiques prévisibles, et nous sommes partis pour l'île en vacances de Pâques. J'ai reçu tout à l'heure un appel d'Élisabeth, une femme que je connais depuis peu : « Est-ce que tu te reposes bien ? » m'a-t-elle demandé. Cette banalité m'a soudain émue : depuis combien de temps ne m'a-t-on pas posé cette question… que je ne me pose jamais, moi non plus ? Aucun rapport avec la Vierge ; simplement, il me semble évident que sans le travail il n'y a rien à faire – comme le dit un écrivain maudit, et il me plaît de prendre ce plaisir qui nous pousse au bout de nous-même. Cela étant, je veux bien que ce soit Marie qui me fasse courir comme ça, puisqu'elle est, en définitive, un emblème parmi d'autres – mais réussi celui-là ! – de l'endurance féminine, de notre ancestral courage qui impulse la course à la vie et au temps.

L'appel d'Élisabeth m'a émue à cause de sa proximité attentive et discrète – je ne parle même pas d'amitié, encore moins d'amour, cela n'a rien à voir. Voilà qui me conduit tout droit à ce que tu dis de ton rapport au judaïsme : sens de la communauté, du clan, de la famille. Je ne supporte pas la mode distinguée et parisienne de ceux, gavés de racines, de milieux et de complicités en tous genres, qui ne rêvent que de s'en évader dans la solitude de l'individu délesté de tout lien. Tu connais bien ces combattants de la liberté, je n'insisterai pas. En revanche, les nomades comme toi et moi partagent un autre destin. De nos mémoires disloquées, il nous reste le désir de liens discrets et fiables – comme ce coup de téléphone : « Est-ce que tu penses à te reposer ? » Minimal, familial peut-être, maternel si l'on veut, essentiel. On dit qu'il n'existe aujourd'hui aucun ensemble sécurisant (nation, religion, civilisation), qui ne soit en crise. Mais qu'il reste ou qu'il se crée des « réseaux ». L'appel de cette amie est un embryon de mon réseau à moi : j'ai envie de l'apprivoiser, de le cultiver. Une variante de cet humble sacré dont je te parlais récemment.

Je m'appesantis sur cet événement mineur pour te dire surtout que je crois comprendre ce que tu trouves dans le judaïsme, alliance d'amour et d'amitié. Et pourtant, et pourtant, je ne suis pas d'accord avec toi lorsque tu identifies le sacré à « la mémoire des lignées familiales », « la tête de mes enfants », etc. Le texte biblique qui remémore les liens érotiques, les liens amoureux et conflictuels entre hommes et femmes, célèbre en effet la reproduction du vivant et les conditions optimales de sa transmission à travers les générations : genèse, nombres, etc. Mais le coup de génie ne fut-il pas précisément d'inscrire ce lien génétique et familial, « maternel » si tu veux, dans le plus haut symbolisme ? Celui qui transcende la survivance d'Israël dans une mémoire universelle, un au-delà valable pour tous les hommes ? Et cela notamment par une certaine position du féminin dans Yahvé lui-même, dans le peuple vis-à-vis de Yahvé, et jusqu'au cœur du destin vigoureux des femmes bibliques elles-mêmes ! J'ai envie de faire maintenant l'apologie de l'Épouse du Cantique des Cantiques, de Ruth et de Sara, entre autres, mais ne t'inquiète pas, ce sera pour la prochaine lettre. Assimiler le message biblique à la seule généalogie ? Certainement pas. D'autres l'ont fait, de l'intérieur du judaïsme ainsi que dans l'adversité la plus farouche. Toi, tu associes l'impératif qui consiste à assurer la survivance des générations à la mémoire. Là, je te suis : c'est à la *charnière* de la génétique et de l'esprit que l'élection juive s'épanouit, et c'est pour cela aussi qu'elle intéresse puissamment les femmes, me semble-t-il...

Juste un mot à propos du bouddhisme auquel tu veux me convertir, de l'indifférence et du « rien ». De fait, le « rien » dont je te parlais s'inscrit dans le sens de la vie – comme son apaisement et sa limite et non pas comme son annulation. Il n'a rien à voir avec ce nihilisme moderne, cet effacement des différences (notamment sexuelles) et du questionnement (notamment la révolte) qu'on prend en Occident pour un bouddhisme « modern style ». L'apprivoisement de la mort, l'acceptation de la maladie à l'encontre d'une idéologie de la santé à tout prix, le souci d'accepter l'euthanasie pour les malades au stade terminal – tout cela ne m'empêche pas d'être une adepte fervente de la vie. Valeur judéo-chrétienne, me suis-je laissé dire. Et alors ? Je n'accepte pas ce tiers-mondisme moderne qui prend la forme d'un combat contre le judéo-christianisme en discréditant le désir de vie et, sous prétexte de décompenser le vitalisme militant et mercantile propre à la société technique, ouvre en réalité la voie à une apologie de la mort. À une culture de mort, qui s'insinue sournoisement en cette fin de millénaire, et dont les victimes se trouvent, comme par hasard, être les plus faibles, les plus défavorisés : on le voit dans la facilité avec laquelle nous sacrifions les vies des populations du tiers monde, mais aussi dans les classes pauvres aux États-Unis d'Amérique, et même parfois chez nous – sous prétexte, par exemple, que le « trou » de la Sécurité sociale ne permet pas les dépistages suffisamment fréquents de telle ou telle maladie… Je trouve dommage que le pape soit la seule personnalité moderne à défendre le désir de vie et le droit à la vie. Ce n'est pas parce que la « vie éternelle » n'existe pas que la vie n'a pas de sens. Au contraire, c'est l'expérience du « rien » qui donne sa saveur instantanée au sens de la vie, au combat de la vie la plus quelconque.

Le vent du nord forcit ce soir, l'eau commence à siffler devant ma véranda, et seul le clocher illuminé tient bon en face. Pas moi, il est temps d'aller me coucher, mais tu auras bientôt de mes nouvelles…

Julia

22 avril 1997

Chère Julia,

L'opération de David est désormais derrière toi. Pour un peu, j'aurais écrit « derrière nous » tant ta dernière lettre m'a remuée. Elle m'a fait remonter des souvenirs. Un jour, sur le chemin de l'école, la police a trouvé mon fils tordu de douleur sur le trottoir, en pleine crise d'appendicite… Et l'angoisse m'a tordu le ventre à mon tour. Je ne sais s'il faut appeler « sacré » ce sentiment tord-boyaux mais, à coup sûr, il écrase tout sur son passage. Toute-puissance, m'écrivais-tu récemment. Et surnaturelle par-dessus le marché, cette pulsion à l'ensemble de sentiments dits d'« amour maternel », dont l'existence est si puissante et la dénomination si faible. Excuse-moi, mais je suis très fâchée avec l'abus du mot « amour ». Dans ce cas précis, je préfère « attachement », le bien-nommé.

Il se trouve qu'au moment où David allait passer sur la table d'opération, j'attendais l'accouchement de ma fille. Je me suis étonnée d'être plus concentrée sur elle que sur l'enfant à naître – est-ce normal, docteur ? Toujours est-il que le cher petit s'est fait désirer quatre jours pendant lesquels je me suis retrouvée dans une angoisse à nulle autre pareille. La bête maternelle en moi a donc pas mal souffert psychiquement avant le soulagement de la naissance. Puis j'ai vu cet enfant, « la chair de ma chair », incomparable sensation. Incomparable, à nulle autre pareille, incommensurable, mais à quoi ? À l'espèce humaine ? Il avait quinze jours quand je suis repartie à Dakar, et quand je le reverrai il aura une couleur d'œil bien à lui. Au fond, l'universel chez le nouveau-né, si c'était le bleu-nuit du regard à la naissance ?

Il existe une toute-puissance de l'attache maternelle, je veux bien, mais l'infanticide existe. Il existe même si fort qu'il est avidement traqué dans les faits divers. Un infanticide ! L'affaire Villemin nous a éclairés sur ce point ; ce n'est pas vieux. Quelqu'un avait noyé un enfant ligoté, et qui, avec le juge, accusait-on d'une seule voix ? La mère. Marguerite Duras mena son enquête personnelle et, reniflant l'odeur de Médée, écrivit dans *Libération* à propos de Christine Villemin : « Sublime, forcément sublime ». Formidable ! Tout le monde applaudit l'artiste. Grand comme l'antique, ce geste d'écriture. Je sais, on ne fait pas d'art avec de beaux sentiments, etc. La grenouille Duras s'était donc faite aussi grosse que le bœuf du sacrifice, et tout allait pour le mieux dans le meilleur des mondes fantasmatiques.

Pas de chance, la mère est innocente. On baisse le ton, on n'épilogue pas. Chargée des « dommages et intérêts », la justice calcule en francs les ravages de l'imaginaire social. La fameuse phrase de Duras cesse de circuler comme les paroles d'une chanson. Mais quelles forces psychiques soutenaient à l'époque le désir partagé du meurtre d'un fils par sa mère ? Un coup pervers de l'œdipe inventé par Freud ? Non merci. Comme l'amour, l'œdipe est dévalué. Quoi, alors ?

Soit le jugement de Salomon. À la suite de complications familiales, deux femmes revendiquent la maternité du même enfant. Il faut identifier la vraie mère. Le roi d'Israël propose de trancher l'enfant en deux et de le partager entre les mères supposées. Coup de génie. La fausse mère accepte, mais la vraie supplie, qu'il vive ! L'enfant, elle l'abandonne à l'autre… Le roi Salomon est le plus grand des Juges. Il sait identifier une mère à la pulsion sur-naturelle qui l'embrase devant le danger. Parce qu'elle n'est pas miraculeuse, cette pulsion me paraît « sacrée ». Pour la sortir de cette niche, pour la faire passer au crime infanticide, il faut une bien grande envie. Elle est féroce, la jalousie qui exalte l'infanticide.

Car pour accéder à la paternité, les pères ont besoin d'une sacrée « récup' ». Pas une société sans moments solennels où l'enfant passe sous la loi paternelle. Rites d'initiation en tous genres, circoncision, excision, réclusion en forêt, scarifications corporelles… En Inde, la cérémonie brahmanique s'appelle en toute clarté la « seconde naissance » : la première fut naturelle, la seconde est religieuse. La mère donne la vie, mais le père donne le sens. Ailleurs, il préside au marquage du corps, et s'il ne manie pas la cisaille, il décide du moment où l'on coupe. Loin des entailles sur la chair, le plus beau des rites paternels est celui des Romains : la mère pose le nouveau-né sur le sol, et si l'homme aux pieds duquel est l'enfant le ramasse, il en devient le père. Il en reste un petit quelque chose dans les accouchements d'aujourd'hui, si le père accepte d'être présent, car alors, il aura l'enfant dans les bras aussitôt. C'est donc que le père a droit à sa reconnaissance, qui, jusqu'à la génétique, n'allait pas de soi.

La position est malaisée. Dans son incertitude *(pater incertus)*, la paternité exige une belle assurance. Comment éviter la jalousie ? La mère est si certaine… On peut comprendre. De là au désir de mort de l'enfant par la mère, il y a un saut que seul le tragique représente. Il faut croire que le désir du tragique est toujours aussi vif ! Eh bien, s'il faut exprimer l'envie masculine pour la maternité, dont Duras, à qui j'ôte à dessein son « Madame » et sa « Marguerite », est un paradoxal exemple, je préfère le rite de la « couvade ». Que les hommes se couchent pour mimer l'accouchement, qu'ils simulent les souffrances de la mère et qu'on s'occupe d'eux, voilà qui me dérange moins que ces violentes appropriations, ces « secondes naissances » compensatrices. Par exemple, en matière d'appropriation brutale, je pense au régime de l'éducation des enfants en Inde : l'enfant vit avec la mère jusqu'à sept ans, et couic ! Passage au père, l'enfant est privé de mère. Le résultat est désastreux : des hommes affidés à leur mère à jamais, pétrifiés d'angoisse devant la figure du père. Après avoir perdu la maternelle intimité de la petite enfance, comment se protéger de cet inconnu qui fait la loi ? Voilà comment naît la demande pour ces grandes déesses dont je t'ai parlé, ces idoles à double visage maternel, souriante ou terrifiante. Séparés de leur mère réelle, les fils la réinventent en la dupliquant. Proche et lointaine. Tendre et tueuse, sans larmes. Dévotion garantie, fanatisme assuré.

Chez nous, la toute-puissance paternelle n'appartient qu'à Dieu. Que tu sois née en Bulgarie et moi en France ne change rien au fait que notre héritage judéo-chrétien nous contraint à nous figurer Dieu comme le Père Tout-Puissant. La Toute-Puissance ne laisse pas de place à l'absolu de l'attachement maternel. Il existe, mais sans prévaloir. La mère est honorée, respectée, mais elle n'a pas voix au chapitre. Celle que les Juifs en exil ont élue est Rachel. Rachel, la bien-aimée de Jacob, Rachel qu'il a si longtemps attendue, Rachel qu'il a gagnée après avoir épousé, contraint et forcé, Léa, la sœur, qu'il n'aimait pas. Jacob et Rachel, ou l'amour différé. Jacob et Rachel, l'amour persécuté. Mais Jacob et Rachel définissent deux figures de Dieu. Après la lutte avec l'Ange, Jacob reçoit le nom sacré d'Israël ; mais après l'exil, Rachel reçoit celui de « Shekhina », l'ombre portée de Dieu. Quand on se lamente dans le ghetto, alors, voilée de noir, apparaît Rachel. Dans le malheur, Israël a besoin des larmes de Rachel. Encore les larmes.

Alors ? Le divin au pouvoir, le sacré en détresse ? Le divin pour les pères, le sacré pour les mères ? Le divin pour les hommes, le sacré pour les femmes ? Le divin pour le phallocratisme, le sacré pour les opprimés ? Ce serait si facile ! Mais non. Quelque chose cloche là-dedans.

Je retourne au ghetto. Dans ces lieux de misère où l'on apercevait les voiles sombres de la Shekhina, naquit au XVIIIe siècle le hassidisme des « Justes », ces rabbins exaltés. Naquirent également les règles qui obligent, encore aujourd'hui, leurs épouses à raser leurs cheveux et porter perruque. Elles ne chantent ni ne dansent ; seuls les hommes y ont droit. Il suffit de lire les légendes du hassidisme pour comprendre que le rôle des épouses se limite à servir le vin.

On sait que les pères du hassidisme n'avaient pas de goût pour la lecture du Talmud, obligatoire dans la tradition, qu'ils brisèrent. Au Talmud, les hassidim préféraient la danse extatique, et la musique. Comme les soufis de l'islam, les hassidim récupéraient la part féminine de la piété : car dans la Bible c'est Miriam, la sœur de Moïse, qui, la première, danse devant l'Arche d'alliance après le passage de la mer Rouge. Miriam libérée danse, Moïse libéré ne danse pas. À l'inverse, le hassid danse sa liberté, son épouse, non. Ou bien l'une danse et l'autre pas, ou bien le rabbin danse mais, du coup, pas sa femme… Dans l'exil, le masculin s'est approprié la libération par la danse. De partage avec les femmes, pas question.

Pourquoi tant de séparations ? Pourquoi ces chassés-croisés entre le sacré et le divin ? Qu'en l'honneur de Dieu l'homme danse *avec* la femme semble tout à fait impossible, comme si le sacré répétait constamment la séparation entre la maternité et la paternité. Qu'y a-t-il dans la danse qui l'apparente à la divinité ? La bisexualité, sans doute. Pour ne pas se confondre avec Dieu, faudrait-il séparer ce que Dieu a uni ? On ne peut rien exclure. Ce phénomène n'est pas propre au judaïsme. Les danses sacrées sont presque partout séparées ; elles dansent, ils ne dansent pas, ou l'inverse.

Le Coran radicalise cette séparation des sexes : lorsque Adam et Ève sont chassés du paradis, Adam tombe en Inde et Ève au Yémen. Géographique, politique, morale et sexuelle, la séparation coranique est totale. J'admets que la Vierge Marie corrige un peu le tir.

Un peu seulement. Quand intervient Marie ? Lorsqu'elle a quatorze ans, à l'instant de l'Annonciation ; ensuite, pendant la grossesse et la petite enfance. Lorsque Jésus a douze ans, Marie s'éclipse. Passée la présentation de Jésus à la synagogue, *exit* Marie jusqu'au supplice sur la croix. Quelle absence ! Qu'advient-il de Marie pendant vingt-deux ans ? Mystère. Son corps n'a presque pas d'histoire ou plutôt, il n'en a que deux : la gestation sans fécondation masculine et la Dormition finale. Sans doute suis-je trop païenne pour admettre un corps qui s'incarne en échappant au sexe et à la mort.

Question « païennerie », je t'avais annoncé les danseuses sacrées en Inde. Aujourd'hui, les danseuses autrefois sacrées vivent dans l'univers laïque d'un show-biz embryonnaire, avec de maigres cachets pour leurs prestations. Mais jusqu'à l'indépendance de l'Inde en 1947, elles dansaient dans les temples devant la statue du dieu. Fort bien. Qui leur assurait le gîte et le couvert ? Les brahmanes dans les anciens temps et, plus tard, les riches marchands : dans les deux cas, brahmanes et marchands étant de castes supérieures, ils sont « deux fois nés ». Les danseuses servaient donc d'objet sexuel aux dignes cotisants. On cerne de près la nature de la « prostitution sacrée » : un bordel toléré pour la haute société. En revanche, il y a bien du sacré dans l'affaire : car une danseuse de temple n'avait pas le droit de laver ses cheveux. Jamais.

As-tu déjà vu ce genre de chevelure ? On en voit encore beaucoup en Inde sur les routes. Ceux qui ont décidé de quitter le monde ne se lavent plus jamais la tête. Ils sont « renonçants », au féminin « renonçantes ». Leurs cheveux n'ont plus rien d'humain. On dirait de l'étoupe. Au bout de quelques années, cette matière végétale n'a plus rien en commun avec l'idée de chevelure. Or tel est précisément le but de la manœuvre : il s'agit de rattacher l'individu renonçant à la « forêt », espace de la méditation et contraire du « village », l'espace social de la cité. Le cheveu du renonçant retourne au naturel de l'arbre ; il devient végétal, et ne se lave pas.

Pourtant, rien d'impur dans ces tapons crasseux. Selon la tradition, les « deux fois nés » consommateurs de danseuses sont interdits d'impureté, et l'on ne plaisante pas avec les ablutions corporelles quand on est de caste supérieure. La masse végétale des cheveux non lavés ne s'adresse donc pas à l'homme, mais au dieu, à lui seul. Le modèle existe dans la mythologie indienne : lorsque la jeune fille nommée Parvati tombe raide amoureuse du dieu Shiva, elle se livre à toutes sortes d'austérités pour le séduire. Elle se perche sur une jambe, les mains jointes, et demeure ainsi mille ans. Les lianes l'enveloppent, elle devient végétale. Alors seulement, quand elle est réduite à l'état de belle plante, Shiva daigne la regarder et l'épouse. En couchant dans le temple avec la danseuse aux cheveux non lavés, le « deux fois né » s'identifie au dieu. Et tant pis pour l'odeur.

Cette affaire végétale me rappelle la passionnante analyse du mythe d'Œdipe par Claude Lévi-Strauss. Au terme d'une méticuleuse méthode de comparaison des généalogies de la lignée d'Œdipe, Lévi-Strauss conclut que le mythe d'Œdipe traduit une hésitation entre deux hypothèses sur la naissance de l'espèce humaine. Ou bien l'homme est né de la terre, selon l'antique conception grecque – comme un légume –, ou bien il est né de deux parents, énigmatique affaire. Malgré l'obscurité de sa naissance, Œdipe est un homme doté de deux parents. Il est même affublé de parents adoptifs avant de découvrir qu'il a tué son père, et épousé sa mère. Naître de deux parents coûte cher au héros du mythe, comme on sait. Mais le dol fait à Œdipe commence par une mutilation.

Dès sa naissance, l'enfant Œdipe a les pieds percés par le bâton auquel son père le suspend, comme un animal pris au piège ; ensuite, qu'il meure de faim, abandonné, ce nouveau-né porte-malheur. Œdipe survit, mais son nom signifie « Pieds-enflés ». Comme son père Laïos dont le nom signifie le « Boiteux », Œdipe « Pieds-enflés » est incapable de marcher droit. C'est sur ce point que Lévi-Strauss appuie. Le mythe d'Œdipe correspond, nous dit-il, au moment où les Grecs changèrent d'idées sur la naissance : du végétal, ils passèrent à la procréation. L'opération mentale est si difficile qu'un mythe la raconte, et c'est l'histoire d'Œdipe. Si l'homme veut quitter le statut végétal, alors il marche de travers. Née d'une graine, la plante humaine pousse seule sans parents désignés, mais pour accéder à la connaissance de la procréation humaine, le mythe exige le prix fort : marche malaisée, parricide, inceste, monstruosité. Il est en effet plus simple d'assimiler la plante humaine à une liane touchant Dieu.

De nombreuses cosmologies font commencer l'histoire des hommes par un fil tendu entre Dieu et la terre. Corde, arc-en-ciel, arbre, feuillages ou filin égalent cheveu. En ce sens, les mèches tressées que donne l'amante à l'amant sont sacrées. Le cheveu les relie. Il s'en passe des choses avec les cheveux ! Te souviens-tu de la violente scène entre Mélisande et son jaloux de mari, Golaud ? Dans le livret de *Pelléas et Mélisande*, le texte de Maeterlinck est incroyable ! Golaud traîne Mélisande par les cheveux en criant : « Ces longs cheveux vont enfin servir à quelque chose ! » Or ils viennent de servir, à se répandre le long de la tour sur l'amoureux Pelléas, la nuit. Le jaloux a compris le lien par le cheveu. Et lorsqu'on veut humilier une femme présumée coupable, on lui tond la tête comme en 1945. Pourquoi ?

Le sacré touche aux odeurs, aux sécrétions naturelles, aux rognures d'ongle et enfin, aux cheveux. Pour résumer, le sacré participe de toutes les matières que le cher Lacan rangeait sous le nom générique d'objet du désir, c'est-à-dire le détail, le partiel, le bout de corps qui n'est pas l'entièreté du corps, et même ses déchets. Eh bien, est-ce que le déchet fait partie de l'univers divin dans les trois monothéismes occidentaux ? Pour le judaïsme et l'islam, la réponse est non. Le Lévitique, le Coran l'excluent absolument. Dans les Évangiles, la réponse est ambivalente, car Jésus guérit les impuretés. Il met fin aux hémorragies vaginales de la femme malade, aux pustules, à la lèpre, à la décomposition du corps de Lazare. Les déchets y sont, effacés par miracle. Le déchet, on l'évite. On s'en purifie soigneusement. En suivant les textes de *Corpus Christi* d'après les émissions de Gérard Mordillat et Jérôme Prieur, j'ai découvert avec stupéfaction que les effets de la crucifixion sur les suppliciés comprenaient, entre autres abominations, l'impossibilité physiologique de contrôler les émissions d'urine et d'excréments. Et comme les corps des crucifiés étaient entièrement nus... Soudain, j'ai « vu » la véritable image de Jésus sur la croix. Pour l'ensemble, on la tait.

Il est en effet plus propre de n'avoir que la voix de Dieu dans l'oreille. Car dans la longue liste des équivalents matériels de l'objet du désir, il en est de nobles, et il en est d'ignobles. Nobles, la voix, la larme, le sein, le lait, le souffle, le cheveu. Pour tous ces objets partiels on trouve la théologie appropriée : la voix de l'Éternel s'adressant à son peuple, le « don des larmes » dans la religion orthodoxe – le compte précis des larmes dans les écrits d'Ignace de Loyola, que tu as mis en évidence dans ton dernier livre –, le sein de la Vierge Marie, la technique du souffle dans les exercices des moines orthodoxes hésychastes. Mais sont ignobles en revanche les objets du désir de dessous la ceinture, les sécrétions sexuelles ; l'urine et l'excrément. Rien là-dessus dans les monothéismes. Pour trouver les théologies de l'« ignoble », il faut aller voir ailleurs, dans les exercices tantriques de la main gauche dont j'ai donné un long exemple dans *La Syncope*. Ou bien il faut lire Sade, qui s'y entend.

L'ignoble est-il moins sacré que le noble ? Cela dépend des religions. Cela dépend de l'anoblissement du déchet corporel, ou de sa déchéance symbolique.

Les monothéismes excluent l'ignoble, mais dans les religions d'Afrique, la rognure d'ongle occupe une place de choix. Un arbre sacré garde les traces accumulées de sang d'animal, de lait ; on ne le nettoie pas, il doit suinter en permanence. L'arbre sacré condense l'animal et le végétal. À cause de l'absence de nettoyage, il est plutôt « de la main gauche ».

Or rien ne peut empêcher qu'une femme soit confrontée dans son corps à la fréquentation de l'« ignoble » : voir les abondantes publicités pour serviettes hygiéniques avec un liquide bien bleu, pour éviter le rouge du sang menstruel. Qui cela trompe-t-il ? Les femmes, non ; elles connaissent « la main gauche ». Alors c'est un effet de trompe-l'œil pour « les autres », les hommes, qu'on traite en débiles. On leur vend du sang bleu, rien que ça… Rien ne peut empêcher non plus que la naissance de l'enfant se passe *inter faeces et urinas*, comme le dit saint Augustin ; à ses yeux, c'en est assez pour chercher le salut dans l'au-delà. Et que faire de l'ignoble face au divin, mon père ? Se purifier, ma fille, dit le Lévitique. Bains rituels, ça, partout au monde. Allez saigner dans votre coin et lavez-vous avant de reparaître. Vous dites ? Vous saignez pour avoir des enfants ? On ne veut pas le savoir ! Cause toujours. C'est quand même à cause de l'« ignoble » que le corps féminin est directement lié au sacré.

Il faut examiner cette fameuse « ceinture » qui coupe le corps en deux, le noble supérieur, et l'ignoble inférieur. Tel est précisément l'emblème de la séparation entre les castes supérieures et inférieures en Inde. Dans le système cosmologique hindou, le dieu Brahma répartit l'humanité en partageant son corps en quatre parties : il crée les brahmanes avec son souffle, les guerriers avec sa poitrine, les marchands, avec ses cuisses et les serviteurs, avec le reste, ses pieds, ses entrailles, ses viscères. Le sexe ? Il est absent du mythe, vois-tu. Dans l'incertitude. Faute d'assurance sur le pur ou l'impur du sexe, mieux vaut faire passer la sexualité vers le haut, du côté des brahmanes, du souffle de Brahma. C'est ce que font les ascètes avec entrain lorsqu'ils font « remonter » le sperme dans le cerveau à travers la moelle épinière. Hissons l'ignoble au noble, c'est plus sûr. Sortons de l'inférieur, et soufflons.

Suivant les pas de Dumézil, Georges Duby suivit à la trace le système des castes indo-européen dans l'Europe médiévale, et le retrouve dans la répartition entre les trois ordres : la noblesse, le clergé, et les « clercs », les petits derniers. Les serviteurs, eux, n'en sont pas. Les serviteurs sont le « reste » de l'humanité. Les séquelles de la répartition des castes vont jusqu'aux États généraux, en 1789. Ainsi les trois ordres excluaient-ils de la représentation sociale la masse des paysans, ces quasi « restes » du dessous de la ceinture selon l'ordre indo-européen. Par ce biais, Duby s'envole de la société médiévale jusqu'à la Révolution française, avortée quant à la vraie libération des serfs.

L'étrange, c'est son point de départ, l'amour courtois. Au XIIe siècle, la société médiévale européenne est passée par l'amour des dames pour persévérer dans ses castes. Ah ! La belle invention que l'amour courtois, explique l'ironique Duby. Consécration de l'amour et promotion des femmes ? Penses-tu ! Lisons Duby. Il est vrai que les suzerains recrutent leurs clercs pour une cour d'amour platonique à la dame, mais c'est pour retenir les clercs au château. Le cœur bien attaché, les clercs s'intègrent mieux à la cour, et qu'elle soit cour d'amour importe peu au suzerain. En clair, ce subtil enchaînement dans le lointain d'un feu sacré est une mystique destinée aux clercs par leurs chefs. Alors l'image de la dame peut coïncider sans risque avec l'image de l'amour absolu. Jeu charmant pour les dames, mais jeu fort exclusif ; hors de la cour d'amour, point de ces façons pour le « reste » de l'humanité. Les paysans n'« aiment » pas au sens noble.

D'où, peut-être, la révolte et ses débordements. De la frustration d'amour à la Terreur, il n'y a qu'un pas, qu'en Inde les déesses mères permettent de franchir aisément. Et si l'on franchissait le pas suivant ? Si l'« amour maternel » était de la main gauche, du côté de l'ignoble, en dessous de la ceinture ? Je crois que c'est la leçon du roi Salomon.

Catherine

Paris, 1er mai 1997

Chère Catherine,

Ma lettre du 19 avril n'a pu être expédiée que quelques jours plus tard, pour cause de panne d'imprimante. Entre-temps, j'ai reçu la tienne, datée du 22 avril. Notre correspondance est de plus en plus « croisée » : peut-être devrions-nous passer aux e-mails. As-tu une adresse électronique ?

Ton souci au sujet de l'ignoble que constituent les poils et autres cheveux sales ne m'éloigne pas vraiment de mon intention de te livrer quelques cogitations concernant le judaïsme, puisque la souillure et le sacré se touchent, tu le dis bien. Pourtant, je serai moins païenne que toi et me ferai l'avocate de ce diable qu'est en passe de devenir aujourd'hui le monothéisme. Lequel affirme que le sacré n'est autre, tout bêtement, que… l'amour. Des poils à l'amour : un abîme ? À moins qu'il ne s'agisse de logiques analogues ? Voici la petite méditation que je te propose, et cela tombe bien : ce 1er mai est une journée ensoleillée à Paris, le silence des rues délestées et le muguet qui embaume m'invitent à la tendresse, David est parti en long week-end avec une amie, Philippe rencontre des journalistes, et moi, j'ai tout mon temps. J'espère que toi aussi.

Je veux bien croire que les coiffures nauséabondes de tes danseuses soient sacrées, mais je subodore (!) qu'elles le sont en vertu de quelques règles de séparation ou d'exclusion qui en désignent la place dans un ordre. J'ai humé, déjà, les relents plus ou moins supportables des horreurs et autres abjections dont les hommes essaient de se purifier depuis la nuit des temps, quand j'écrivais, en 1980, mon livre *Pouvoirs de l'horreur. Essai sur l'abjection*. En lisant, entre autres, Mary Douglas, Louis Dumont et Paul Ricœur, sans oublier *Totem et Tabou* de ce cher Freud (entre parenthèses, j'étais ravie d'entendre l'autre jour Alain Touraine affirmer que la psychanalyse a ouvert la voie à la sociologie, que sans Freud l'anthropologie et la sociologie n'existeraient pas : cela fait son chemin, tu vois !), j'ai cru comprendre que le sacré, qui est toujours une purification, a une histoire. On peut la retracer selon le caractère spécifique de la saleté dont on se débarrasse.

Pour simplifier, disons que nos ancêtres ont commencé par se débarrasser des substances sales : excréments et autres déjections, mais aussi sang, et notamment sang menstruel. Tu préfères les cheveux, soit ! Un de tes prédécesseurs dans nos régions occidentales, le célèbre Socrate, fut confronté à cette affaire de vils poils par Parménide, dans le dialogue du même nom ; il lui demande, tu t'en souviens, s'il est possible de concevoir une Idée pour « poil, boue, crasse, ou tout autre chose, la plus dépréciée et la plus vile ». Tout le problème est là : cette saleté est-elle pensable, est-elle nommable, et, si oui, comment ça se dit ? Or, à y regarder de près, des enquêteurs plus patients et plus doués que toi et moi se sont aperçus que ces substances (dont je veux bien que les poils figurent le paradigme issu de ton propre raffinement), ne sont ni sales ni contagieuses, ni dangereuses « en soi », mais parce qu'elles tombent sous l'interdit. Autrement dit, les humains sont humains parce qu'ils parlent – ce qui veut dire qu'ils constituent, en même temps que leur parole, un ordre fait de démarquages et d'exclusions : de telle sorte que ce qui est découpé et rejeté hors de cet ordre cesse d'être une « saleté profane » pour devenir une « souillure sacrée » et fonde, du même coup, le « propre » d'un groupe. Autrement dit encore, c'est un *système de classification* qui décide de ce qui est souillé ou pas, et nullement la substance elle-même. Ainsi, dans l'Inde que tu connais si bien, on considère qu'une nourriture est polluante si sa fabrication ne respecte pas une stricte séparation, mais implique un mélange entre deux ordres ou deux territoires. Par exemple, une nourriture passée par le feu est polluante et doit être entourée d'une série de tabous. Comme si le feu, loin de purifier – comme l'affirment nos conceptions hygiénistes –, indiquait une immixtion du foyer familial et social dans la nature des choses, mélangeait les identités, favorisait leur contagion et, de ce fait, se rapprochait de… l'abjection excrémentielle, laquelle, d'une autre façon, rejoint cette logique polluante de l'entre-deux en se situant entre vie et mort, corps et cadavre.

De même, les restes alimentaires sont sales selon le brahmanisme, parce qu'ils sont des reliquats de quelque chose ou de quelqu'un : ils polluent du fait de leur incomplétude – autre figure du manquement à la séparation. De surcroît, ces valeurs frontalières et négatives que sont les objets souillants sont réversibles et s'inversent en valeurs toutes-puissantes et positives. Par exemple, dans certaines conditions, le brahmane peut manger les restes qui, au lieu de le polluer, le rendent apte à accomplir un voyage, et même sa fonction spécifique qu'est l'acte sacerdotal. De même, certaines cosmogonies représentent le reste, après le déluge, sous la forme d'un serpent qui devient le soutien de Vishnou, et garantit ainsi la renaissance de l'univers. De même encore, bien que les restes d'un sacrifice soient abjects, le fait de les consommer peut être cause d'une série de bonnes renaissances, et même nous faire gagner le ciel. C'est pourquoi le poète de l'Atharvaveda (XI, 7) exalte le reste (*ouchista*) à la fois souillant et régénérant : « Sur le reste sont fondés le nom et la forme, sur le reste est fondé le monde. L'être et le non-être, tous les deux sont dans le reste, la mort, la vigueur… » Il en va de même pour tes cheveux.

J'insiste sur cette frontière qui fait basculer le sale en souillé, car on comprend ainsi comment la ritualisation de la souillure peut s'accompagner d'un effacement complet de la saleté elle-même, pourtant support des rites. En définitive, le sale disparaît en tant que « sale » puisqu'il se transforme à l'intérieur d'une logique particulière en « souillé » : on ne le remarque plus, on le ne sent plus. C'est ce qui se passe dans les castes en Inde, où la ritualisation de la souillure est extrême. De nombreux voyageurs ont remarqué que les Hindous défèquent partout sans que personne mentionne, ni dans les mots ni dans les livres, leurs silhouettes accroupies. C'est normal, finit par noter un anthropologue, tout simplement les Hindous *ne les voient pas.* Il ne s'agit pas d'une censure due à la pudeur. Plutôt d'une forclusion, d'un clivage qui semble s'installer entre, d'une part le territoire du corps, où règne une sorte de fusion sans culpabilité avec la mère et la nature, d'autre part un tout autre univers de prestations sociales et symboliques, où entrent en jeu la gêne, la honte, la culpabilité, le désir…

Ce clivage qui, dans d'autres univers culturels, serait producteur de psychose, trouve en Inde une parfaite socialisation. Peut-être parce que l'institution du rite de la souillure assume une fonction de trait d'union, de diagonale : les deux univers de la *saleté* et de *l'interdit* se frôlent ou s'ignorent, mais ne se rejettent pas comme le font un *objet* et une *loi.* De sorte que l'être humain qui habite cet univers, où le sacré est la souillure, transite en état de souplesse – ou d'hallucination ? – entre l'innommable (ce qui est hors limite : la saleté) et l'absolu (l'implacable cohérence de l'interdit, que nul n'ignore, pas plus en Inde qu'ailleurs, et qui génère le sens : exclusions, impossibilités, normes diverses et variées, etc.).

Ce réglage de l'opposition pur/impur par le truchement de la souillure détermine un ordre social et symbolique qui n'est nullement binaire, mais fortement hiérarchique : stratification de différences entre les groupes sociaux, dans les comportements, dans les codes verbaux et artistiques, etc. Ce n'est pas à toi que j'apprendrai que l'endogamie s'inscrit précisément dans cet ordre : je laisse de côté la question de savoir si c'est elle qui le provoque ou si elle en est la conséquence. Je constate seulement que, dans l'endogamie, il est interdit à un individu de se marier en dehors de son groupe ; dans les castes indiennes s'ajoute à cela une filiation spécifique : la transmission de la qualité de membre du groupe par les deux parents à la fois. Résultat : équilibrage, à la fois symbolique et réel, du rôle des deux sexes à l'intérieur de l'unité sociale et religieuse que constitue une caste. On peut définir une caste comme un dispositif hiérarchique qui, outre des spécialisations professionnelles, assure une part égale au père et à la mère dans la transmission de la qualité de membre de ce groupe.

Tu remarqueras, dans ce système hindou, une différence essentielle avec « nos » systèmes exogamiques fondés sur une stricte séparation entre « propre » et « étranger », même et différent, homme et femme. Il semblerait que lorsqu'on évite le binarisme du système exogamique, c'est-à-dire l'étrangeté père/mère, homme/femme au niveau de l'institution matrimoniale, au niveau du rituel se multiplient les différenciations – abjections – hiérarchies entre les sexes, les sujets, les objets, les castes, les aliments et autres poils. Cette multiplication des règles et leur agencement hiérarchique met en place une logique de la « non-violence », par opposition à la logique de la « coupure » propre au monothéisme dont nous ne connaissons que trop les tranchants et les passions. Pourtant, la non-violence de ce panthéon polythéiste et hiérarchique, si proche du sacré-souillure, est en effet bien loin d'être absolue : les irruptions de tous ordres et les carnages récents ponctuent l'histoire et l'actualité de l'Inde.

Tu sembles penser que cette variante du sacré serait le « vrai » sacré, tout le reste étant de la « religion ». Et tu sous-entends que les femmes, du fait de leur familiarité avec le corps, seraient enclines à ce sacré-là. Ce que je conteste, et pas seulement pour le plaisir d'animer notre correspondance.

Bien que le sacré se constitue à partir d'un système logique d'exclusions et ne réside pas dans les substances naturelles elles-mêmes, je soutiens, à l'encontre de Mary Douglas et de certains anthropologues étrangers à la psychanalyse, que ces substances ne sont nullement indifférentes. Toujours en rapport avec les orifices ou aux frontières du corps, comme autant de repères constituant le territoire corporel, les souillures sont schématiquement de deux types : excrémentiel et menstruel. Ni les larmes ni le sperme par exemple, quoique se rapportant aux bords du corps, n'ont valeur de pollution et/ou de souillure. Les excréments (et leurs équivalents : pourriture, infection, maladie, cadavre, poils, etc.) représentent le danger venu de ce qui est extérieur au « propre » ou à l'« ordre (logique) » ; alors que le sang menstruel menace le rapport entre les deux sexes et représente le danger venu de l'intérieur de l'identité sexuelle et sociale. (Les cheveux pourris de tes danseuses apparaissent comme une opaque conjonction entre le déchet corporel et le pouvoir maternel.)

Maintenant, je peux avancer mon idée : à travers ces deux prototypes de la souillure (excréments et menstrues), c'est fondamentalement le pouvoir maternel qui est conjuré. Pourquoi ? Pensons à cette autorité maternelle qui assure le dressage des sphincters par frustrations et interdictions archaïques, et constitue de nos corps auto-érotiques de bébés, bien avant nos cartes d'identité, une première cartographie identitaire, faite de zones, d'orifices, de points et de lignes, de « propre » et d'« impropre » justement, de possible et d'impossible. Cartographie primaire du corps que j'appelle « sémiotique », lequel est la précondition du langage bien qu'elle en dépende, et qui souffre et jouit d'une autre logique, complémentaire de celle des signes linguistiques imposés et consolidés par les lois paternelles. Les rites sacrés fondés sur la souillure célèbrent incontestablement nos séparations difficiles – impossibles ? – avec cette autorité-là, la mère. Est-ce le seul sacré complice des femmes ? Sûrement pas. S'évanouit-il sous les autres variantes de sacré ? Que non pas.

Je ne suis pas de ceux qui tentent de constituer, dans la droite logique hégélienne, une histoire évolutive des religions de plus en plus parfaites, jusqu'à la dernière qui serait l'universelle. Contentons-nous de parler de « types ». À côté de la *souillure*, il existe un *mal*. Il est toujours ce qui déroge à l'« ordre logique », mais prend la forme d'une *transgression de tout interdit* – et pas seulement d'une exclusion des excréments ou du sang. Ce mal peut-être la *faute* ou le *péché collectifs*, dette séculaire qui punit l'iniquité des pères en exerçant le châtiment sur les enfants. Il est aussi la *culpabilité individuelle* qui pulvérise la faute collective et intériorise le réalisme du péché en responsabilité individuelle. Tel est le trajet de la Bible – des abominations lévitiques qui excluent certaines substances, en passant par les conflits que se livrent et auxquels sont livrés les descendants d'Abraham, jusqu'à ce mouvement superbe et intimiste de la conscience coupable qu'est le « juste souffrant », le « serviteur souffrant », Job, dont la douleur est absurde, scandaleuse, défiant à proprement parler le jugement. La culpabilité change désormais d'horizon et mérite miséricorde. Enfin, un troisième type de sacré lie la culpabilité à la rémission. La foi chrétienne ne dit pas : « Je crois au péché », mais « Je crois à la rémission des péchés » – *Kippour. Pardon.* Un « sacré » qui suspend le jugement et le temps : il mise sur un départ à neuf.

La Bible des juifs accomplit cet extraordinaire trajet qui n'ignore ni la souillure ni la faute collective, ni la culpabilité individuelle ni le pardon. La Bible est hantée par la souillure, mais la métamorphose en élection, c'est-à-dire en sacre de l'amour.

Prenons les abominations lévitiques. D'abord, les tabous ont l'avantage d'épargner le sacrifice. « Tu ne tueras pas » implique « Tu ne mangeras pas... » : suit une liste apparemment illogique de nourritures sales. Quel rapport entre les nourritures et l'interdiction de tuer ? C'est tout simple : la première séparation entre l'homme et Dieu est... alimentaire – tu ne mangeras pas de l'« arbre de la vie », dit Yahvé, mais Ève pas plus qu'Adam ne veulent l'entendre. Il faut un cataclysme, le déluge, pour que vienne l'autorisation de manger « tout ce qui remue et qui vit » (Gen. IX, 3), et d'ailleurs, ce n'est pas une récompense mais plutôt une accusation : « Car l'objet du cœur de l'homme est le mal » (Gen. VIII, 21). Après le déluge, le souci biblique de séparation prend de nouvelles formes : d'un côté la chair exsangue (destinée à l'homme), de l'autre le sang (destiné à Dieu). Le sang connote le penchant au meurtre qui est précisément l'interdit majeur. Mais le sang est aussi l'élément vital qui renvoie aux femmes, à la fertilité, à la promesse de fécondation. Le sang devient alors un carrefour lexical, lieu propice de fascination et d'abjection, où mort et féminité, meurtre et procréation, arrêt de vie et vitalité se repoussent et se conjoignent. « Seulement, vous ne mangerez point la chair avec son âme, c'est-à-dire avec son sang » (Gen. IX, 4). « C'est moi, Yahvé, votre Dieu, qui vous ai séparés des peuples et ainsi vous séparerez la bête pure de l'impure » (Lev. XX, 24-25)... » La liste des interdictions parfois spécieuses qui constituent le Lévitique – interdictions alimentaires après l'holocauste offert par Moïse et Aaron à Yahvé, comme après celui de Noé à Elohim – s'éclaire si on comprend qu'il s'agit d'éviter à l'homme de manger le carnassier. Pour cela, un seul critère : manger des herbivores ruminants. Certains herbivores dérogent à la règle générale des ruminants d'avoir le pied onglé : ils l'ont fendu. Ils seront donc écartés. Conséquence, déjà aperçue dans d'autres religions pourchassant la souillure : le « pur » sera ce qui est conforme à un ordre logique ou une taxinomie ; l'« impur », ce qui perturbe, favorise le mélange et le désordre.

Et la femme dans cette taxinomie ? Aux nourritures impures parce que non conformes aux taxinomies, le Lévitique ajoute le corps de la femme menstruée et de l'accouchée. Corps fécondable ou fertile, puissance païenne qui risque de menacer l'ordre logique, la Déesse mère hante l'imaginaire d'un peuple en guerre contre le polythéisme toujours à l'œuvre. Les divers chapitres du Lévitique varient les abominations : maladies, déviations sexuelles et morales – nous nous éloignons de plus en plus de la substance sang-mère/meurtre pour nous intégrer dans des lois « abstraites », morales. Un précepte, néanmoins, récurrent, retient notre attention, car il associe l'interdit alimentaire à la maternité fusionnelle : « Tu ne feras pas cuire un chevreau dans le lait de sa mère » (Ex. XXIII, 19 ; XXIV, 26 ; Deut. XIV, 21). Ce n'est pas le lait comme nourriture maternelle qui est ici mis en cause, mais le lait utilisé selon une fantaisie culinaire, et donc culturelle, établissant une mixture (lien incestueux ? lien narcissique ?) entre la mère et son enfant. Cette nouvelle interdiction alimentaire est à entendre comme une interdiction de l'inceste, au même titre que les interdits qui empêchent de prendre dans un nid la mère avec le petit ou un œuf (Deut. XXII, 6-7), ou d'immoler le même jour la vache ou la brebis avec leur petit (Lév. XXII, 18).

Soucieux de cette interdiction de l'inceste, le texte biblique semble bien sévère à l'égard des femmes. De là à pointer sa misogynie, nul ne s'en prive. Cette violence, que justifient l'histoire et le contexte du paganisme, ne doit pas faire oublier qu'à travers elle, malgré elle, et grâce à elle nous assistons à un « devenir sujet » de la substance féminine, à une véritable alchimie de cette substance (« sang » ou « lait ») qui se transmue en une subjectivité autonome, vigoureuse, responsable, aimante. Pour moi, *le sacré réside dans cette transition-*

là, dans ce passage, et non pas dans ses bords, inférieur (la souillure : les poils) ou supérieur (l'interdit rigide qui voile les têtes ou les coupe : horreur de l'intégrisme monothéiste). Je ne connais pas l'hébreu, je lis la Bible en profane et sans compétences ni véritable assiduité. Mais des textes littéraires m'y renvoient sans cesse, ainsi que nombre de rêves, et des moments d'analyses – insupportables ou magnifiques… Je décèle là un destin spécifique du féminin auquel je tiens, en ce qu'il s'y aménage une transition de cet élément « maternel » – que le paganisme sacralise tandis que les polythéismes le clivent et le disséminent – dans un édifice moral hautement élaboré.

Commençons, comme il se doit, avec Yahvé. Le mysticisme juif, bien connu désormais grâce aux travaux de Gershom Scholem, évoque une divinité féminine que certains appellent *the hebrew goddess*. À l'origine, c'est démontré, Yahvé est représenté avec une compagne féminine. Plus tard, lorsqu'il sera interdit de représenter Dieu, la femme sera réduite à la position de gardienne, représentée par deux chérubins femmes. Après la destruction du Premier Temple, l'idée s'impose que Dieu seul possède les deux aspects, mâle et femelle, et dès lors les chérubins ne signifient plus que des attributs divins. Pour le Talmud, le chérubin mâle représente Dieu, et le chérubin femelle le peuple d'Israël. La kabbale développe enfin la théorie mystique des Séphiroth et considère le roi et la Maronite comme deux entités divines. Des études féministes américaines ont établi récemment une filiation entre l'hindouisme – et la place qu'il accorde à la mère –, et le couple du Cantique des cantiques, pour proposer une interprétation « dépaternalisante » du judaïsme.

Nous connaissons tous – mais les connaissons-nous vraiment ? qui lit encore ces textes, à part les croyants ? – les très célèbres quatre « mères de la Genèse » et leur puissance surnaturelle : belles, rebelles, guerrières, elles sont aussi stériles que douées de longévité – comme pour conjurer la fécondité naturelle païenne par un destin tout autre, venu de l'Autre, mais auquel elles n'adhèrent pas moins, corps et âme. Ainsi Sarai, qu'Abraham fait passer pour sa sœur, devient Sara lorsque Yahvé lui promet un fils, Isaac, à… quatre-vingt-deux ans. Après cette adhésion on ne peut plus complète à la parole de Dieu, Sara peut vivre jusqu'à cent vingt-sept ans. Serait-ce là une variante de l'inceste dont il s'agit de se séparer par le rire, Isaac signifiant « celui qui rit » ? Rébecca est belle et vierge quand on vient la chercher pour qu'elle épouse Isaac. Rachel, bergère et fils de Laban, est aimée par Jacob pour « son bel air et bel aspect » ; mais elle est aussi stérile et jalouse Léa, l'autre épouse qui donnera six fils à Jacob. CQFD : la procréation est indispensable et chaudement recommandée, mais il n'y a pas que ça pour une femme, et même les meilleures peuvent en être privées, surtout les meilleures. Tout de même, il n'est pas question de les punir, chacune aura son enfant, mais seulement vers la fin de l'histoire : récompense ultime ou plutôt peu probable ? Ouf ! Yahvé « se souvint de Rachel, l'exauça et ouvrit son sein. Elle conçut et enfanta Joseph. »

En matière de guerrières, je préfère Judith – probablement à cause d'Artemisia Gentileschi qui nous a laissé son immortel *Judith et Holopherne :* cruelle décapitation du général de Nabuchodonosor qu'elle (Judith ou Artemisia ?) accomplit avec le sang-froid du plus grand peintre femme de tous les temps (Artemisia), pour sauver son peuple et mettre en déroute les Assyriens (Judith). Elle ne vit pas moins de cent cinq ans et reste fidèle à un seul homme, son mari Manassi : quand on a décapité un général, il n'y a pas à chercher midi à quatorze heures, ni à couper les cheveux en quatre, et moins encore à les garder sales, tant il est vrai que la frénésie érotique n'est qu'une misérable tentative de remédier à la castration, comme chacun sait. Esther, l'épouse d'Assuérus, Déborah qui pousse les hommes à vaincre Sisera, Yahel, Suzanne et quelques autres ne sont ni moins héroïques ni moins historiques. Aucun rapport avec quelque substance archaïque ou mystère échevelé que ce soit – elles tranchent, elles dirigent, elles fracassent la tête de l'ennemi ou choisissent de mourir. Bref, elles accélèrent l'histoire plutôt que de s'abandonner à la nature. J'aime beaucoup la Déborah prêtresse, cette « abeille » qui « s'est levée comme une seule mère d'Israël » et vers laquelle « montent les enfants d'Israël pour être jugés ». Quoique plus discrète, elle ne le cède en rien à la parole mâle des autres prophètes, et son cantique qui célèbre la victoire d'Israël sur un roi cananéen, un des textes les plus anciens de la Bible, commence par célébrer… les cheveux, eh oui ! Non pas les cheveux coincés mais les cheveux libérés des combattants de Yahvé : « Quand en Israël on laisse flotter les chevelures,/ quand un peuple s'offre volontairement,/ bénissez Yahvé ! »

Il y a aussi les reines. Esther, beauté sublime épousée par Assuérus, qui sauva le peuple juif de ce premier « pogrom » que fut le massacre ordonné par ce roi perse : Racine l'a aimée à son tour, dans ces vers célèbres qui rivalisent avec la grandeur, la pudeur et les soupirs des psaumes hébraïques. Jézabel, mère d'Athalie, fut en revanche violemment païenne et idolâtre, au point d'élever un temple à Baal : les soldats de Jéhu la tuèrent impitoyablement, son corps fut livré aux chiens, il n'en resta que « l'os de la tête, les pieds et l'extrémité des mains » – tu connais la gravure de Gustave Doré commémorant ce sacrifice qui ne s'embarrasse pas de cheveux, mais disperse de plein droit jusqu'aux moindres restes de cette sale femme, abjection oblige. Athalie, elle aussi passionnément remémorée par le même Racine, extermine tout le monde pour se maintenir sur le trône, mais ne peut rien devant l'innocence de Joas, rien surtout devant la Loi soutenue par Dieu. Bethsabée, la séduisante épouse d'un officier de David, que le souverain épousa tout en tuant le mari, malgré les reproches du prophète Nathan, et qui devint la mère de Salomon, avant de continuer à nous séduire, occupée à son bain, dans les tableaux de Raphaël, de Cranach, de Rembrandt… Pas toujours sympathiques, ces reines, je te l'accorde, mais toutes subversives, non conformistes… L'étrangeté ou, disons, la puissance féminine s'insinue dans l'ordre social, le menace, s'y intègre parfois, tout en restant rebelle, désirable, jamais passive ni docile.

Le combat monothéiste contre les « cheveux sales » prend des formes institutionnelles bien rigides : non seulement il ne faut pas de prêtresses, mais la présence des femmes aux lectures de la synagogue est facultative le jour du shabbat. Quand elles y vont, elles sont reléguées au fond ou sur une tribune : qu'elles restent à leurs places ! Un cousin architecte israélien a voulu récemment arranger leur balcon, à ces braves femmes, le rendre plus confortable, le rapprocher du rabbin et les faire presque participer aux prières. Mal lui en a pris ! Pas question ! Il a dû démolir son balcon ! Bien entendu, les fillettes ne fréquentent pas les yéchivots, pas plus que les femmes n'enseignent dans les yéchivots. Là-dessus, les malins ne se privent pas de citer quelques extrémistes, lesquels ne manquent ni dans le passé ni dans le présent : rabbi Meir au IIe siècle après notre ère (« Béni soit Dieu qui ne m'a pas fait naître un rustre, qui ne m'a pas fait naître une femme parce que la femme n'est pas tenue d'observer les commandements »), ou rabbi Elieser au Ier siècle après notre ère (« Enseigner la Torah à sa fille, c'est lui enseigner des obscénités »). Je bénéficie, dans ma propre lignée, d'une grand-mère maternelle qui se nomme Jacob ; la légende veut que sa communauté ait compté parmi les adeptes de Sabbataï Zévi, un mystique qui se proclama Messie du côté des Balkans… Dans le melting-pot des trois monothéismes que fut par moments cette région, ces ancêtres basculèrent du côté du christianisme, et mon père, quant à lui, fit tout ce qu'il pouvait pour consolider cette dernière tendance. Sans négliger de me faire apprendre le français chez les dominicaines, pour mieux assimiler une culture de doute et de raison, disait-il, en pensant aux Lumières. Comble de la confusion ou de la lucidité, va savoir ! Bref, tu ne t'étonneras pas si je te dis que mes préférées, parmi ces matrones bibliques, sont les amoureuses aux frontières : Ruth la Moabite naturellement, et, bien sûr, l'Épouse du Cantique.

Ah ! Ruth la Moabite, étrangère et néanmoins ancêtre de la souveraineté juive, puisque ancêtre de David ! Le récit remonte à l'an 2792 (968 avant notre ère) paraît-il. Époque d'épreuves, moment chaotique de l'histoire juive, la Loi était dégradée, oubliée. Un homme vénérable, tu t'en souviens, du nom d'Elimelech, quitte son pays, la Judée – au lieu de l'aider en ce temps de dépression –, et ose s'établir à Moab ! Royaume étranger, et en outre interdit d'alliance pour une raison supplémentaire : ses habitants n'avaient pas accueilli les Juifs fuyant l'Égypte. L'exil d'Elimelech est donc une faute grave qui doit être dûment punie : il meurt en effet, de même que ses deux fils, qui ne laissent aucun héritier. Restent leur mère, Noémi, et ses deux belles-filles, Orpah et… Ruth. La punition, si punition il y a, n'est pas si sévère puisque Ruth est sauvée du désastre et devient même la matriarche de la royauté juive. S'est-elle convertie ? Rien n'est clair à ce sujet, mais le texte précise qu'Orpah rentre chez elle, tandis que Ruth s'obstine à accompagner sa belle-mère à Bethléem. Ses propos témoignent d'une belle fidélité à Yahvé, mais surtout d'un lien intense entre les deux femmes : « N'insiste pas auprès de moi pour que je te quitte, en retournant loin de toi, car où tu iras j'irai et où tu logeras je logerai : ton peuple sera mon peuple et ton Dieu sera mon Dieu. Là où tu mourras, je mourrai et là je serai mise au tombeau ! Que Yahvé en agisse ainsi envers moi et qu'il fasse encore plus, si ce n'est pas la mort seule qui excuse une séparation entre toi et moi ! » (Ruth, I, 16 et 17). Dès lors, le devoir de Noémi sera de trouver à Ruth un « racheteur » qui, selon les règles du lévirat, ne peut être que le plus proche parent du mari défunt, auquel il se substitue lorsque la veuve est sans enfant. Le deuxième en ligne parmi les racheteurs possibles est Booz, le cousin de Mikhlon, son mari décédé.

Une belle histoire de glaneuse dans un champ de blé s'ensuit, mélange d'innocence et de ruse, jusqu'à ce que ladite glaneuse néglige les jeunes moissonneurs et finisse par séduire le fier Booz âgé de quatre-vingts ans, et qui sait fort bien que la belle est une Moabite. Travailleuse mais aussi abondamment parfumée, dûment instruite par Noémi mais pleine de ses charmes propres, Ruth apparaît au patriarche digne d'une récompense « parfaite » : « Que Yahvé te rende ce que tu as fait et que ta récompense soit parfaite de la part de Yahvé, Dieu d'Israël, sous les ailes duquel tu es venue t'abriter » (Ruth, II, 12). « Et maintenant, ma fille, ne crains rien : tout ce que tu diras, je le ferai pour toi, car toute la foule de mon peuple sait que tu es une femme de valeur » (Ruth, III, 10-11). « Ainsi Booz prit Ruth et elle devint sa femme, il vint vers elle et Yahvé lui donna de concevoir, puis elle enfanta un fils » (Ruth, IV, 13). La tradition veut que Booz meure la nuit même de la consommation du mariage, tandis que Ruth conçoit un enfant et prend place dans l'histoire juive. Pourtant, son nom n'est plus mentionné : comme tu me l'écrivais dans une lettre récente, seule compte la lignée, or ici elle est sauvée par la naissance d'un héritier, donc exit la femme – *exit* la « mère porteuse » étrangère.

Pourtant, les choses sont moins simples. Ruth jouit, comme les autres « grandes femmes » de la Bible, d'une longévité exceptionnelle, puisqu'elle voit son descendant Salomon monter sur le trône. C'est Noémi, la grand-mère, qui est reconnue comme la mère – disons « symbolique » – du nouveau-né de Ruth : « Et les voisines l'appelèrent d'un nom, en disant : "À Noémi est né un fils !" et elles l'appelèrent du nom de Obèd » (Ruth, IV, 17). (Obèd ou celui qui « sert » Dieu.) L'enfant de Ruth l'étrangère a servi en effet d'intermédiaire entre deux peuples, entre deux mères, et s'est inséré dans la lignée de Booz et de Noémi. La race des rois constitue sa descendance : « C'est lui qui fut le père d'Isaïe, père de David » (Ruth, IV, 17). Quant au descendant d'Orpah, la sœur de Ruth, qui n'a pas choisi Noémi-Yahvé, il n'est autre que Goliath, battu par David.

Tu as tort, chère Catherine, de t'insurger contre les « baptêmes » et autres rites d'acceptation des enfants dans la lignée symbolique du père. Non seulement Ruth est plus sage que toi, mais son rôle d'intermédiaire me paraît dépasser le service rendu par une étrangère à la communauté juive, car il révèle le sens profond de cette fonction sacrée qu'est la fonction intermédiaire d'une mère : biologie plus sens, enfantement plus choix symbolique. L'histoire de Ruth reste à méditer pour revaloriser aujourd'hui, au XXIe siècle, la vocation maternelle. Car c'est bien d'une vocation qu'il s'agit, quand nous avons la liberté technique de disposer de notre corps dans un érotisme libéré de la « menace » de procréation, et que nous pouvons faire de celle-ci un « libre choix ». D'une vocation aussi puisque nous arriverons, nous arrivons déjà à reproduire artificiellement l'espèce, plus ou moins bien. Voilà pourquoi, si les Ruth actuelles et futures n'y veillent pas, si elles n'éprouvent pas cette adhésion farouche au blé et au sang d'une part, à l'au-delà d'un contrat moral avec l'autre, notre espèce est vouée à la manipulation ou à l'extinction.

Ruth a été louée, je l'ai louée dans *Étrangers à nous-mêmes*, d'avoir ouvert la souveraineté de David à une étrangeté ineffaçable : car c'est bien elle qui ouvre la sécurité royale à une permanente inquiétude, et stimule la dynamique de sa perfection. « Combien de temps vont-ils me parler en colère en disant : n'est-il pas d'une lignée indigne ? N'est-il pas le descendant de Ruth la Moabite ? » implore David en s'adressant à Dieu. David a deux fois la lettre *dalet* dans son nom qui signifie « pauvre », parce qu'il intègre la pauvreté, la déchéance, la souillure de la sale étrangère – sans laquelle il n'est pas de souveraineté. Si David est aussi Ruth, si le souverain est aussi la Moabite, eh bien, cela veut dire que son destin royal ne sera jamais la quiétude, mais une quête permanente pour l'accueil et le dépassement de l'autre en soi. Je sais que cette interprétation du judaïsme n'est pas celle de tout le monde, mais c'est la mienne, et je sais que d'autres la partagent, c'est déjà ça…

Ce rôle d'intermédiaire que j'affectionne, le rôle de celle qui ouvre le passage du « bas » (l'étranger, la substance, le corps) à l'« au-delà » (Yahvé, la lignée des pères, la transmission de la Loi), je le retrouve autrement dans l'Épouse du Cantique. La Sulamite est en effet celle qui énonce la parole amoureuse dont il nous est dit, pourtant, que l'auteur est le roi Salomon. C'est bien *elle* qui parle, c'est *elle* que nous entendons, c'est *elle* qui *aime* – alors qu'*il* fuit : « Le Cantique des Cantiques qui est de Salomon./ Qu'il me baise des baisers de sa bouche !.../Tes caresses sont meilleures que le vin,/ tes parfums sont agréables à respirer, / ton nom est une huile qui s'épand,/ c'est pourquoi les jeunes filles t'aiment ! » (I, 2-3) Ce *Shir Ha-Shirim* est un superlatif qui, d'emblée, excepte l'incantation amoureuse des autres discours, chants ou sacrés. Il aurait été composé par Salomon lui-même, fils de David, et sa date la plus reculée est fixée vers 915-913 avant notre ère ; d'autres considèrent qu'il ne peut dater que du IIIe siècle avant notre ère. Récemment, on est revenu sur l'origine salomonienne du texte en le faisant remonter jusqu'au IIe millénaire avant notre ère. L'influence indienne – voilà qui va te plaire ! – y serait manifeste en ce que c'est une femme qui parle, que le renouveau de la nature y est souvent évoqué, et que la note dominante du sentiment amoureux est la langueur de l'amante – par-delà une certaine agressivité du mâle. Croisement entre Salomon et la poésie tamil ? Parallèle entre le Cantique et la Gita-Govinda ? Similitude entre Krishna, divinité sensuelle et mystique, et la Sulamite ?

La nouveauté biblique me paraît incontestable : la femme qui parle dans le Cantique est un *individu* indépendant et libre, une personne souveraine, et non pas une diffusion cosmique, fut-elle fascinante ou abjecte. C'est la première fois que, dans la littérature amoureuse mondiale, apparaît un sujet *autonome* qui peut nommer ses désirs – leurs forces, leurs buts, leurs obstacles – et ce sujet est une amoureuse. Allégorique, le Cantique est compris comme un chant du peuple élu (de l'Épouse) à son Dieu, bien sûr, et les chrétiens ne se sont pas privés d'y voir l'aspiration de l'Église vers Dieu, quand ce n'est pas un pressentiment de l'amour de la Vierge. Quel que puisse être le symbole, c'est une femme qui est la source et le centre de l'invocation. La dramaturgie et la lyrique grecques, aussi bien que les cultes mésopotamiens de fertilité, irriguent sans doute ce chant aux accents souvent païens, qui trouve néanmoins sa place naturelle dans la Bible. Les rabbins l'ont compris vers l'année 100, lorsqu'ils ont fini par accepter, non sans réserve, un dialogue amoureux au sein même des écritures sacrées. La femme, individu amoureux, serait-elle ainsi la variante prémoderne du sacré ? Ton ajout, en forme de repentir sur épreuves, autour de l'amour courtois, à la fin de ta dernière lettre, me laisse sur ma faim ; tu vois, il te faudra subir (dans notre livre) mon long développement sur la métamorphose des poils souillés en femme amoureuse.

Carrefour de passion corporelle et d'idéalisation, entre sexe et dieu – l'amour de la Sulamite est cette expérience privilégiée qui se livre à nous, qui le lisons des milliers d'années après sa composition, comme le sacré par excellence. On dit qu'il n'y a pas de « foi » juive, pas de « credo », mais… quoi ? Un *amour* ? Au sens du Cantique ? « Sur ma couche, durant la nuit/ J'ai cherché l'aimé de mon âme,/ je l'ai cherché et ne l'ai point trouvé ! » (III, 1 ; V, 6). Brisure, saut, élan de l'amour : entre la présence et l'absence, le visible et l'invisible, le physique et l'au-delà. Amour sensuel et différé, corps et pouvoir, passion et idéal : toute la tension du judaïsme est dans cette expérience de l'amour, dont tous les deux, homme et femme, sont capables – et peut-être un peu plus elle que lui.

Je ne dis rien des pièges de cet idéal, de ce Grand Autre, de cette tension surmoïque ? Pièges pour l'homme, pièges redoublés pour la femme ? Tu sais que je ne les ignore pas. J'écoutais une patiente qui, évoquant les affres de son anorexie, dit avoir l'impression de les subir par « devoir ». Naturellement, je te raconterai son histoire, inévitable quand on tourne autour du sacré « sacré ». Mais ce sera pour la prochaine fois. Laisse-moi m'en tenir aujourd'hui à cette recherche de l'amour, « cherché et point trouvé ». À cet élan du corps malade d'amour, mais pas du tout ébouriffé, ni tragique ni pathétique : limpide, intense, divisé, rapide, droit, souffrant, espérant. Un corps sacré de femme, sacré parce que au carrefour de l'amour. Je t'assure, le sacré n'est pas le poil ! Ne crois pas ça ! Soyons plus ambitieuses, le sacré c'est l'amour. Traversée la noire saleté, écartée l'anorexie – la Sulamite mange et boit à pleine bouche parce qu'elle maintient le lien par-delà la séparation : elle aime. « Je suis noire, mais jolie, / fille de Jérusalem, / comme les tentes de Cédar, / comme les pavillons de Salomon… / Il m'a introduit dans une maison de vin / dont l'enseigne, au-dessus de moi, était Amour ! / Soutenez-moi avec des gâteaux, / réconfortez-moi avec des pommes, / car je suis malade d'amour : / sa main gauche est sous ma tête / et sa droite m'enlace… » (I, 5 ; II, 4-6).

Julia

mai 1997

Chère Julia,

Tu es une athée chrétienne et moi une athée juive ; nous sommes l'une et l'autre « tenues » par notre histoire. Manifestement, pas question d'en sortir. Eh bien ! Restons-y.

Voilà pourquoi je n'encadre toujours pas « ta » vierge. *Encadrer* est un mot trivial. Pourtant, je l'aime bien, ce mot. On n'« encadre » pas quelqu'un quand dans la personne on surprend un je ne sais quoi d'incertain. Qui est cette personne ? Mauvaise pour moi, c'est sûr… De la même façon, on ne parvient pas à « cadrer » un tableau quand il est écrasé par trop d'or, trop de noir, trop d'acier. J'ôte souvent les cadres des tableaux ; je les préfère nus. Je n'encadre donc pas la Vierge que tu me donnes à voir. Disons que je l'aimerais mieux nue.

Sans doute les bienfaits de « ta » Vierge ont-ils joué leur rôle dans l'histoire des femmes, mais pour autant... Souviens-toi de la dure façon dont son Fils l'écarte. « Femme, que veux-tu ? » Elle ? Juste un peu de tendresse. Mais Jésus précise qu'Il est venu pour diviser les familles, et non les réunir. Quitte tes attaches terrestres, abandonne ta famille et au nom de l'amour, suis-moi. On le sait, séparer l'adepte de son noyau familial est le B. A. BA de toute secte à sa naissance. D'accord, il est choquant de retrouver le mécanisme sectaire dans la naissance du christianisme. Mais que le christianisme soit devenue une religion universelle ne change rien à cette vérité historique : chaque future religion aura commencé en secte réformatrice, le christianisme comme les autres. Sinon, comment changer ? Comment forcer le vieux à laisser la place au neuf ? La révolte contre l'ordre ancien exige une fidélité à toute épreuve, d'où la secte : ce fut vrai de la révolte du bouddhisme contre le brahmanisme, de celle du protestantisme contre le catholicisme, et c'est vrai du premier christianisme, né dans le contexte rigide d'un vieux judaïsme déjà taraudé par de nombreuses sectes. Religion, la secte le devient avec la durée, par le nombre de ses adeptes, sa capacité à s'organiser et le charisme de son fondateur. Je dis bien fondateur. Je n'ai encore pas trouvé une seule fondatrice de religion.

Des fondatrices de sectes, on en trouve à la douzaine. Mais de religions ? Pas une. De ce point de vue, la trouvaille de la Vierge par les théologiens a certainement assuré la splendeur des Églises chrétiennes. J'en conviens. Mais à la façon de Freud, je te dirai que plus le refoulé se lève, mieux la religion est supportée. Cela mérite un peu d'explication, je crois. Je te préviens qu'en matière de théologie, je suis volontiers hérétique.

Dans *Moïse et le monothéisme*, Freud voit dans le christianisme une tentative réussie pour lever le refoulé d'un sacrifice humain, l'assassinat de Moïse par les Juifs au bord de la Terre promise, par exemple. Comme souvent avec Freud, l'hypothèse est fragile, mais la démonstration ne manque pas d'audace. La crucifixion de Jésus serait donc un retour du sacrifice humain, qu'un père applique à son fils. Mais père et fils sont Dieu, *tenus* par un souffle commun, l'Esprit Saint. Dieu est en trois personnes : faut-il en passer par là pour accéder au sacrifice d'un fils de Dieu ? Sans doute. Si j'écoute les démons de Freud, j'en conclus qu'avec la Trinité se lève le refoulé d'un système religieux auquel le judaïsme a mis fin en apparaissant au monde. On le connaît, ce refoulé ; c'est le polythéisme. J'en conclurais que plus le polythéisme revient, plus le refoulé se lève. La voie est ouverte. Aux trois personnes de la divinité le christianisme en ajouterait une : la Vierge.

J'en veux pour preuve la manière très simple dont les Hindous, passés maîtres dans l'art de l'appropriation religieuse, ont assimilé le christianisme quand ils se sont convertis : à leurs yeux, les trois personnes ne pouvaient être que leur trio de dieux, Brahma le Créateur, Vishnou l'Ordonnateur et Shiva, maître de la Vie et de la Mort. Sanscrit aidant, ce trio porte le nom de *Trimurti* : c'est la même racine que Trinité, tout va bien. Et la Vierge ? Eh bien, pour eux, pas de dieu sans déesse. Il n'y en a qu'une pour trois ? Cela se fait dans le panthéon hindou. Je connais de superbes portraits de la Vierge Marie à quatre ou six bras, avec son auréole et son manteau bleu. L'essentiel de la conversion au christianisme en Inde ne porta donc pas sur la théologie trinitaire, mais, fait bien plus important, sur l'égalité comprise dans cette religion à vocation universelle.

Se convertir au christianisme, c'est sortir de l'intouchabilité et des basses castes, point final. Reconnais que, pour atteindre cet objectif, tout est bon, surtout des dieux nouveaux dans un pays qui ne lésine pas sur le nombre des divinités... Il en a été de même en Inde pour toutes les autres religions monothéistes égalitaires : dans l'ordre chronologique, le bouddhisme, le jaïnisme, l'islam, le sikhisme. Or les répartitions sont significatives : 120 millions de musulmans, 16 millions de sikhs, 16 de chrétiens, 10 de jaïns, et quelques centaines de milliers de bouddhistes. C'est donc que, dans le registre monothéiste, l'islam est largement majoritaire : car sur l'égalité entre les hommes, le Coran ne fait pas de concessions. Que le statut des femmes dans le Coran en fasse des créatures à la fois égales et secondaires, voilà qui n'a aucunement dissuadé les masses d'intouchables de se convertir à l'islam. Prioritaire sur tout le reste, le statut social l'a emporté.

Force est de constater que la seule religion en Inde où les femmes accèdent à la liberté théologique est le sikhisme, qui fait de l'égalité entre les sexes un point de dogme inébranlable. Le résultat se voit : les femmes sikhs ne portent ni voile ni point rouge sur le front ; elles ont l'allure fière et sont chefs d'entreprise. Leurs cheveux sont dénoués, tressés, ou courts : contrairement à leurs hommes, elles n'ont pas de contrainte vestimentaire, ni pileuse. Elles sont plus libres que leurs sœurs hindoues. Pourquoi ? Sans doute parce que le statut de guerrier sacré qu'est l'homme sikh, toujours prêt à défendre sa religion persécutée, leur laisse une marge de manœuvre à laquelle les sikhs sont d'ailleurs vitalement attachés. Ils ont beau être vêtus farouches, exhiber une pilosité interdite de ciseau, porter nuit et jour un « caleçon de combat », (objet que collectionnent les jeunes Indiennes libertines de la capitale), ils ont besoin de femmes indépendantes. Comme s'ils avaient besoin de l'« ironie de la communauté » pour railler leurs grands sabres et leurs poignards. Et c'est vrai qu'elles sont rieuses, moqueuses, d'une grande liberté de ton. Comme les paysannes des basses castes. Il y a beau temps que nos ethnologues – les Français – ont remarqué l'ironie des chansons obscènes que lancent les femmes aux hommes dans les champs qu'ils cultivent ensemble…

Maintenant, ne quittons pas l'Inde et revenons aux cheveux de mes danseuses. Ces chevelures consacrées ne sont pas « pourries » : au contraire, elles sont parfaitement sèches. Rien d'humide là-dedans : je les ai comparées à l'étoupe, résidu de chanvre prêt à s'enflammer. C'est du côté du feu que s'en vont ces cheveux. L'eau leur est interdite, ce qui mérite attention. Car si l'ablution purifie le corps, seul le feu met fin à la souillure. L'eau est pour la prière, mais le feu, c'est autre chose.

Par exemple, l'ascétisme hindou est « brûlant » parce qu'il consume les chairs et leurs désirs. Avant de devenir le Bouddha, le prince renonçant devint un ascète hindou accompli ; et certaines statues de Gautama en ascèse nous le montrent sans chair, la peau sur les os. Car il a tout « brûlé » en lui. Il est sorti de la crudité naturelle par la cuisson spirituelle. J'ai envie de reprendre les lois alimentaires de l'espèce humaine expliquées par Lévi-Strauss dans les *Mythologiques :* devenir homme signifie manger cuit. Le cru est naturel, le cuit est culturel, et le premier geste propre à l'espèce humaine est celui de l'allumage du feu. Mais « cuire », c'est attendre. Respecter le temps de la cuisson, museler l'impatience, savoir différer. Il en va de même pour le mariage, qui au contraire du viol exige une attente ; pour l'échange, qui n'est pas le pillage ; pour la guerre, qui n'est pas le meurtre. Or l'ascétisme en Inde demande toute une vie. Longue attente, explicitement définie comme une cuisson des chairs : l'esprit commande au corps qui se décharne peu à peu.

Ce ne sont pas des métaphores. Le premier signe de la progression vers l'extase est traditionnellement visible : la peau de la poitrine du débutant en ascèse est enflammée. Elle est rouge, sans doute à cause des effets révulsifs des exercices respiratoires. On dit que la peau du débutant est « dorée », comme du bon pain. Le futur Bouddha est si parfaitement ascète qu'il est « cuit ». Or, et ce fut le tournant du chemin du futur Bouddha, cet assèchement interminable parut stérile au prince. Alors, rompant le jeûne, il mangea avec émotion le riz que lui tendait une femme. Il cessa d'être hindou. Et renonçant à la cuisson du corps par l'esprit, il entra dans la méditation, où n'existent ni corps ni esprit.

Puis il y a la mort. À l'instant le corps devient cru. On l'assèche, on le brûle. On le cuit. Car le cadavre lui-même est sacrifice, cuisson pieusement arrosée de beurre sur le bûcher. L'eau reprendra son rôle lorsqu'on jette les cendres au fleuve, une fois le sacrifice accompli. Cette cuisson s'impose pour les simples croyants ; quant aux ascètes, ils sont considérés comme déjà cuits. Ils ne seront pas corrompus puisque l'ascèse aura brûlé leur chair. On ne les brûle pas ; on les enterre debout ou on les jette au fleuve. Là encore, il ne s'agit pas de métaphores ; je l'ai vu faire. C'est te dire que la plus haute valeur du sacré n'est pas l'eau mais le feu, et que ces cheveux secs sont une sorte d'ascèse.

Tu as raison de dire que les cheveux non lavés ne sont pas « sales » mais « sacrés ». Est-ce, comme tu l'écris, une « opaque conjonction entre le déchet corporel et le pouvoir maternel » ? Ce serait vrai si cette pratique était réservée aux danseuses. Mais tous les « renonçants » y ont droit, et les cheveux sacrés sont unisexes. Alors ? Alors une fois de plus, il faut partager le féminin entre homme et femme pour s'y retrouver.

Quant à la joyeuse défécation des Hindous, elle a tendance à reculer, par simple effet de modernisation. Cette coutume rituellement nommée l'« appel de la nature » cède d'abord à des campagnes d'hygiène (car il est obligatoire de se torcher avec la main gauche, bonjour les épidémies !) ensuite à la massive augmentation des couches moyennes (plus de cent cinquante millions entre 1991 et 1996). L'éducation aidant, l'enrichissement fait le reste. Dernier point : tous les carnages du XXe siècle en Inde concernent l'affrontement entre Hindous polythéistes et musulmans monothéistes, ou musulmans et sikhs, entre monothéistes. Je ne vois pas le moindre rapport avec le panthéon polythéiste hindou où les dieux se comptent par millions ; c'est trop pour un fanatisme. À preuve, les fanatiques hindous contemporains ont choisi de réduire le panthéon polythéiste à un seul dieu, Ram. Non, vraiment, je ne suis pas d'accord ; le vrai polythéisme est plutôt bon garçon, et c'est le monothéisme qui lève les fanatismes.

Enfin, parlons de diététique polythéiste. Souvent, les dieux se nourrissent de fumées, d'encens ou de bêtes brûlées. Réservée à l'imperfection de l'homme, la diététique carnivore semble exclue du domaine divin. À cause du sang ? Probable. Peut-être le vaste mouvement de propagande végétarienne dans les pays développés a-t-il un sens encore imperceptible : « Mangeons comme des dieux… » Pas de sang, surtout ! Peut-être nous éloignons-nous d'un cran de la théologie du sacrifice sanglant, à la source duquel on devine le sacrifice humain.

Mais on est encore loin du compte. En Afrique, les « génies », intermédiaires entre un Dieu absent et l'homme, sont de gourmands carnivores, lactophiles, friands d'intestins, de sang. En Inde, d'une époque révolue subsistent quelques sacrifices : au Bengale, Kâli se nourrit de sang de chèvre, alors même que les sacrifices d'animaux sont interdits depuis 1960. (Il est vrai que la viande des chèvres sacrifiées va aux pauvres de Calcutta, ce qui n'est pas une mauvaise idée.) Enfin, le phallus en érection qui représente Shiva consomme du lait répandu à partir du sommet du gland décalotté. Lait, sang, mais pas de pain.

Le judaïsme le sacralise en partie au moment de la Pâque, qui exige de manger du pain sans levain en souvenir de la hâte de la sortie d'Égypte. Mais on mange aussi un agneau, qu'on partage. Dans le christianisme, l'agneau est le Christ en personne. « Cuit » sur la croix ? Je dirai oui. En un sens, cette ascèse de la cuisson des chairs existe dans la souffrance du Christ en croix. Alors les aliments consacrés sont vraiment le pain et le vin, corps et sang du Fils de Dieu. Or ces deux aliments n'existent pas dans la nature, puisqu'ils sont produits par l'espèce humaine, grand progrès ! Passer du cru au cuit permet toujours de sortir de l'atmosphère du sacrifice humain, si perceptible dans l'immolation du taureau dans le N'Doeup. Il n'y a qu'un petit siècle que les Diolas de Casamance ont décidé de remplacer l'homme du sacrifice par un taureau noir et sans cornes (le front d'un taureau sans cornes est étonnamment semblable à celui d'un homme).

Les femmes ont traditionnellement peu de part à la fabrication du vin, mais elles font le pain. Le rituel du shabbat tel qu'il est décrit dans *La Flamme du shabbat*, à l'époque des derniers ghettos d'Europe de l'Est, le raconte de façon émouvante : à l'épouse de cuire les *halès* pour le repas sacré. Mais ce n'est pas elle qui dira les prières. C'est le père de famille. Répéter que le rôle de la femme est aux cuisines est une banalité, sauf à préciser que cette rengaine est enracinée dans le sacré. Le sacrifiant homme égorge, découpe, mais ne cuit pas. Et ce sont les religieuses qui fabriquent les hosties, je crois bien.

Mieux, il existe encore des prêtresses. Elles comptaient dans la Grèce antique, dans les cultes orientaux importés à Rome sous l'Empire, et dans le shintoïsme. Et elles comptent toujours en Afrique. Eh bien ! Elles non plus ne cuisinent pas. Les femmes qui préparent la cuisine pour les guérisseuses pendant la cérémonie du

N'Doeup ne sont pas consacrées : elles sont de simples cuisinières. Est-ce à dire que la fonction sacrée exclut la cuisson pour les deux sexes ? Je le pense. Les femmes ne sont que les garantes de la bonne cuisson pour les chargés de mission du sacré. Il faut voir à Victoria Station, la grande gare de Bombay, les millions de gamelles entassées chaque matin sur d'immenses casiers qui défilent sur les quais… Ces gamelles soigneusement numérotées, les salariés les emportent sur leur lieu de travail, car alors, ils sont sûrs que *leur* repas, préparé par *leur* épouse, sera bien celui de *leur* religion, *leur* rang, *leur* caste…

Drôle de paradoxe ! La « femme » est impure parce qu'elle sécrète du sang « cru », et pourtant, c'est elle qui fait passer du cru au cuit. Une chose est sûre : seule une mère offre à l'enfant la première cuisine de sa vie, le lait maternel, mystérieuse substance qui n'est ni « cuite », ni tout à fait « crue ». À ce geste que nous avons en commun avec les animaux s'ajouteront ceux qui nous distinguent d'eux, la cuisson de la première bouillie, des premières purées ; c'est parti.

Quant aux femmes qui dans les mythes refusent de faire la cuisine, il leur en cuit. Elles sont punies, comme le démontre Lévi-Strauss dans une des plus belles séquences des *Mythologiques*. Cela se passe chez les Indiens du Brésil, qui sont friands de miel. Denrée alimentaire puissamment calorique pour des peuples sous-alimentés, le miel recueilli est si fort qu'il est impossible de le consommer sans le diluer. On en fait la collecte, on y met de l'eau, sinon, on est pris d'une dangereuse ivresse. Surtout, on partage les précieuses calories dans la communauté. Or certaine fille mal élevée était si folle de miel qu'au mépris des règles en vigueur elle partit dans la forêt pour s'y goinfrer au creux des troncs. Sacrilège !

Elle n'avait pas respecté les manières de table, elle avait fait preuve d'infantilisme, elle n'avait pas attendu la dilution et surtout, elle avait consommé seule le précieux liquide… La punition sera à hauteur du péché : elle sera découpée, cuite et mangée. L'histoire de la « Fille-folle-de-miel » illustre fort bien l'importance du partage sacré, qui exige l'attente. Voilà une fille qui n'est pas mariée, qui veut échapper à la loi, qui ne veut pas partager, qui refuse de faire la cuisine, consomme en cachette un inestimable produit, d'autant plus sacré que le miel, élément qu'on trouve dans la nature, n'est… ni cru ni cuit. Cru parce qu'il émane de la nature, mais « cuit » par l'alchimie des abeilles, le miel échappe à la dichotomie culture-nature. Le châtiment de la Fille-folle-de-miel démontre ce qu'il en coûte au refus de l'ordre de la cité : ni le célibat ni la boulimie solitaire ne sont autorisés. Comme on la comprend pourtant, la belle enfant ! Aujourd'hui, nous sommes des filles folles de tous les miels. Goulues, pressées ? Sans doute. Il le faut bien.

Les hommes qui cuisinent ont volontiers un vocabulaire alchimique : création, recherche, science, art, quête de la substance jamais encore éprouvée par les papilles de la langue… Bon, la vulgate des chefs de haute cuisine, comme on dit haute couture, est connue : cuisiner, c'est créer. On peut faire des chefs-d'œuvre. Tous les jours ? Cela se discute. Je ne manque pas un numéro des revues culinaires, et je constate qu'elles aussi s'ennuient à mitonner des combinatoires afin de divertir les servantes rivées à leur quotidien. Passionnante littérature où la métaphore se joue sur les tables, où pour donner du nerf à la servante on lui enjoint de disposer du cresson sur le feuilleté aux fraises et de la confiture sur le saumon. Un peu d'imagination, que diable ! conseillent-ils. Mais la combinatoire a ses lois, qui s'épuisent. Chiche qu'une servante conjugale serve à sa famille chaque jour des repas de ce genre… Chœur familial : des hamburgers, des nouilles, des frites ! L'innovation suscite des résistances. À maman hérétique en cuisine, enfants mécontents. Le sacré exige la répétition.

Au fait, est-ce que dans tes répertoires de Vierge Marie, tu peux m'en trouver une qui fasse la cuisine pour la Sainte Famille ? Que cuit la Sainte Vierge ? La divinité de son fils, sa propre douleur, ou le pain ? Elle donne le sein ; ce n'est pas très difficile – encore que. Mais le reste ? Tu me dis qu'elle n'est pas femme, et tu as raison. Folle de miel, la Vierge ne le fut presque pas. Le sentiment d'ivresse qu'on lui connaît au moment de l'Annonciation est sa seule échappée, mais cette sublime exaltation vient d'un ordre divin.

Je préfère l'exaltation des bacchantes autorisées par un dieu en tunique à partager le vin, boisson des hommes. D'accord, le dieu est teigneux. Il peut prescrire à une mère en extase d'arracher la tête de son fils en le prenant pour un lion. L'excès féminin s'y montre dans sa très réelle potentialité de violence, c'est vrai. Mais la même pulsion anime la Fille-folle-de-miel et les bacchantes : échapper à l'ordre. Tu vois, je suis prudente. Je ne dis pas l'« ordre des hommes. » Non, je parle de l'ordre en soi, et ce n'est pas pareil. De ce point de vue, le désordre théologique occasionné par la Vierge Marie est assez beau.

Peut-on concevoir un sacré sans désordre ? Oui et non. Le sacré brise l'ordre pour en introduire un nouveau. Le sacré est « d'un autre ordre », nous l'avons vu chez tes mystiques et mes guérisseuses, dans « mes » transes et « tes » extases. Pour les hommes, ce temps autre établit une relation transcendante avec la divinité. Les femmes, elles, y retrouvent sans doute le « cru » de leur intimité, comme le prouvent les labyrinthes intérieurs des inspirées. Ce n'est ni le même rapport à l'ordre du monde, ni le même rapport au sur-naturel, le bien-nommé. Les hommes officiants sont là pour l'esquiver au bénéfice du transcendant, les femmes, eh bien, je n'en suis pas sûre. Car il y a loin de la transcendance au surnaturel…

Comme l'indique le mot, la transcendance excède les oppositions. Or dans l'agencement du mot « surnaturel », demeurent des bribes d'opposition, nature d'un côté, surnaturel de l'autre. Le surnaturel est imbriqué dans la sensation ; il est physique. Il me semble que la transcendance ne se situe pas dans le registre du cru. En un sens, elle est « cuite ». J'imagine une secrète répartition entre la transcendance masculine et le surnaturel féminin. L'une est dans l'ordre, et l'autre dans le contre-ordre. Cela ne t'étonnera pas : comme la Fille-folle-de-miel, je raffole du miel consommé à contretemps.

Catherine

Paris, 4 juillet 1997

Chère Catherine,

Tes raccourcis qui ne manquent pas de brutalité me remplissent de joie ! Par exemple, quand – après ma lettre sur les femmes dans la Bible – tu me vois en athée chrétienne et que, dans la foulée, tu déniches dans le christianisme le « signe de la secte » tout en m'invitant à « en avoir marre de Marie » ! Allons, allons ! Je suis sûre que tu rédigeras cela autrement, au cas où notre projet de publication se préciserait. Si l'athéisme existait – ce qui n'est pas sûr –, il ne serait d'aucune religion. Mais bien de l'épuisement de toutes, en connaissance de cause, comme le voulait le vieux Hegel, sans oublier l'universelle, la chrétienne. Or, cet oubli du christianisme qui se donne parfois des airs de blasphème libératoire caractérise nombre d'« athées » modernes. Un oubli, un déni, qui, naturellement, les gêne aux entournures. Serais-tu de ceux-là ?

« Ma » Vierge, comme tu dis, et qui te navre, n'est certainement pas un modèle pour les femmes de cette fin de millénaire. Si je le pensais un tant soit peu, nous n'aurions pas entrepris cette correspondance. Il n'en reste pas moins que de la coincer sur son manque d'expérience en matière de baby-sitting, de bouillie pour bébés et autres cuisines pour adultes ou petits enfants est certes fort drôle, mais passe à côté de cette astucieuse et, je le maintiens, splendide construction que fut la Vierge-Mère-de-Dieu. Laquelle a le mérite d'aborder à sa façon, qui est bien loin d'être définitive, et pour cause, une question demeurée douloureusement irrésolue : comment conjuguer la cuisson utérine avec le feu de la parole ; comment souder la logique de la passion avec l'ordre (comme tu dis) de l'idéal, de l'interdit, de la loi. L'ordre du surmoi, précise ce cher Sigmund.

Le sein de la Vierge – je parle de son ventre et de ses mamelons – s'offre précisément à réaliser cette transition : il a donné lieu à de magnifiques peintures. La réhabilitation renaissante du corps féminin érotique est impossible sans cette glorification du corps virginal – n'en déplaise aux puristes et aux puritains, qu'ils soient chrétiens ou… athées. Même si une adepte de Marie (ce que je ne suis pas, ta fougue tranchante l'aura peut-être « encadré », pour reprendre ton expression) peut avoir son cancer du sein – tout comme une juive ou une parsie –, tu devrais reconnaître qu'on n'a pas vraiment réussi à cacher dans les églises ce sein que je ne saurais ne pas voir. En dépit des drapés de la robe bleue de Marie, ou grâce à eux… Si la culpabilité féminine demeure – donner à manger ou se laisser manger, dans le plaisir et dans la douleur –, eh bien, avec Marie, cette culpabilité a quelque chance de ne pas échapper au regard... Celui des peintres, fétichistes pervers, d'accord ; mais, après tout, celui des femmes aussi...

Sacrée histoire donc, que cette conjonction entre l'appétit (que la femme éprouve, provoque ou entretient) et le devoir. Si tu permets, je vais te parler de mes analysantes.

Je viens de quitter Agnès, j'appellerai ainsi la patiente anorexique que j'ai évoquée dans ma dernière lettre. Une grande fille mince, translucide, tendue comme un fil de fer et friable comme de l'argile sèche, je me demande toujours si elle va s'effondrer en poussière ou au contraire s'aiguiser comme une lame. Elle ne mange rien à longueur de semaines, puis soudain s'empiffre de chocolats et autres gâteaux, avant de se faire vomir à en mourir de vertiges et de douleurs, puis le cycle recommence. Bien sûr qu'elle me touche, sans doute un peu trop ; ne le dis pas à mes collègues psychanalystes qui trouveraient naturellement que je maîtrise mal le contre-transfert, et qui n'auraient pas tout à fait tort. Pourtant, je n'ai jamais été anorexique. Pas vraiment. Mais je sais que je fus très tôt sevrée, maman ayant eu une infection des seins, et qu'enfant je supportais mal le lait – lait de brebis, de vache, de chèvre, concentré, écrémé, entier, rien n'y faisait. Le moindre nuage de crème me faisait vomir. Forcément, parce qu'on m'avait enlevé mon lait de mère très tôt, trop tôt, disait ma mère. Je me raconte cette histoire un peu simplette mais non moins douloureuse pour en finir avec les seins malades, pour analyser mon contre-transfert avec Agnès, et l'entendre elle, et seulement elle – et non pas mes petites histoires de crème de lait qui n'intéressent que ma mère et moi.

Bref, rien de mieux qu'une anorexique pour vous donner cette impression de religion misérable, peut-être parce qu'elle révèle une misère de la religion. Quand je dis « religion misérable » je ne cherche pas à déprécier la religion, au contraire : c'est parce qu'elle apprivoise la misère que la religion fait vivre et qu'elle est peut-être indépassable. Et plus elle est misérable, plus elle atteint la chair vivante. Pourtant, au voisinage de la détresse, la religion côtoie le symptôme. Agnès n'est pas croyante, elle vient se plaindre de ses symptômes. Avaler-digérer sa mère qu'elle adore et abomine : tâche impossible, mais quelle passion ! Le scénario se rejoue naturellement avec ses amis et ses supérieurs hiérarchiques, et, au jour le jour, avec ce qu'elle a sous la main, c'est-à-dire avec l'homme de sa vie. Le compagnon d'Agnès, tu l'auras deviné, est un garçon fort féminin, fort maternel, pas vraiment efféminé, mais un vrai « sein ». Prendre un nouvel amant ? Elle y a pensé : un homme, un vrai comme on n'en fait plus, et qui impose sa virilité en faisant mal – au propre et au figuré – à ses partenaires femmes. Il fallait qu'elle aille en dénicher un de ce genre. Je te passe les subtilités du labyrinthe que nous traversons, elle et moi, au cours des séances, entre son désir d'être le page qui comblerait une mère frustrée, et celui de fuguer avec le père, aimé lui aussi, qui abandonna le foyer familial pour le plus grand désespoir de la mère et de la fille… Agnès-femme et Agnès-homme, Agnès jouant dans sa bouche, dans son estomac, dans son anus – par l'avidité, les vomissements, la constipation et les diarrhées – le coït désiré et impossible des deux parents, puisqu'elle est les deux à la fois et aucun des deux… « C'est drôle, si je puis dire, murmure-t-elle avant de me quitter tout à l'heure, mais dans cette déchéance, j'ai l'impression d'accomplir un devoir. »

Le devoir ! C'est bien de cela qu'il s'agit. La séparation d'Agnès avec sa mère fut apparemment à la fois trop brutale (un frère est né alors qu'elle n'avait pas encore un an) et jamais accomplie. Dépression maternelle, violence et absence du père, intelligence précoce de la petite qui devient la « grande » à l'âge de un an : et voilà pourquoi votre fille est non pas « muette » mais… violemment surmoïque. La terminologie technique de la psychanalyse a l'avantage de nommer un chat un chat – ce qui manque, certes, de subtilité mais permet d'aller vite, avantage appréciable, notamment dans une correspondance entre les complices que nous sommes. Cette séparation nécessaire et qui nous permet de nous éloigner du giron maternel – oh, très peu, peu à peu, jamais assez ! – pour prendre le large, un jour ou l'autre, cette séparation, dis-je, s'est figée chez Agnès en un interdit des plus rigides : tu ne mangeras pas de cette mère-là !

Cette rigidité tout d'abord la protège : Agnès mange des mots, des livres, devient une excellente élève, une brillante intellectuelle. Une sacrée fille du père, si tu vois ce que je veux dire. Mais le fil de fer tendu de cet élan vers l'au-delà, de cette passion du symbolique, de cette tension vers l'Autre qui ne cesse de fuir, comme il se doit quand on est vraiment Autre, côtoie la fusion inassouvie et le désir brûlant. Le devoir tranche, mais n'apaise pas les plaisirs sensibles. Agnès se les donne uniquement pour mieux les refuser : psychodrame sadomasochique à même le corps – dans les lèvres, les dents, la langue, la gorge et jusqu'au fond du ventre. Et puisque le devoir protège la mère – le « tu ne mangeras pas de cette mère-là » – le drame se joue entre soi et soi : « Je t'avale /je te crache. Je t'aime/je te tue » deviennent : « Je m'avale /je me crache. Je m'aime/ je me tue. » Freud a écrit que les femmes étaient incapables de surmoi. Je sais bien qu'il pense à sa Vienne et à ses bourgeoises protégées, mais ça ne colle pas pour tout le monde, loin s'en faut. L'anorexique est soudée à son surmoi : hypermorale, hyperscrupuleuse, hypervouée à la Loi, à Dieu, à l'Un – appelle-les comme tu veux. C'est de cette rigidité qui, à la fois, la soutient et la détruit qu'elle vient me demander de la débarrasser. Est-ce à dire que je dois la priver de son devoir, de son obligation d'être Tout et Toute ?

Certainement, Agnès va perdre, est déjà en train de perdre sa religion tyrannique ; mais ni son sens du devoir ni sa morale. Ni le surmoi ni le refoulement ne disparaissent en analyse – tout au plus s'assouplissent-ils. Et la religion tyrannique est remplacée par quoi ? Par cette tendresse qui n'est autre que la possibilité de se raconter l'histoire du devoir, et qu'on appelle l'imaginaire. Je vais te dire pourquoi le sacré, pour moi, c'est aussi cela, et peut-être seulement cela : l'imaginaire. Auparavant, je veux me souvenir d'une autre anorexique, Catherine Benincasa, dite Catherine de Sienne (1347-1380). Je retrouve la chrétienté, tu vois, mais pour te ramener à ce que tu ne lui reconnais pas : d'avoir mis en évidence la violence du Verbe. Je dis bien la violence, l'autre face de l'amour qui, lui, a bénéficié de la pub qu'on connaît...

Cette femme remarquable qui prêcha l'amour passionné de Dieu, dominicaine fervente et patronne de l'Italie avec saint François d'Assise, fut docteur de l'Église au même titre que saint Thomas d'Aquin. Elle guérit miraculeusement de la peste et écrivit ses extases dans le *Dialogue de la Divine Providence* – un des premiers chefs-d'œuvre de la littérature italienne, tout en étant à sa façon une sorte d'anorexique. Outre ses propres écrits, la biographie qu'écrivit d'elle son confesseur, Raymond de Capua, nous lègue une véritable légende dans laquelle l'anorexie n'explique rien, mais cristallise tout de même ce sens extrême de l'amour et du devoir sans lequel Catherine n'aurait pas été Catherine de Sienne.

Ton homonyme était jumelle et, comme il arrive souvent, les deux bébés filles étaient très fragiles. À leur naissance, leur mère, Lapa Piacenti, avait une quarantaine d'années et était déjà mère de vingt-deux enfants dont la moitié seulement avait survécu ! Elle dut se séparer d'une des jumelles, Giovanna, donnée en nourrice et qui mourut bientôt. Catherine, elle, s'agrippa au sein maternel et reprit force. Repue, comblée : c'était elle l'élue – de quoi confirmer l'hypothèse analytique selon laquelle les êtres comblés oralement sont capables d'espoir et... de foi. Une autre Giovanna naquit deux ans après les jumelles, et Catherine s'attacha à cette deuxième sœur, double de la « première double » ; mais la deuxième Giovanna mourut à son tour... en 1363 – l'année même où

Catherine se convertit à la sainteté radicale. Tu commences à entrevoir que la route épineuse du devoir est jonchée de morts, ou plutôt de mortes – doubles et aimées. Lorsque sa sœur Bonaventura, qu'elle admire aussi, meurt en couches, Catherine se sent responsable, s'accuse de cette mort : comme de la mort de Giovanna ? Des deux Giovanna ? Comble du devoir, Lapa, la mère, exige que Catherine épouse… le mari de la sœur morte. Tu vois le psychodrame. Question : comment notre future sainte pourrait-elle se sortir de cette étreinte maternelle et sororale, amoureuse, certes, mais mortifère, inextricable *double bind* ?

Ce fut assez simple, mais il fallait le faire : Catherine coupa et trancha d'elle-même, elle décida que la loi, c'était elle. Elle s'interdit les délices mortifères de l'inceste et de la promiscuité, mais en prenant sur elle cette loi féroce : ce n'est pas vous qui m'obligez, *votre interdit* n'est que *mon devoir*. Je vais même le renforcer, le rendre plus puissant que vous ne pourrez jamais l'imaginer. Car c'est moi seule qui ordonne : en tête à tête avec ce que vous n'êtes pas, avec l'Autre, avec Dieu.

Ce jeu se met en place assez tôt : Catherine a sa première vision à six ou sept ans, lorsqu'elle rend visite, en compagnie de son frère Stefano, à sa sœur Bonaventura, déjà mariée : Jésus vêtu de blanc lui sourit. De cette vision, Catherine ne dit rien à personne pendant des années, mais elle mûrit ses images compensatrices et réconfortantes dans sa solitude, savourant ainsi son lien personnel et indissoluble avec un idéal sacré, le Divin Époux à elle seule accordé. À l'âge de dix ans, lorsque sa mère la gronde d'être rentrée tard le soir

(« Que soient maudites les mauvaises langues qui disent que tu ne rentreras pas ! »), Catherine répond : « Ma mère, si je ne fais pas ce que tu me demandes, je te prie de me battre tant que tu veux, pour que je sois plus attentive la prochaine fois : c'est ton droit et ton devoir. Mais je te prie de ne pas laisser ta langue maudire d'autres gens, bons ou mauvais, pour mes propres méfaits, car cela ne convient pas à ton âge et me fera beaucoup de peine. »

Tu entends cette force ? Catherine ne rejette pas la punition que s'apprête à lui infliger sa mère : elle se l'approprie et la dépasse. Ce n'est pas la mère qui punit, c'est la fille qui corrige la mère et se punit. La fille prend le dessus, elle se fait un devoir de transformer le mécontentement de la mère et leur séparation en triomphe moral personnel. De ce jeu psychique elle tire sans doute une grande satisfaction, en se mortifiant. Mais le même jeu bâtit son être moral… et ses capacités à surmonter toute privation, toute épreuve, à commencer par le dégoût – épreuve orale. Catherine refuse de se marier, se voue à Jésus et cesse de manger. La diète commence à l'âge de seize ans – elle ne s'autorise que le pain, les légumes crus et l'eau. Après la mort de son père, elle renonce au pain. Vers l'âge de vingt-cinq ans, elle ne mange « rien ». Les esprits avisés et les mauvaises langues disent qu'en cachette elle s'octroie néanmoins quelques gourmandises… mais c'est banal. Ce qui l'est moins, c'est qu'en pansant le sein (encore lui !) cancéreux d'une femme, elle recule de dégoût devant l'odeur putride. Mais décidée à réprimer toute réaction de son corps, elle recueille le pus et le boit. La nuit, Jésus lui apparaît, qui lui demande de boire le sang de ses plaies, et Catherine reçoit cette invitation comme une consolation pour son estomac qui, désormais, « ne veut plus de nourriture et ne peut plus digérer ».

Les biographes ne se sont pas privés de disséquer la figure paternelle de cette femme de devoir, tu t'en doutes : un teinturier pas toujours prospère, Giacomo Benincasa, mais homme de bon sens et possédant quelques biens en ces temps pestiférés. Pourtant, la force de Catherine s'agglutine de toute évidence au lait maternel – Lapa sevrait ses enfants naturellement assez tôt, puisqu'elle était enceinte presque continuellement, et Catherine fut la seule longuement et pleinement bercée sur cette voie lactée. La morale de l'histoire est qu'on ne peut se sauver d'une bouche trop satisfaite que par une foi extrêmement exigeante. Mais n'est pas sainte qui veut, et même Catherine, avec ses extravagances, a provoqué la méfiance de l'Église, qui a dû convoquer une commission spéciale pour examiner son cas, avant de la sanctifier quand même, pour finir, vaincue par tant de droiture. Un tel effort, inouï, de se conquérir soi-même, de juguler la passion qui vous noue à votre maman et à vos sœurs – non seulement par la faim, mais encore par la flagellation et le silence absolu, le tout en pleine conscience –, ne peut que forcer l'admiration. Avec cela, Catherine est tellement persuadée de son union mystique avec Dieu – Jésus et Marie lui apparaissent passant l'alliance nuptiale à son doigt – que, lorsque Lapa tombe malade, elle ordonne (plutôt qu'elle ne demande) à Jésus de reprendre sa part de leur contrat surnaturel en restituant la santé de sa mère – et en lui infligeant la maladie à sa place.

Son influence s'accroît auprès des papes d'Avignon, qu'elle convainc de retourner en Italie, mais elle ne parvient pas à empêcher le grand schisme. Pourtant, la maîtrise de soi est de plus en plus parfaite : la petite fille devient la mamma de la compagnie des disciples qui l'entourent. Le cycle anorexie-vomissements n'en continue pas moins, jusqu'à ce qu'elle décide de mourir… en refusant de boire ne serait-ce que de l'eau pendant tout un mois. Trois mois d'agonie : des souffrances indicibles et de brefs éclairs de lucidité ponctuent sa fin. Et cette dernière phrase, au seuil de la mort, sublime entre toutes, révèle que Catherine parvient même à récuser la maîtrise « vaine gloire » qu'elle s'était construite avec l'aide de Dieu : « La vaine gloire, non, mais la vraie gloire pour louer Dieu, oui. » Aurait-elle voulu suggérer que la vraie sainteté n'est pas la mortification magistrale de soi ? que son triomphe masochiste fut vain ? que ce n'est qu'une vaine gloire qu'être sainte Catherine de Sienne ? et qu'il fallait… quelque chose d'autre ? Mais quoi ? Retourner à « la pauvreté la plus claire », celle du « non-né » *(ungeboren)* de Maître Eckart, « celle qui n'a rien » : même pas un nom, même pas une force de devoir – avec et dans la faim, avec et dans le dégoût ?

Où veux-je en venir ? Tout bêtement aux pièges du sacré, autrement dit du sacrifice : succomber au devoir, s'immoler pour un idéal tyrannique, avec toutes les jouissances que cette mortification procure, mais aussi tout le mal-être, jusqu'à la mort. Que le sacré mortifère fasse tourner la machine à perfectionnement spirituel, et tout bonnement la machine sociale, d'accord. Les œuvres de Catherine, son influence sur la papauté ne permettent pas d'oublier la souffrance psychique qu'elle a souffert, le désaveu de la vie.

Je défends là d'autres valeurs ? d'un autre temps ? des temps modernes ? Nous tenons à ces valeurs, et heureusement, ainsi qu'à une idée neuve du bonheur qui pourra sembler fade au regard des passions de Catherine, et même de celles d'Agnès. Une idée du bonheur si bienveillante, si raisonnable ! Alors, abolir cet idéal draconien ? Certainement pas. L'assouplir ? Sans doute. Mais comment ? Existe-t-il un sacré non sacrificiel ?

Je m'arrête ici. L'Itinéris sonne, c'est Ghislaine qui m'a embarquée dans la récente campagne électorale, et qui souhaite que je continue. Et bien que je ne me sente guère la fibre politique, que veux-tu, c'est ma façon d'accomplir un devoir… Du moins, je l'écoute et je dialogue…

Julia

Dakar, 7 juillet 1997

Chère Julia,

Combien de lettres encore au sujet de la Vierge, Julia ? J'ai compris la leçon : sans elle, l'Eros n'aurait pas eu droit de cité dans le monde du christianisme, et les femmes pas davantage. Cela dit, quand je t'écrivais « je ne l'*encadre* pas », cela va plus loin que la Vierge ; je préfère les tableaux profanes aux tableaux sacrés. Le sentiment que j'éprouve devant une œuvre sacrée occidentale est bizarre. J'éprouve la sensation qu'on veut m'imposer une vision ; que je n'ai pas le choix. Je n'ai plus de perception qu'antagonique. Il me semble que cette sourde hostilité ressemble à celle de Freud devant la statue de Moïse par Michel-Ange ; j'ai peur de fléchir devant la représentation interdite. Bref, je me sens vaguement coupable. Et, comme Freud, un peu trop juive.

Or comme je n'ai pas la moindre réticence devant les représentations des divinités non occidentales, il faut admettre que ce sentiment est défensif, voire haineux. J'en ai honte. Retrouver en soi les plus secrètes racines de l'intégrisme quand on tâche par tous les moyens de le combattre à ciel ouvert, quelle indignité ! Enfin, sans doute n'aurais-je jamais ouvert ce placard si tu ne m'avais pas pourchassée avec la Vierge Marie. Je ne préférerai plus les œuvres profanes au sacré. Enfin, j'essaierai. Il demeure que je préfère ouvrir le champ du sacré sur écran planétaire que de le cantonner au seul Occident. Sous sa figure actuelle de « mondialisation » à mufle de déesse économique, il me déplaît souverainement. Si le sacré signifie le déplacement d'une limite, peut-être que, comme tu le dis, nous parviendrons à lever cette chape d'argent. Non sans risques, toutefois.

Car le sacré est un *no man's land* dans lequel nous entrons toutes deux munies d'une faible loupiote. Il faut dire que dans tout *no man's land*, il y a des *snipers*, et que cela fait peur. *No man's land* : le territoire de pas-un-homme, là où s'amusent les tireurs embusqués. Dans la réalité, ce territoire est celui de nombreux égarés, hommes et femmes. En Afrique, on appelle « déguerpis » les nouveaux nomades de la mondialisation. On les chasse en cas de guerre civile, de coup d'État, on les expulse de leurs bidonvilles ou bien la faim les fait sortir de leur village. Ils déguerpissent et vont ailleurs fonder un foyer provisoire. Or dans le territoire spirituel du sacré, j'appelle égarés ceux qui ne tiennent pas en place dans les limites des religions. Ceux qui s'en vont ailleurs, chassés de l'intérieur, poussés vers un nomadisme émotif qui n'aura pas de fin. Ce sont les déguerpis des religions. Ces deux femmes douées que tu m'as fait découvrir sont des *déguerpies* de leurs religions.

L'une s'attache au vomi de maman, l'autre fait sainteté de sa faim inassouvie. Étonnant, le pouvoir du sacré qui transforme la boue en or et le pus en nectar, non ? Cela me rappelle un court texte de Lacan, *Kant avec Sade* : Lacan appuyait ce rapprochement incongru sur la date de parution de *La Philosophie dans le boudoir*, de Sade, soit huit ans après *La Critique de la raison pratique*, de Kant. Dans l'ouvrage de Kant, la Raison fonde le Souverain Bien ; dans celui de Sade, elle fonde un souverain mal, reflet d'un « Être-suprême-en-méchanceté. » Et Lacan d'insister sur l'atteinte sadienne à la pudeur, terme rare sous la plume d'un psychanalyste. La pudeur, « amboceptive des conjonctures de l'Être », écrit-il. (Quelquefois, tout de même, il emploie de ces mots !) Entre ambivalence et perception, je crois comprendre, dans l'étymologie du terme « amboceptif », qu'aux frontières de l'être les termes d'une opposition basculent sans se renvoyer l'une à l'autre. Et dans ce cas précis, l'impudeur du sadique atteint la pudeur de l'autre. Il me semble trouver la même impudeur chez tes déguerpies en rupture de ban, qui portent atteinte à la pudeur de l'Etre. Tes saintes et mes prêtresses abolissent la pudeur devant Dieu ; nous voici de retour à la case départ du sublime selon Emmanuel Kant.

Encore ! Oui. Parce que comme le sacré, le sublime selon Kant est le résultat d'un court-circuit. Pour les principes de la morale, de la vie en commun et de la relation à l'autre, nous avons la raison, qui se trompe en voulant connaître, car ce n'est pas son travail. Ladite raison a pour fonction d'édicter les formules de la loi morale, du souverain bien et donc, de Dieu comme principe de la cité idéale. Bon. Mais lorsque la contemplation sans objet entraîne un sentiment d'envahissement par une grandeur incompréhensible, alors la pudeur devant le réel disparaît. D'où l'état d'effusion qui caractérise le sublime. On peut même en pleurer, cela s'est vu. Et dans ce bref instant d'« amboception », rien n'interdit de sublimer le vomi, le crachat, et même l'excrément.

Même court-circuit dans le vocabulaire de Freud qui du sublime fait un acte, celui de la sublimation. Sublimer, c'est passer de la sexualité à l'idéal en court-circuitant la névrose. Certes, il s'agit d'un refoulement propre à la création artistique, puisque au refoulement proprement dit nul n'échappe. Mais alors que le refoulement non sublimé ne produit que perturbation maladive, la sublimation produit de l'art. À la différence de la perturbation névrotique qui rend la vie intenable, la perturbation artistique produite par la sublimation socialise l'artiste : le court-circuit du sublime concerne donc l'insertion dans la société. En un sens, Kant ne dit pas autre chose en appuyant le sublime sur la Raison, puisque celle-ci est morale par fonction.

Or nous cheminons dans ce terrain vague du sacré où l'abject vise l'idéal, et y parvient. Si ton Agnès est en cure de psychanalyse, c'est que sa « religion misérable » n'est pas socialement reconnue comme sainteté dans notre monde. Et comme Madeleine, la mystique délirante que le psychiatre Pierre Janet soigna pendant vingt-deux ans au début de ce siècle,

Catherine de Sienne serait sans doute aujourd'hui en traitement dans un hôpital psychiatrique. Rien n'est plus révélateur, dans *De l'angoisse à l'extase*, que les hésitations de Janet : Madeleine est-elle délirante, est-elle mystique ? Pour finir, Janet tranche. Oui, il a en face de lui une vraie mystique qui, en d'autres temps, serait devenue sainte. Oui, si elle ne vivait pas au XXe siècle, elle n'aurait pas eu affaire à la police, non plus qu'aux infirmiers. En d'autres temps, au lieu de la signaler pour vagabondage nocturne, les passants auraient vénéré une femme qui porte les stigmates au flanc et sur les pieds, qui part en pèlerinage dressée sur la pointe des pieds, qui donne ses biens aux pauvres, qui revit l'enfantement du Christ... Avec ce répertoire mystique, elle aurait réussi, jusqu'au XIXe siècle. Madeleine se trompe d'époque, conclut Janet. Les signes du sacré n'ont pas changé dans le christianisme, mais le territoire s'est réduit. Madeleine s'égare par excès de mémoire.

Quant à Sade, la logique du Souverain Mal le pousse à souhaiter que sa dépouille mortelle ne fasse l'objet d'aucune tombe, de sorte que les particules de son corps ne deviennent prétexte à aucune mémoire, justement. Chênes et glands se chargeront d'anéantir ce qui aura été passagèrement le support du sujet nommé Sade. Disparition organique programmée, avec, suggère Lacan, l'espoir que jamais ces particules ne se rassembleront de nouveau. Ce désir d'effacement n'a d'égal que le renom de Sade. Cela s'appelle jouer à qui perd gagne, ce que font les inspirés du monde avec le déni du corps.

Mais, remarque Lacan, Sade ne se risqua guère dans la réalité. Dans le monde d'aujourd'hui, les sectes nouvelles jouent pour de vrai avec le refus de la médecine, la mort acceptée, bref, avec un efficace et dangereux déni du corps. Le phénomène est récurrent. Les cathares par exemple, qui haïssaient la chair, pratiquaient la débauche sacrée pour mieux avilir le corps ; et les plus « forts » d'entre eux allaient à l'épreuve suprême, l'*endura*, c'est-à-dire le jeûne à mort. Forcer le corps à se laisser mourir, quelle demande ! Freud – et Lacan, donc ! – répètent que « la vraie amour » se conclut par la haine. Or dans ce retournement de l'amour se joue la même ambivalence que celle qui opère dans le sacré : noble-ignoble, pureté-impureté, éternité-temps, pudeur-impudeur, jusqu'au sacrifice. Tout quitter, même son corps. Tout lâcher.

Cet amour-là s'attache férocement à un objet de désir à figure humaine. Parfois, on l'appelle « amour fou » et l'on a bien raison, car la sacralisation de l'amour conduit les amants à la mort. Sortons vite nos Tristan-et-Iseut, et hors de l'Occident, n'oublions pas le couple mortifère formé par leur équivalent arabe, Mejnoun et Layla. Mejnoun, on ne sait même plus son nom de naissance ; c'est le fou-tout-court. Il n'est fou que d'amour, mais l'amour absolu est folie, voilà ce que disent les « gens ». Mejnoun meurt dans le désert en chantant Layla qu'il n'a pas eu le droit d'épouser, et elle en meurt. On chante encore dans les pays arabes l'amour fou de Mejnoun et Layla que rien n'a pu déraciner des cœurs. Le Coran a beau réglementer la polygamie, le divorce et tout le toutim, il n'a rien pu contre la folie d'amour qu'un bon musulman devrait réserver à son Dieu. Na !

« Na ! », car il y a de l'infantile en vue. Je quitte tout, je ne suis plus qu'amour. Que ce soit pour un homme, une femme, un maître, un dieu ou Dieu, l'amour absolu est sacré, pas divin. Narcissique, boulimique, exhibitionniste, mortel. Impudique et voyant. Aussi mortifère que l'amour des mères qui gavent leur bébé de nourriture, les condamnant ainsi à l'anorexie. J'aime – l'Autre n'existe plus. Iseut n'est plus Iseut, elle est Moi. Et moi, je ne suis plus qu'amour. Je suis tout ; ni Dieu ni Maître. Je m'aime en état d'amour. Na ! Et cette protestation enfantine en forme d'onomatopée est celle des adeptes qui vont s'abolir dans les sectes. « On ne veut pas que j'y aille ? Donc j'y vais. »

En Inde, jusqu'à l'interdiction légale de cet usage en 1988, il exista un cas conjugal singulier dans lequel la protestation du « na » prit un curieux chemin. Voici l'histoire, qui, pendant de longs siècles, livra le corps des veuves aux flammes. On s'indigne encore beaucoup à propos de l'« obligation » faites aux veuves hindoues d'avoir à se brûler sur le bûcher du mari ; et la coutume a souvent été dévoyée, c'est on ne peut plus vrai. Mais on oublie la nature du rite. Obligatoire, la mort des veuves au bûcher ? Non. C'est la veuve qui doit décider de brûler vive pour devenir *sâti*, c'est-à-dire déesse. Un tribunal de brahmanes authentifie sa volonté. En apparence, il n'est pas de plus grand sacrifice amoureux. Mais pas du tout, c'est le contraire.

Vivant, l'époux était le dieu de l'épouse, selon la formule rituelle du mariage. Son devoir n'était pas de l'aimer, mais d'adorer le mari choisi par ses parents.

L'épouse avait le droit de l'aimer si tel était son bon plaisir, mais ce n'était pas son devoir. Mort, l'époux n'est ni divin ni adorable. En revanche – c'est le mot juste –, l'épouse peut choisir d'accéder à la divinité. Et si l'on pense en termes d'acte amoureux, on se trompe. La question est tout à fait ailleurs : dans la revanche de la femme sur l'ordre familial.

Il lui suffit d'en décider. Dans *Cendres d'immortalité*, un formidable livre sur ce sacrifice volontaire, l'ethnologue Catherine Weinberger-Thomas prouve par de nombreux exemples que les fameuses *sâtis*, ces veuves brûlées vives, ont eu parfois du mal à convaincre leurs proches de leur détermination au supplice. Quelquefois, elles se grillaient le bras sans broncher, histoire de prouver leurs dires. Il ne fait pas de doute que, souvent, les veuves brûlées l'ont été de leur propre gré. Pourquoi ? Pour faire la preuve. Celle de leur ascétisme, de leur virilité. « Moi aussi je peux. » Une fois la décision prise, la future *sâti* est vénérée à l'égal d'un ascète, car elle accomplira en une minute l'équivalent d'une vie entière d'ascétisme. Une minute : le temps de faire signe à un frère de plonger le brandon dans la paille, le temps de l'assaut des flammes, de la suffocation finale. Pas question de descendre du bûcher au dernier moment ; la honte la bannirait du village. Non seulement elle subirait le mauvais sort des veuves hindoues, mais elle serait déshonorée. Entre la déchéance et l'héroïsme, le choix peut se comprendre. Mieux vaut un destin de déesse adorée jusqu'à la fin du monde. Beau suicide.

Où est le sacré ? Dans le bref instant du signal que l'épouse doit donner de son plein gré. Seule au milieu de la communauté qui déjà l'adore, et toute-puissante. L'auteur de *Cendres d'immortalité* observe que dans les heures qui précèdent la cérémonie, la future femme brûlée avait le droit de disposer comme elle voulait du sort de sa famille : s'exprimaient alors des vengeances contre la belle-sœur, la belle-mère, etc. Je suis déesse, j'ordonne. Moi aussi je peux. « S'en fout la mort », comme on lit au cul des camions sur les routes d'Afrique.

Ce sont les méfaits de l'ascèse qu'abandonna le prince Gautama. Excepté le fait qu'en Inde ces tristes héroïnes ont grillé « pour de vrai », je ne vois guère de différence entre la décision d'une *sâti* et celle de la légendaire Walkyrie, cette Brunhild qui saute dans le bûcher de Siegfried, son époux mort. Dans l'œuvre de Wagner, ce saut dans les flammes achève l'opéra qui s'appelle *Le Crépuscule des dieux*. Ce mortel crépuscule auquel succède un nouveau monde est une parfaite définition de l'amour fou. Qu'il soit soufi ou romantique, l'essence de l'amour fou est la contestation, le « Na ». Il faut le reconnaître ; l'amour fou permet de rejeter en vrac les règles de la cité. Jusqu'à la mort ? Doucement, s'il te plaît. Pas si vite.

La norme occidentale moderne veut un amour qui fait le fou pendant un temps raisonnable, à la façon d'un rite d'initiation. Comme dans la réclusion initiatique, les foudroyés se coupent du monde ; le travail, le temps, la faim s'effacent. Les amants sont amaigris et beaux. L'argent ne compte plus ; il est « flambé ». Et puis passe le temps. Les affaires se gâtent. De la rébellion il faut sortir un jour, et passer un compromis de paix avec le social. Du « Na ! » il faut revenir, mutilé mais vivant. Oui, mais le tout, c'est d'en sortir avant d'aller à la mort. En général on y parvient, mais pas toujours ; il arrive encore qu'on y laisse sa peau. Remarque, il ne manquerait plus qu'une initiation soit sans aucun danger… Et c'est vrai que je me dis souvent : « Malheur à ceux qui ne l'ont pas connue ! » Car il en est de l'amour fou comme de toutes les expériences sacrées : elles ne sont pas démocratiques, et l'on peut traverser la vie sans les éprouver une seule fois.

Nous sommes à la croisée du rite de passage, qui toujours socialise l'avancement de la vie. Une fois l'épreuve terminée, on peut vivre. C'est exactement ce que tu proposes en voulant « assouplir » l'idéal draconien de Catherine de Sienne. Essaie donc ! Ce n'est pas facile. Si le sacré se promène sur la frontière entre social et folie, comment faire ? S'il est de sa fonction de franchir, comment l'arrêter ? J'imagine que tu veux retenir l'idéal et jeter le draconien. Encore que. N'aurais-tu pas en tête une petite idée de contrainte joyeusement acceptée ? Que fais-tu du « draconien » ? Te connaissant, je ne suis pas du tout sûre que tu l'évacues entièrement. Car, tu y insistes, Catherine de Sienne a exercé une influence sur la papauté. Est-ce le prix à payer ? Influence pour influence, je vais t'en sortir deux d'une autre nature, qui ont formidablement profité du sacré. L'énoncé de leurs patronymes te fera voir que je ne me situe pas dans le religieux : Eva Peron, Indira Gandhi, ou comment se transformer en objet consacré.

Eva Duarte, bâtarde, vécut une enfance misérable. Indira Gandhi, fille de Jawaharlal Nehru, fut une petite fille à l'abandon, dont le père, absent, était tantôt prisonnier, tantôt militant, et dont la mère tuberculeuse était mise à l'écart au motif que, hindoue de haute caste et membre de l'illustre tribu des Nehru, elle ne parlait pas... l'anglais. Voici deux enfants humiliées. Le cadavre embaumé d'Eva Peron fut volé à plusieurs reprises, physiquement profané par les militaires qui la cachèrent dans des endroits extravagants, puis abrité un temps en Espagne avant de revenir dans son pays. Le cadavre d'Indira brûla dans les délais prescrits : vingt-quatre heures maximum. Mais contrairement au rite hindou, ses cendres ne furent pas seulement jetées au fleuve. Elles furent aussi éparpillées du haut d'un avion par son fils Rajiv, au-dessus des Himalayas. Voici deux mortes dispersées contre toutes les règles.

Cependant, Eva et Indira ont marqué leur peuple comme peu de dirigeants. De leur vivant, elles ont transformé leur image en icône sacrée. D'où les bizarreries de leur destin posthume, car aux déesses convient le sacrilège. Comment ont-elles fait pour en arriver là ? Eva Duarte passe par une demi-prostitution avant de rencontrer Peron. Il n'y a pas de passion amoureuse entre eux, mais un accord sur leurs conquêtes ; pour Peron, le Graal du pouvoir, pour elle, le Graal du peuple. Mariée, Eva Duarte de Peron devient la *Senora*, la Dame. Non pas la *First Lady*, non, mais la Dame ; il n'en est pas de « seconde ». Son coup de génie tient dans une démonstration simple : Peron est le sauveur du peuple puisqu'il a sauvé la pauvresse et qu'il l'a épousée. Donc Evita c'est le peuple. Bijoux, fourrures, toilettes, rien ne manque pour signifier le salut du Peuple-Evita par le Sauveur Peron. Le cas Eva Peron va bien plus loin qu'une simple métaphore de l'ascension sociale. Dame du peuple argentin, elle invente l'amour courtois à l'échelle populaire. Pendant la durée de l'extase, le suzerain écrase la démocratie.

Bientôt, elle est, de son vivant, sainte Evita. Elle ne fait rien pour le peuple sauf lui apporter de l'image en lieu et place de transformations sociales. Et quand elle meurt, des millions d'Argentins défilent devant son cercueil dans le hall de l'immeuble des syndicats. J'étais gamine, je me souviens d'avoir pleuré devant les photographies des larmes du peuple. En réduction, j'ai vécu la même scène lorsque le corps d'Elsa Triolet fut solennellement veillé par les militants du Parti communiste dans le hall de *L'Humanité*. On défilait devant la dépouille de l'Aimée du Poète. J'ai voulu voir. Eh bien ! Cette consécration d'un amour fou aussi factice que populaire remplissait assez bien son office à la française : un petit culte éphémère, Evita version pot-au-feu.

Pour Indira, ce fut plus dur. Elle eut à se battre, elle le fit avec une telle passion qu'elle fut le seul Premier ministre indien à basculer dans le despotisme, en décrétant l'état d'urgence au motif que son élection venait d'être invalidée. Régime policier, abolition des libertés de la presse, campagnes de stérilisation forcée des paysans… Elle perd le pouvoir. On la croit finie, et c'est là qu'intervient le coup du sacré. Elle repart en campagne électorale « au niveau des racines de l'herbe » (*at the grass-root level*, superbe et très indienne expression), porte secours aux villageois dans la tempête, à dos d'éléphant. La voici juchée sur l'animal, laissant les villageois l'appeler d'un nouveau nom : Dourga, la déesse qui, juchée sur un lion, écrase le démon du Mal.

On peint Indira en Dourga sur les posters. Et comme pour Evita, ça marche… Réélue, elle se croit assez forte pour donner l'assaut au Temple d'or des sikhs envahi par les indépendantistes du Pendjab. On croit savoir ce qu'il en advint. On pense qu'elle fut assassinée par deux de ses gardes sikhs. Mais écoute bien.

Si l'on regarde de près l'emploi du temps de ses derniers jours, que voit-on ? Indira apprend que le platane protecteur de la famille s'est desséché et prend un hélicoptère pour vérifier sur place au Cachemire, berceau des Nehru. L'arbre est mort. Le lendemain elle fait revenir deux gardes sikhs qui viennent de passer six mois chez eux, en terrain indépendantiste. Le surlendemain, dans un meeting à l'autre bout de l'Inde, elle prononce des mots stupéfiants : « Quand mon sang sera répandu sur l'Inde, il la fécondera. » Deux jours plus tard, elle est assassinée. Dans la nuit, son fils Rajiv est élu Premier ministre. C'est gagné ; Dourga tue, mais elle est mère. En tressant autour d'elle la politique, le national, le mythe et la maternité, je pense que jusque dans sa mort Indira s'est voulue sacrée.

Eva n'était ni grande ni forte ; quant à Indira, elle m'arrivait au menton, et je ne suis pas grande. Leurs voix n'étaient pas puissantes, leurs visages n'étaient pas parfaits. Indira avait une douce petite voix flûtée, un aspect moineau. Elles n'avaient pas de goût pour le sexe – on ne leur connaît pas d'aventures une fois le pouvoir atteint. Mais elles avaient conquis le sacré du champ politique : l'amour du peuple en ce qu'il a de fou, d'absurde, de dangereux pour les libertés. Adorées et haïes, leurs deux images hantent la conscience nationale de leurs pays. Or elles violèrent les libertés. Le sacré, ma bonne amie. Quand je te dis qu'il est risqué.

Regarde bien les héroïnes à qui revient le pouvoir politique absolu : ce qui se joue autour de l'image de leur corps est alors autre chose que le complet veston ou l'uniforme de général. Le chignon travaillé d'Evita, ses plumes et ses robes du soir, sa maigreur ascétique ; les saris soignés d'Indira, la mèche blanche barrant les cheveux noirs, la paupière de l'œil droit palpitant en permanence à la suite d'un caillou lancé dans un meeting… Celles-là sont trop uniques pour avoir des héritières. Les hommes voudraient rééditer le miracle : Peron essaya avec sa seconde femme Isabelle, en vain. Le Congrès presse Sonia Gandhi, belle-fille d'Indira, de bien vouloir rejouer le rôle ; elle accepte de conduire la campagne électorale, mais refuse par avance le poste de Premier ministre. Elle sait. Le vrai sacré en politique comprend le sacrifice à mort auquel Eva et Indira ont eu droit.

Où est Dieu dans leur histoire ? Nulle part. Elles n'en avaient pas besoin, puisqu'elles étaient devenues déesses sans l'appui d'un clergé. Je ne dirai pas « toutes seules » puisque sans le peuple elles n'existent pas. Eva et Indira n'étaient pas plus seules que la *sâti* sur son bûcher. Leur extase, elles la trouvent dans les meetings où elles donnent de la voix. As-tu déjà été à la tribune d'un meeting ? J'imagine que oui. Quand cela m'est arrivé à la Mutualité, qui n'est pas bien grande, je suais d'angoisse devant la houle obscure. Mais j'ai bien senti qu'en sublimant un brin, il ne faudrait pas grand-chose pour faire vibrer la fibre vocale, et basculer dans le danger. C'était une palpitation grisante, à faire peur. J'ai détesté.

Apparemment, cette jouissance du corps collectif est l'objet du désir des personnages politiques. C'est leur sacré à eux. Mais il leur faut bien de l'estomac pour digérer cette haleine multiple, la voix de partout et nulle part, la présence indistincte, l'être de masse, et surtout pour affronter l'effacement brutal de l'identité, côté peuple et côté leader. Une frontière est franchie, celle de l'identité du nom propre : crié, scandé, sifflé, le nom du leader n'est plus vraiment le sien. Personne ne s'appartient plus, ni eux ni lui ni elle s'il s'agit d'une femme. Ce qui est sacré dans cette opération, c'est que la sphère du privé n'existe plus. Comme dans les rites.

Il est clair que je commence à prendre mes distances avec le sacré. Point trop n'en faut, sinon, c'est à devenir folle. Alors, quels sont tes assouplissements, ma divine ?

Catherine

Dakar, 8 juillet 1997

Chère Julia,

J'enchaîne sur ma lettre d'hier qui m'a laissé un goût d'inachevé, car je crains de n'en avoir pas fini avec Eva et Indira. Je n'ai pas assez parlé de la haine qu'elles ont su inspirer. Si le corps embaumé d'Evita a subi si longtemps de tels traitements, si encore aujourd'hui la veuve de Rajiv Gandhi et leurs deux enfants sont sous protection policière, il faut, pour attiser des haines sur les générations suivantes, que mes harpies soient l'objet de malédictions posthumes à hauteur des bénédictions reçues de leur vivant ! Après une vie de saintes, les voici affublées d'une immortalité de sorcières.

J'ai compris la grandeur des sorcières dans le livre romantique de Michelet, *La Sorcière*. Michelet y raconte la vie d'une pauvre paysanne qui appelle à l'aide les lutins pour calmer les pleurs de son bébé. D'où la paysanne tient-elle les lutins des forêts ? D'un lointain héritage transmis de mère en fille. C'est un secret païen, celui des dieux lares que tout romain honorait sous son toit. Or depuis certain décret de l'empereur Théodose, le « paganisme » est interdit sur tout le territoire de l'empire chrétien, dont la Gaule. Au Moyen Âge, l'interdiction est déjà séculaire, mais les légendes ont survécu. Les lutins ont pris le relais clandestin des dieux. Le bébé de la paysanne pleure à n'en plus finir et le lutin, serviable, arrive à tire-d'aile. Le bébé se calme.

Puis, de fil en aiguille, le lutin lutine la paysanne, lui apporte des baumes à base de sucs et de plantes, lui en apprend l'usage. Elle devient guérisseuse, avorteuse en cas de nécessité, bref, elle aide ses pareilles à supporter le dur malheur de l'existence quand le curé n'offre que menaces et prières. L'enfer ? Est-ce que cela pourrait être pire ? La sorcière répond non. La cruauté des temps exige le bricolage, et les femmes bricolent avec ce qu'elles ont sous la main, sans méfiance. Décrire l'indomptable ténacité du « paganisme » sous le manteau du christianisme, inventer le personnage bienveillant de la sorcière thérapeute, quelle magnifique idée ! Plus je fréquente les guérisseurs de tous les continents, plus je vérifie l'intuition de Michelet. La magie se sert des ustensiles d'un passé désormais proscrit, et ce sont toujours les femmes qui en détiennent les secrets.

Michelet décide qu'on arrête la sorcière lorsqu'elle est enfin devenue belle. Insolente de santé, trop bien dans sa peau, pas assez souffreteuse. Elle porte une robe verte – couleur du diable et de l'islam – et elle marche droit devant, en cavale. Au bûcher ! Car il n'est pas permis de braver le malheur sans le secours de l'Église. Trop belle, trop brave, cette pauvresse ; ce n'est pas normal. Pour les explications de cette anomalie, faites entrer les inquisiteurs, munis du *Malleus Maleficarum, Le Marteau des sorcières*, manuel d'instructions aux apprentis inquisiteurs rédigé par Henry Institoris et Jacques Sprenger.

Exemples. La femme est plus vulnérable au diable que l'homme. Parce qu'elle est plus charnelle ; parce que, issue d'une côte d'Adam, elle est « tordue », je cite. Aussi, parce que l'étymologie du mot *femina* vient de *fe* et *minus*, ce qui signifie à l'évidence que la femme a moins de foi que l'homme. Parce que les voix des femmes « vident la bourse » (textuel), enlèvent les forces et contraignent à perdre Dieu. Parce que insatiable est la femme. Parce que son désir démesuré fait que l'homme « s'agglutine l'âme » à la femme. Enfin, le clou : « Une femme qui pense seule pense à mal. » *Sic* !

Dans la première édition (Strasbourg 1486), *l'Apologie* commence par une phrase qu'il faut savourer : « Au milieu des calamités d'un siècle qui s'écroule, le vieil Orient qui, déchu sous la sentence irrémédiable de sa ruine, depuis l'origine n'a cessé d'infecter des diverses hérésies l'Église que le nouvel Orient, l'Homme Christ Jésus, a fécondée par la rosée de son sang, s'y emploie cependant surtout aujourd'hui où, le monde sur le soir descendant vers son déclin et la malice des hommes grandissant, il sait dans sa rage, comme en témoigne Jean en l'Apocalypse, qu'il n'a plus que peu de temps. » À relire lentement. Par définition, l'Orient est ruiné, vieux, hérétique ; mais sa rage infecte toujours le « nouvel Orient », c'est-à-dire l'Occident. Quant à l'infection visée par nos inquisiteurs, elle se nomme Hérésie des Sorcières. Ainsi donc Michelet voyait juste : l'infection vient d'un vieil empire déchu.

Plus important : citant saint Augustin, les dominicains énumèrent les moyens d'attirer le démon. Ce sont « pierres, herbes, bois, animaux, chants, instruments de musique », rassemblées plus loin sous le nom générique d'« herbes et musiques », *melio ancor*. Moitié nature, moitié musique, telle est la sorcellerie. En vérité, ce n'est pas le diable le patron, c'est Orphée ! Mais les inquisiteurs ne le savent pas. Ils s'attardent sur le danger de la musique comme tout intégriste qui se respecte. C'est fou comme nos deux lascars anticipent les « talibans » d'Afghanistan ; à Kaboul, les femmes n'ont plus le droit d'avoir des oiseaux en cage, au motif qu'ils chantent. En 1980, alors qu'on y tchadorisait à bouche que veux-tu, la musique classique iranienne, l'une des plus grandes du monde, fut interdite dans la République islamique ; Khatami, le président de la République élu en 1997, parvint à faire lever l'interdiction. La musique et les femmes, on le sait, sont toujours les premières visées. Et ce n'est pas d'hier que la musique ensorcelle ; les protestants l'interdirent également, et Platon, dans *La République*, proscrivit certains modes musicaux trop émotifs à son gré.

D'origine populaire comme Evita, Callas – « la voix » – subit cette transformation de la pauvresse sapée chic, objet d'adoration persécutoire. Sa tombe fut donc profanée. Callas était *diva ;* ça, tout le monde connaît. Mais seuls les spécialistes utilisent pour un chanteur le mot *divo*, au masculin. *Diva* égale divine, on ne fait pas plus païen. Il faut dire que l'opéra semble fait exprès pour échapper aux manœuvres de l'Inquisition : décor, illusion, machineries, païenneries, musique et voix, tout y est préparé pour enchanter l'âme au mépris des règles de l'Église. *Le Marteau des sorcières* date du XVe siècle ; au XVIe le tour est joué. Dans les cours d'Italie, l'opéra est né. Soulagement des puissants... Dans les campagnes, les sorcières sont toujours traquées ; deux millions d'entre elles mourront brûlées en Europe.

Nos deux dominicains examinent les transports aériens des sorcières, puisqu'elles en parlaient toutes. Selon les historiens, il est à peu près certain que les sorcières s'enduisaient le corps d'onguents avant de « s'envoler » pour leur fameux sabbat. Mais soyons un peu plus techniques. En Inde, l'exercice dit de la « sortie de corps » s'apprend avec méthode. Comment quitte-t-on son corps ? Généralement, par la suspension prolongée de la respiration ; c'est alors que l'esprit voyage. Mais il existe aussi des onguents, révulsifs hallucinogènes, pense-t-on. Toujours est-il que la belle illusion de la « sortie de corps » est vieille comme le monde. On la trouve dans Platon à la fin de *La République*, on la rencontre en Inde à tous les carrefours, on la croise dans l'Afrique animiste et dans ses versions vaudous d'Amérique du Sud, on la reconnaît dans les techniques de drogue bien connues de Castaneda, ou dans les sports de l'extrême. C'est le « trip ». La dernière version en date de la sortie de corps coïncide avec l'apparition des réanimations : les réanimés font souvent état d'une euphorique sortie de corps au moment de leur mort éphémère, suivie d'une extrême répulsion quand les médecins les font revenir de force dans leur sac de peau. Ce sont les *near death experiences*, les expériences du seuil de la mort, dont les théories font fureur aux États-Unis d'Amérique, grand pays de chasse aux sorcières, comme on sait.

Dans toutes les régions polythéistes, la sortie de corps appartient aux deux sexes. Mais en Europe au XVe siècle, seules les femmes s'envolent la nuit. Quitter sa peau, quelle liberté ! Mais, demandent les inquisiteurs, il faut bien qu'elles en fassent quelque chose ! Et ils répondent à leur place : la nuit, les sorcières font tout à l'envers. Baiser le cul du Grand Bouc diabolique, lui enfoncer l'hostie dans l'anus, sacrifier un enfant vivant, épuiser le répertoire de l'antisémitisme médiéval. Pour un petit délit d'envol au-dessus des toits, un simple coup de bonnet jeté par-dessus les moulins, elles sont condamnées. Cette transgression mineure n'était pourtant pas grand-chose… Quitter son corps, quoi qu'on fasse du voyage, c'est tout juste sortir du rythme de la vie collective, veiller au lieu de dormir, sortir quand tout est fermé. Mais c'est aussi passer dans le sacré, et les inquisiteurs n'en voulaient pas.

Car l'aire et la durée du rite contrarient l'espace et le temps de la société civile. On n'entre pas n'importe comment dans un lieu de culte. Un seuil est à franchir selon des règles précises, se couvrir la tête ou se la découvrir, par exemple. Ensuite l'espace et le temps de la cité s'effacent : Wagner a très bien mis ce phénomène en musique dans le voyage de Parsifal. La forêt devient sacrée, l'animal amical, les frontières du réel disparaissent, drogues à l'appui. Tout est fait pour briser la rude écorce de la routine temporelle ; le sacré n'apparaît qu'à ce prix. Les initiés d'Afrique forestière restent dans les couvents longtemps : plusieurs années jadis, trois mois en Casamance en 1997.

Si l'univers des hommes est à l'endroit, le sacré est toujours à l'envers. Pas « normal ». Pour un non-chrétien, il n'est pas normal de se rendre dans un lieu où un officiant lève un cercle plat et blanc en disant : « Ceci est mon corps. » Il n'est pas normal de parler du balcon de la Casa Rosada pour affirmer qu'on est le peuple sauvé par Peron. Il n'est pas normal d'avaler le crachat des malades, de ne pas se laver les cheveux, de faire joujou avec les excréments. Il n'est pas normal de régresser. La régression, explique fort bien Lacan, n'est pas le retour effectif du jargon et des gestes enfantins, mais le retour des signifiants pour lesquels il y a prescription. Nous y sommes. S'envoler est un jeu d'enfant. Mais quand on est adulte, on ne joue plus. On n'a plus le droit. Allons, ne faites pas l'enfant !

Mais si, on a besoin de la coupure du sacré. On manque éperdument de ce manque essentiel. Dans l'ordre et la discipline, le Lévitique le fixe sur un jour de la semaine, le vide de ses occupations, le voue à la pensée de Dieu et le nomme sabbat, mot plus tard recyclé par les inquisiteurs. Penser qu'ils transformèrent le repos de l'Être en folie ! On ne saurait mieux dire que les femmes en vol se reposaient du jour si cruel à vivre. Or il se trouve qu'à peu près en même temps, les juifs en exil changèrent l'idée du sabbat. Le repos de l'Être se féminisa et devint « la princesse Sabbat », couronnée pour le temps de la fête. C'est l'époque où la magie imprègne les communautés juives. Vers 1540 en Palestine, les quelques rabbis revenus au pays se mettent à parler la langue des insectes ; à la place du *Shéol*, la fosse où tombe l'homme à sa mort, la réincarnation revient en force. Le vieil Orient d'un peu plus loin vers l'Est réapparaît avec la diaspora. Bien sûr, quand la vie est trop dure et qu'on n'a plus de temple, lorsqu'on ne connaît pas la date du retour à Jérusalem, réduite à un éternel an prochain, alors on quitte son corps comme partout ailleurs. C'est ce que faisaient Rabbi Louria à Safed au XVIe siècle, et les rabbins hassidim en Pologne au XVIIIe.

Est-ce à dire qu'il n'est pas de sacré dans la vie à l'endroit ? Je le pense. Il faut bien « passer à l'envers » pour accéder au sacré. « Ça » se passe en un clin d'œil, ça existe « dans la maison de l'être », dirait Heidegger qui en savait long sur la question. Envers de la vie, le sacré couche avec la mort. Reste à ficeler la mort, le hors-temps et les femmes en s'y attelant d'un peu près.

Catherine

Ars-en-Ré, 15 juillet 1997

Chère Catherine,

Plus cette correspondance avance, plus je me convaincs que tout nous sépare. Sur quoi sommes-nous d'accord, sinon sur l'urgence à interroger la manière féminine d'aborder ce territoire obscur qu'on appelle un sacré : ni « religion », ni « sacrifice », ni même « valeur », mais certainement, et à travers tout cela, une frontière ; mieux, une « économie » qui donne du sens à l'aventure humaine ? Nous ne sommes pas d'accord ? Raison de plus pour faire apparaître ces désaccords, sans affrontement. Depuis longtemps, dans toutes mes activités, j'ai fait le choix de ne pas discuter, et moins encore de donner des leçons : surtout pas à toi, qui as réponse à tout ! J'ai horreur des colères, des invectives, des sarcasmes. Je préfère passer outre et poursuivre mon argument. Combien de lettres sur la Vierge ? À l'infini, s'il le faut, pour dénouer ce nœud qu'on prend pour un trou. D'ailleurs, tu fais la même chose, à ta façon, avec ton « Na ! »…

Pourtant, il y aurait beaucoup à dire, sur ce pauvre Occident, par exemple, que tu accables de tous les maux, y compris celui d'ignorer l'existence du sacré chez les Indiens du Brésil, et même chez les Grecs ! Tu parles sérieusement ? Ethnocentrisme, d'accord, mais pourquoi oublier les efforts pour le dépasser ? Des efforts que d'autres civilisations n'ont pas encore entrepris ! Par ailleurs, l'analysante anorexique et sainte Catherine que je t'aurais « servies » ne sont pas faites que de « brutalité », comme tu l'écris, mais sans doute arrondiras-tu les angles… Elles parviennent, dans une douleur monstrueuse, à négocier la violence des interdits qu'on leur impose et qu'elles s'imposent – sans interdits, toujours plus ou moins violents, il n'y aurait aucun lien social. Que le sacrifice représente et apaise cette violence parce qu'il enchaîne autour du rite une logique, c'est ce que démontre l'histoire des religions. Et la psychanalyse de nous apprendre que sans cette violence-sacrifice-castration-manque-etc., il n'y a ni langage ni sujet. À partir de là s'installe la panoplie des échecs et des succès de ladite « négociation ». L'amour en est une, et j'ai essayé d'en déplier les multiples figures dans mes *Histoires d'amour*, qui datent d'il y a dix ans déjà : Eros, Agapè, sadisme, masochisme, homo, hétéro, donjuanisme, mélancolisme, et tutti quanti… Quant à Agnès, elle ne souffre pas seulement parce que la psychiatrie a désormais remplacé la religion qui l'aurait sanctifiée. Oh non ! On ne peut pas sanctifier toutes les anorexiques, et Catherine de Sienne ne relève pas de la psychiatrie. Il faut bien faire l'effort d'accompagner leur symptôme d'une certaine parole. Une parole qui peut justement assouplir cette fixation morbide qu'est le symptôme, ce court-circuit du « corps » et de l'« âme » (mettons des guillemets, si tu veux, pour montrer que nous ne sommes pas dupes de l'occidentalisme binaire). Une parole qui, sans supprimer nécessairement le symptôme – encore que cela puisse arriver –, le translate et l'épuise dans les liens avec les autres. Quelle parole ? Il ne suffit pas de placer côte à côte des bouts de religions pour rêver à une globalisation des psychismes. Chaque mémoire particulière en appelle à un discours singulier. Or, le singulier, l'« eccéité » de Duns Scot, c'est bien une sacrée conquête du monothéisme. Pas des autres religions. J'aggrave mon cas, j'insiste sur nos mérites occidentaux, je ne cède pas à tes séductions tiers-mondistes. Pas tout de suite. Agnès souffre parce qu'elle n'a pas trouvé la *rhétorique*, ou disons *l'économie* (au sens byzantin d'une « traversée », d'une « dialectique », d'une « ruse ») de son expérience : parce qu'elle n'a pas trouvé la parole sensible.

Non, la politique n'est pas cette rhétorique, ni cette parole sensible, comme tu sembles le croire. Les meetings me communiquent parfois un élan, c'est vrai, mais qui n'est pas exempt de quelque chose de religieux : de paranoïaque ou de fusionnel, d'osmotique. Nullement cette lucidité singulière que véhicule pour moi le mot « sacré », au carrefour du même et de l'autre, de la nature et de la culture, de la pulsion et du langage, aux sources de l'humain...

De tous les arts, la musique est sans doute au plus près de cette élévation sans paroles, avant les paroles, au-delà des paroles, la passion faite voix, son, rythme, mélodie, silence que communique le sacré. De Kathleen Ferrier à Billie Holiday, les corps vibrants des grandes cantatrices incarnent la perfection et le mystère absolus. Et la musique, toute la musique : Monteverdi, Mozart, Bach, Armstrong, qui tu veux. La justesse humaine, transhumaine, on ne peut aller au-delà, c'est l'au-delà, c'est sacré.

Je te suis quand tu reconnais le « sacré » de la Callas, mais sûrement pas quand tu le supposes à Evita : et pourquoi pas à Madonna, tant que tu y es, qui a appelé sa fille Lourdes ? On n'échappe pas à la Vierge, mais celle-ci n'est pas la mienne…

Pour en revenir à la politique, une exception, quand même : la célébration du 14 Juillet. Hier encore, devant la télé, j'étais bouleversée par *La Marseillaise* sur les Champs, je me suis levée de ma chaise, la gorge serrée. Une religion républicaine ? certes. Mais je maintiens que celle-ci a mieux réussi là où les autres échouent : à préserver et la communauté, et la personne singulière, et l'amélioration pratique et concrète de la condition humaine. Pas assez, jamais assez, avec beaucoup d'erreurs, mais qui dit mieux ?

Je sais qu'il ne manque pas d'individus pour reconnaître du sacré même à Hitler, surtout à Hitler, qui passe ces jours-ci à la télé. Eh bien, je n'en suis pas. Pour moi, cette fascination pour le corps débile (celui de Hitler), ou pour celui d'une femme qu'on n'attendrait pas sur les tribunes politiques mais qui en est d'autant plus excitant, et qui arrive à bander pour assurer le pouvoir et la cohésion du groupe, relève d'une religion laïque. Elle est d'autant plus dangereuse qu'elle ne comporte ni enfer ni code moral. Cette religion politique me paraît être l'aboutissement le plus pernicieux de la Religion au sens le plus illusionniste du terme, et n'a rien à voir avec le sacré.

Quoi encore ? Tu affirmes qu'il n'y aurait que des corps féminins qui s'envolent en Occident au xve siècle. Et Giotto ? Et Dante ? Les hommes existent aussi, ne soyons pas « homophobes ». Je ne te reprendrais pas sur la régression qui serait une « prescription de signifiant » – il y aurait beaucoup à dire du débordement pulsionnel sans « signifiant » aucun ! Et si la pulsion était le diable de ton divin « signifiant » ?

Non, je n'ai pas envie de discuter. Un mot de Goethe me vient à l'esprit : « Qu'est-ce que le sacré ? », demande-t-il dans un distique. « Ce qui unit les âmes », répond-il. Est sacré ce qui, depuis l'expérience de l'incompatible, fait lien. Entre les âmes, si l'on veut. J'ai presque envie de reprendre mon dada sur le sacré de l'amour maternel, mais j'ai peur de me faire rabrouer. Pourtant, je te dois un aveu : j'y crois vraiment, et ce sacré-là me semble à la fois essentiel aux femmes et fortement menacé dans un monde qui sait tout faire, sauf « unir les âmes ». J'ai cru parfois en sonder l'alchimie : une violente poussée, biologique peut-être, narcissique sûrement, nous porte vers nos enfants, elle balaie tout sur son chemin, je dis bien tout, et peut abolir l'autre comme nous-mêmes, nous rendre folles et fous, possédés ; mais curieusement, le lien triomphe, un apaisement vient différer la violence, Éros et Thanatos se transmuent en tendresse. Nous voilà alors à la source des mots, là où l'amour devient une langue dite maternelle. J'imagine que Goethe embrassait cet amour-là dans sa vision du « sacré » qui « unit » : lui qui écrivit par exemple qu'un héros est un homme très aimé de sa mère. Passons…

Je reprends le fil de ma dernière lettre : à supposer qu'un sacré non sacrificiel existe, *l'imaginaire* ne pourrait-il pas en être une variante possible ? L'imaginaire comme un éternel retour qui ouvre l'esprit et le corps à une inquiétude sans fin, et permet de se tenir, droit et souple dans le siècle ?

Un ami américain, qui donne des leçons d'anglais à David mais aussi à ton humble correspondante, car j'ai vraiment besoin de perfectionner l'usage de cet idiome, me faisait lire l'autre jour un article du *New Yorker*. L'auteur s'y moquait des livres sur le *health sex* qui inondent le marché américain. Produits généralement par des femmes, ces ouvrages donnent mille et une recettes vestimentaires, comportementales et gestuelles pour parvenir à un orgasme génial, susceptible d'assurer bien-être et réussite aussi bien conjugale que professionnelle. L'auteur de l'article ironise joyeusement, et à juste titre, sur ces prêtresses de la technique sexuelle : ne vont-elles pas jusqu'à proposer leur marchandise comme un combat progressiste contre la religiosité américaine, sans s'apercevoir qu'elles ne prônent rien de moins qu'une religion du sexe – en parfaite symétrie avec la religion de la Providence ? Et notre professeur de conclure : « La culture américaine est une culture de la Providence – divine ou sexuelle, on n'en sort pas, nous exigeons un salut. Vous, Français, vous êtes différents : votre culture est une culture de la Parole, et tout finit toujours par une distance, quand ce n'est pas par le rire ou l'athéisme. » Cela se tient, qu'en penses-tu ?

Que l'Amérique soit en quête de Providence à travers ces performances techniques de *health sex*, de virtualité extraterrestre et autres sectes aspirant au nirvana par le suicide, cela paraît suffocant d'évidence. Je suis également convaincue que la culture française qui a soudé le plaisir à la parole ne peut pas, ne devrait pas succomber à cette religiosité-là. Ceux qui ont dit avec Rabelais que « donner parole est un acte amoureux », ou avec la Bruyère que la conversation est un art militaire (« il y a plus de risques qu'ailleurs, mais la fortune y est plus rapide »), ou qui ont défié la mort avec Bossuet en la transmuant en rhétorique (« J'entre dans la vie avec la loi d'en sortir, je viens faire mon personnage, je viens me montrer comme les autres ; après, il faut disparaître »), ceux-là ne sont pas prêts à s'agglutiner à la Providence du sexe ou autres techniques *health*. C'est en France que la psychanalyse a été entendue moins comme une technique de guérison que comme une parole de vérité. Mais hors des divans, la parole peut-elle encore être un art amoureux, un art militaire, un accueil de la mort ? Peut-elle assumer les devoirs et les liens, s'en jouer, les faire vivre ?

J'aime à penser que si Catherine de Sienne ne s'était pas laissée mourir de soif, elle aurait cherché à adoucir sa maîtrise de soi – le « devoir » de mon analysante Agnès –, en écrivant cette tension qui la conduit à dominer sa mère et tutoyer Jésus. Agnès écrit des poèmes et, de plus en plus au cours de notre analyse, raconte des histoires : une façon de desserrer ses nœuds d'angoisse, de dette et de culpabilité. Le récit, le roman sont des formes simples, moins exigeantes que la poésie, banales même. Elles savent apprivoiser l'existence quelconque et ne renoncent jamais à lui donner du sens : une sorte de « devoir », mais fruste, ni absolu ni féroce, simplement vivable.

Le confesseur de Catherine, qui la défendit avec succès contre ses inquisiteurs et persuada le général des Dominicains, ainsi que le pape, que les pensées et le comportement de cette sœur étaient conformes à la doctrine catholique, se laissa apparemment subjuguer par la jeune femme. Il l'a certainement accompagnée ; il l'a aidée à supporter et à aiguiser à l'extrême sa surhumaine endurance ; il ne l'a pas apaisée. Puisque le temps a passé et que certains d'entre nous sont devenus plus humains que ne le furent ces êtres mystérieux du XIVe siècle, permets-moi un instant de prendre la place de ce vénérable Raymond de Capoua. J'aurais proposé à Catherine – oh non, pas une analyse, ne plaisantons pas là-dessus !, mais d'aller se recueillir auprès des bâtisseurs de cathédrales qui étaient ses contemporains, et de méditer sur leurs outils. En raison de sa tension, de sa propension à prendre sur soi, à se durcir dans les épreuves les plus exigeantes (la faim, le pus, la mort), je lui aurais proposé de choisir un outil aussi humble que droit. Par exemple, un perpendiculaire de maçon : qu'elle médite sur lui, qu'elle y mesure ses pesanteurs et ses aspirations, et qu'elle vienne m'en raconter l'essentiel.

Le surmoi écrasant de mes anorexiques, et de quelques autres, me fait souvent penser à cet instrument : comment pourrais-je les conduire à ne garder de leur surmoi que ce qu'il faut pour en faire un fil à plomb ? Pas davantage, mais pas moins non plus. Sans maîtrise mortifère. Juste ce qui est nécessaire de tension pour tenir debout. Seraient-elles capables de tenir debout ?

Cet exercice de méditation serait une sorte d'atelier d'écriture, ou de mise en récit de soi à partir d'un support symbolique. Il me séduit par l'humble dignité du perpendiculaire – droiture sobre, nullement écrasante, simplement indispensable. Mais plus encore par le fait qu'on peut en parler, tisser les associations que ce fil tendu pourrait dérouler (pour Catherine, pour Agnès, pour d'autres). L'apprentissage imaginaire soulage la tension ; ne la fait pas disparaître, mais en joue. Il éveille la curiosité, nourrit la faim de sens et de significations ; mais sans la combler ni la frustrer, il évite aussi bien l'absolu que le vide, indéfiniment.

Donc, imaginons. Imaginons le fil à plomb. Celles qui sont anéanties par le devoir plus ou moins conscient auront d'abord du mal à percevoir l'intérêt de ce banal instrument dont se servaient les bâtisseurs, anciens et moins anciens : symbole central, il échappe à l'attention, comme souvent les évidences ; son élégante modestie le soustrait à la curiosité.

Pour commencer, le père-pendiculaire (ouf !) a partie liée avec le devoir. J'aime sa fonction qui est d'égaliser les pierres d'une construction : de les faire rentrer dans le rang, d'éviter les déviations. Pourtant, je crois avoir traversé le communisme et conquis une liberté de femme, d'intellectuelle et d'écrivain en misant sur l'« exceptionnel » quand ce n'est pas sur l'« étrange ». J'apprécie infiniment l'idée biblique et chrétienne selon laquelle c'est seulement d'une « pierre mal équarrie », d'une « pierre d'achoppement » que jaillit la Lumière de Yahvé, et qu'adviennent le Christ et son Église. J'ai acquis cependant la certitude que cet écart libertaire est possible si, et seulement si, il existe un perpendiculaire, que si j'intègre en moi le sens de cet *alignement*. De surcroît, je sais comme toi que le monde moderne flatte facilement l'écart, mais se fiche de savoir de quoi la rectitude est faite. Puisque nous n'avons pas entrepris cette correspondance pour chercher l'excitation émotionnelle, ni la naïveté enfantine, ni la grâce absolue d'une religion, mais peut-être, après tout, la possibilité et le sens d'une *rectitude qui fait lien*, je te propose comme image du sacré de contempler dans ce fil tendu une invitation à cet alignement.

J'ai lu des recherches inspirées et savantes qui désignent le perpendiculaire comme le symbole d'une connaissance approfondie, soucieuse de s'enfoncer de plus en plus « bas » et au « centre » ; il a été comparé à la trajectoire de Dante, lequel, guidé par Virgile, ne craint pas de descendre jusqu'aux derniers cercles de l'enfer avant de remonter au paradis. La pointe tournée vers le bas de ce modeste métal qu'est le plomb indique bien ce dont il s'agit, et j'ai le sentiment que cette descente vers le « bas » ou le « centre » pouvait être associée à ma pratique d'analyste, soucieuse de la mémoire et du corps dans ce qu'ils ont de plus banal.

Mais parmi tant d'autres connotations possibles, je voudrais privilégier trois sens du fil à plomb, qui me paraissent incontournables dans cette divagation, après les impasses du devoir de ma modeste Agnès et de la magnifique Catherine de Sienne : la rectitude, le secret, la dépression.

Tout le monde connaît ce fil : il se tend parce qu'il est tiré vers le bas par l'attraction terrestre manifestée par le poids du plomb, mais aussi parce qu'il est suspendu au plafond. La droiture est une tension entre un point d'attache et un poids : la droiture est une contradiction maintenue, elle exige un haut et un bas, un toit et une pesanteur. Ce fil tendu nous fait immanquablement imaginer la station debout – la verticalité de la colonne vertébrale ; et par métaphore, au sens figuré, le perpendiculaire nous évoque la justesse et la justice. Trop facilement, me semble-t-il, on considère que la station debout est naturelle à l'être humain. Non, ce sont des acquis incessamment menacés, et que nous devons retendre – auxquels nous devons tendre – sans cesse. « Tiens-toi droite ! » disait mon père qui fut le premier être de droiture – d'une droiture exceptionnelle – que j'ai eu la chance de rencontrer. On n'imagine pas combien il n'est pas naturel de se tenir droit, combien il est difficile de se tenir droit. Surtout si « on » est une femme, avec mari, enfant(s), amant(s), amis et amies, maison et travail, la liste est infinie. On n'imagine pas combien il est difficile de se tenir droite quand on est une femme avec un mari pas comme les autres, un enfant pas comme les autres, un métier pas comme les autres – et que ces divers points d'attache sont autant d'élévations que de handicaps (étant entendu que chacune de nous est « pas comme les autres » et qu'elle a ses fils à plomb « pas comme les autres »). On ne l'imagine pas !

Moi, Agnès, Catherine et les autres – nous pouvons essayer d'imaginer et de réaliser ceci : la rectitude de mon corps (de ma colonne vertébrale que j'ai tant de mal à ne pas courber), aussi bien que la rectitude de mon esprit, j'arriverais peut-être à les maintenir si je me faisais à l'image du fil à plomb : ne jamais oublier le plomb de mes handicaps, ne jamais décrocher du plafond. Car ainsi seulement – tirée entre son poids ballant et son point fixe – ma tension n'est pas nécessairement une corde raide qui risque de se rompre. Au contraire, elle peut avoir la juste souplesse d'un perpendiculaire. En somme, je tiens ma rectitude de mon poids, je ne serais pas si droite si je n'avais pas tous ces poids. Mais encore faut-il que je sois bien accrochée en hauteur.

Avec Agnès et Catherine, je regarde une deuxième fois ce fil à plomb. Le métal quelconque, gris-noir, bien loin de la noblesse de l'or ou de l'argent, pointe comme une flèche tournée vers la terre. Pourtant, nous savons qu'au-dessus du point de suspension s'élève la hauteur du toit et se déploie la lumière du jour. Je vois dans cette solidarité surface/fond, lumière/ténèbres l'image du *secret*. On sait que sacré et secret cheminent ensemble tout au long de l'Histoire. Mais les Grecs ont défini la vérité comme un dévoilement, et l'Église catholique a rendu le mystère universel, présenté à tous. Loin de moi l'intention de discuter aujourd'hui les bénéfices scientifiques et démocratiques de ce cortège de « phénomènes », d'« éclaircissements » et d'« ouvertures ». Je dis cependant et seulement qu'il comporte le risque du spectaculaire et du factice. Et je maintiens que la réhabilitation du secret peut être un contrepoint salutaire face à ces tendances, face à ces dangers. Non pas un secret qui se complairait en soi, se contenterait de soi ou dégénérerait en corruption, et qui, dans ce cas, serait autant sinon plus néfaste encore que la complaisance avec l'apparent ou l'apparat. Mais un secret qui, comme le plomb du fil, pèse dans la dignité de sa concentration ; et qui, comme le fil du plomb, n'oublie pas qu'il travaille pour que la rectitude devienne visible : c'est-à-dire qu'elle apparaisse à la vue de tous dans la visibilité de l'édifice, lequel demeure la preuve unique de l'utilité du plomb secret. Respecter le secret d'Agnès, de Catherine, le mien – un trauma ? un désir indépassable ? – et faire dire, laisser dire, rendre lisible et visible ce que Catherine, Agnès et moi sommes capables de formuler ici et maintenant, à notre rythme. Tel est le sens du secret en psychanalyse. Et sans doute des meilleures sociétés secrètes : celles des amis, des complices, des confréries philanthropiques…

Regardons une troisième fois ce fil à plomb. Il y a quelque chose de désolé dans la modestie de ce métal, une nostalgie de la lumière et de la profondeur dans la tension de ce fil. Les symboles tardifs, on le sait, sont nostalgiques des religions antérieures, dont ils ne recueilleraient que des fragments éclectiques. La nostalgie est sœur de la mélancolie, elle côtoie la dépression des personnes et la perte du sens. Je voudrais ici me faire l'avocate de cette nostalgie et de cette dépression. Je dis qu'elles sont indispensables. Je dis que c'est seulement en faisant le deuil des anciennes séductions et des croyances de nos ancêtres, en épuisant leurs éclats factices dans le dépouillement d'une sobre méditation, que nous pouvons tendre vers des vérités nouvelles. Non, le symbolisme des choses quotidiennes n'est pas tristement nostalgique. Il bénéficie de ce moment fertile de la dépression où j'assume la perte de l'ancien et amorce une nouvelle renaissance. Mais je me tiens dans l'entre-deux. Ce moment entre deux, cette étape de transition, cet espace de suspension – que le fil à plomb présentifie dans sa sobriété arachnéenne – me fait penser que le récit qui donne du sens à nos objets quotidiens est le lieu même où la nostalgie s'inverse en « quelque chose à venir ». En quoi ? Nous ne le savons pas, nous ne le saurons peut-être jamais. Et si la vérité n'était que cela ? Non pas « un sens » mais la « tension vers ». Contentons-nous de rester droits et justes. Travaillons en vue du sens, mais laissons-le… indéfini, toujours « à venir ». Face aux religions et aux idéologies, je dirais que notre attention au sacré est « transitoire » (plutôt que « nostalgique ») et que, paradoxalement, cette qualité transitoire est sa force. Une force quelconque mais vraie. Comme celle du maçon d'autrefois muni de son fil à plomb, encore loin de l'achèvement, toujours trop loin du fini, mais qui, de cette nostalgie de l'infini, tire sa rectitude et sa justesse.

C'est quelque chose de tout cela que j'essaie de faire passer dans mes brèves interprétations et scansions, au cours des séances avec Agnès. Quant à Catherine de Sienne, n'est-ce pas à cela qu'elle pensait quand elle évoquait une « vraie gloire », par opposition à la « vaine gloire » ? Qui sait ? Elle nous surplombe de son expérience surhumaine, nous qui sommes nés après l'humanisme, sans pour autant oublier le sacré.

Julia

Dakar, le 21 juillet 1997

Chère Julia,

Ai-je bien fait de te mettre en boîte ? Au vu de ta dernière lettre, je commence à en douter. J'affirme donc :

1) que la Vierge n'est pas « la tienne », mais une invention théologique libératrice qui te passionne pour cette seule raison ;

2) que le « Na ! » de ma dernière épître n'était pas le mien, mais un « Na ! » du coup de foudre mortifère ;

2) que si je peste contre le sacré, c'est qu'à tourner autour comme la chatte autour du matou, j'en pressens les dérives.

Levons ces herses. Premier malentendu : le « Na ! » de l'amour. Que l'amour comme négociation avec les interdits soit indispensable, d'accord. Mais le mythe amoureux en Occident en est, je crois, le contraire. Les interdits sont transgressés avec une violence extrême, avec un mortel effet de trop-plein, émouvant au possible, extrêmement beau, surtout à l'opéra. Comme tu t'en souviens peut-être, j'ai tenté de montrer, dans un de mes livres, que les sublimes opéras du XIXe siècle étaient aussi des machines à savourer, les larmes aux yeux, l'agonie des victimes de ce mythe amoureux, femmes surtout. À l'époque, je m'étais focalisée sur les femmes. J'avais partiellement tort. Il est vrai que les hommes agonisent souvent en beauté à l'opéra. Mais qu'ils soient hommes ou femmes, au XIXe siècle, les sacrifiés sont toujours soprano et ténor, tessitures de la jeunesse et de l'innocence. De la vulnérabilité et de l'enfantin, si tu veux. Appelons cela l'imaginaire régressif amoureux, encore assez puissant aujourd'hui. Eh bien, c'est un stéréotype « à risques ». En tout cas, il m'a joué assez de tours de cochon pour que je ne l'aie pas oublié, et encore, je n'y ai pas laissé ma peau.

Sur la politique nous n'avons aucun désaccord. Tu m'offres sur un plateau l'amour-sacré-de-la-patrie, ce qui me semble politique au sens originel du mot, puisque la « patrie » concerne la communauté où nous avons choisi de vivre, ou de rester. Et lorsque tu attribues à un meeting une charge de « fusion » osmotique, c'est le mot juste. Pleinement d'accord pour le sacré républicain. Religion républicaine, ça, c'est une autre affaire dont je suis moins sûre.

Deuxième malentendu : Eva Peron. L'aspect politique de cette bizarre créature auto-engendrée a disparu du jour où elle est devenue sacrée. Jusqu'à la prise de pouvoir du colonel Peron, tu as raison. Elle a suffisamment agité les masses pour sortir Peron de prison, elle était son principal atout politique. Mais dès qu'elle est devenue l'épouse du Président, elle n'est pas

« présidente », elle est devenue la Madone, et c'est tellement autre chose que Peron ne sait plus comment s'en débarrasser. Pendant un temps, elle bouche les trous de la pauvreté avec ses robes du soir. Mais ensuite, elle le gêne. Que n'a-t-il pas fait pour briser le mythe de sa femme ! Impossible, à cause du sacré. Politiquement, il n'existait pas sans elle, mais son affaire à elle, c'était une double sainteté : celle du peuple et celle de l'Argentine qu'elle prétendait incarner.

Habile, intrigante, oui, jusqu'au moment où elle est physiquement engloutie par la dévotion populaire. Elle mourut juste à temps : elle allait être nommée vice-présidente. Peron fut grandement soulagé de sa mort, c'est attesté. (À tort, il en perdit le pouvoir.) Quant à Madonna, tu crois plaisanter, mais versant caricature du sacré, tu dis vrai. La croix énorme sur la poitrine punk dans ses premiers films, le rôle d'Evita qu'elle a imposé non sans mal, la fille baptisée « Lourdes », le repentir sur les blasphèmes de jeunesse, enfin son nom de scène : excellent fonds de commerce, car pour cette offre, la demande est massive. Indira sait comment s'identifier à la déesse Dourga, Evita sait comment devenir la Madone des *descamidados*, et Madonna sait mimer le sacré. Or je n'oublie pas les dérives tyranniques de mes actrices politiques. Quant à Hitler, pour insupportable que soit la question, je ne vois pas comment l'éviter. En politique, Hitler a presque tout expérimenté du sacré. De l'amplification de la voix au micro à la désignation du bouc émissaire, des hautes flammes dans la nuit aux assassinats clandestins, de l'amour fou d'un peuple, l'allemand, au plan secret de la Solution finale, qui anéantira l'autre peuple, le juif, du terrorisme au suicide accompagné par la musique du *Crépuscule des dieux*... Je ne vois pas comment on peut s'en exonérer. D'où mes inquiétudes sur la démesure du sacré. Rester dans la sphère du privé est une impérieuse nécessité. Sinon, danger.

Troisième malentendu : les sorcières. Je n'ignore ni Dante ni les peintures de Giotto, ni, dans les azulejos des églises baroques du Brésil, les saints crucifiés en extase pourvus d'ailes géantes, et en vol. Que je sache, les saints hommes ne brûlèrent pas sur un bûcher... En revanche, les inquisiteurs dominicains cherchent comment identifier les maudites. Or l'unique démonstration de cette œuvre majeure, c'est que seules les femmes sont sorcières, parce qu'elles volent. Qui oublie Giotto ? Ou plutôt, qui l'ignore ? Les auteurs de ce manuel de l'Inquisition.

Quatrième malentendu, mais là, tu exagères. T'ai-je rabrouée sur l'amour maternel ? J'ai applaudi ! Mais puisque tu te fâches, alors je poursuis. Oui, l'amour maternel est de l'ordre du sacré. L'apaisement suit-il pour autant la violence ? Eh bien, pas toujours. Les mères d'anorexiques et les yiddische mamas (j'en suis une, je connais) n'y réussissent pas. D'ailleurs tu décris en des pages admirables le dur travail sur soi-même nécessaire à l'apprivoisement du sacré maternel. En effet, quel boulot !

Tout compte fait, notre seul désaccord porte sur les facteurs de risque du sacré. Mais d'abord, j'y insiste, j'appelle religion une organisation du sacré qui passe par un clergé, des rites, des contraintes et des sanctions. Voilà pourquoi la « religion » républicaine ne me convient pas tout à fait : je vois trop de contraintes dans le mot « religion. » Vois les États-Unis. Le curieux dans cette nation, c'est la dramatique tension entre une démocratie qui fonctionne et le référent « Providence », le serment du Président sur la Bible, un bataclan religieux. Affaire de lien entre plaisir et parole, dis-tu : je crois que tu vois juste. Technique des images, *hard sex*, gore, extraterrestres, violence et puritanisme, voilà leur chaudron de sorcières. La vraie liberté du plaisir est bannie. Je m'interroge depuis longtemps sur les effets pervers de l'amendement numéro 1 de la constitution américaine, qui considère comme imprescriptible la liberté des opinions. Valeur sacrée des États-Unis d'Amérique, certes. Mais sur ce terreau prospèrent les sectes, l'une des dernières en date reconnues par la justice américaine étant tout bonnement… satanique. On peut en rire. On peut aussi se souvenir de crimes sataniques rituels en Californie.

Je me réjouis en tous les cas à l'idée, qui te vient sous la plume aussitôt, de regretter si gentiment de n'avoir pas pu « analyser » Catherine de Sienne sur ton divan… Eh oui, la « religion misérable » de ta patiente Agnès desserre son étau. Bien sûr, puisque tu es là ! Vous faites le travail à deux. Tu m'apprends que Catherine de Sienne ne cheminait pas seule. Je veux bien, mais Raymond de Capoua, son confesseur, n'a pas su dénouer le carcan de la rigueur malgré tous ses efforts. Heureusement ! Imagine qu'il ait réussi. Plus de saintes, et plus de commentaires de Julia Kristeva.

Ta métaphore du fil à plomb m'émerveille. Et je t'emmène encore en Inde, si du moins tu n'en es pas lasse. Il est si peu naturel de se tenir droit que le yoga a mis des siècles avant d'analyser cette difficulté propre à l'espèce humaine, dont le dos se voûte avec l'âge. Pas celui des yogis, justement. Pour comprendre le dos droit des yogis, en Inde, j'ai pris un millier de leçons. Et comme il est possible d'expliquer au maître qu'on n'est pas concerné par la mystique, j'ai bénéficié d'un enseignement fondé sur la physiologie. Sous cet angle matérialiste, la leçon de yoga est d'une grande simplicité. D'abord, on pratique la respiration par le ventre, qui élargit la cage thoracique, donc relève les épaules. Essaie, tu verras. En respirant à fond avec le ventre, ça tiraille du côté des clavicules, mécaniquement. Essaie avec les poumons sans le ventre : ce sont les côtes qui s'étirent. Évidemment, la respiration du yoga comprend d'autres exercices plus complexes, mais aucun n'existe sans cette base de redressement du dos.

La principale posture consiste à tenir vingt minutes maximum les pieds en l'air, le dos à la verticale, appuyé sur la nuque, soutenu des deux côtés par les bras ; ou bien, mais cette posture n'est pas recommandée aux femmes, sur la tête en direct, sans appui sur la nuque. La tête en bas, les pieds en haut, c'est le « debout ! » à l'envers, droit comme le fil à plomb ; appelons cela équilibre. Il ne s'agit plus de descendre vers « le bas », mais de l'exhausser. Or ce qui travaille, ce sont les abdominaux – le ventre – et c'est la nuque, sur quoi repose l'équilibre, et à qui il est interdit d'être raide. À ce que m'a dit mon maître de yoga, cet appui sur la nuque masse la glande thyroïde, qui, comme tu sais, est régulatrice de l'humeur. N'est-ce pas ce que tu cherches avec le fil à plomb ?

Enfin, la position qu'on nomme chez nous la « relaxation », s'appelle depuis 2 000 ans « la position du cadavre ». À plat, le dos, la tête, les reins, le corps touchent le sol ; seul le creux entre nuque et dos fait exception. C'est l'horizontale intégrale. Et si l'on bascule dans la théorie mystique du yoga, ce qui n'est pas du tout ma tasse de thé, c'est l'instant de la méditation sur l'indifférence à la mort, le détachement de soi : l'équivalent yogique des mots de Bossuet. Dans cette position, comme je me méfie du mysticisme et puisque je ne suis pas douée pour la méditation, je laisse aller sans me soucier ce qui me vient à l'esprit. De l'association libre, en somme. Une fois passée la phase de dégorgement intérieur semblable à tant de débuts de cure analytique, la pensée se calme et là, c'est productif. Quant à vider l'esprit, franchement, merci bien… Tout de même, je sais bien dans quelle position je suis à cet instant. Elle s'appelle « cadavre ». On vit vertical et l'on meurt horizontal. Penserait-on entre les deux positions, l'esprit vivant et le corps simulant la mort ? On ne peut pas l'exclure.

Au XXe siècle, les « yoginis », les femmes qui pratiquent le yoga, sont très présentes. Et dans le même ordre d'idées, les femmes derviches sont de plus en plus nombreuses dans la branche du soufisme. Même exercice dans le « Sama » des derviches : c'est le dos qui permet le tournoiement. Le partage de l'apprentissage du « dos droit » est donc en progrès ; c'est dire, encore une fois, qu'il ne va pas de soi. Symboliquement non plus. Car s'il est dur d'apprendre à tenir droite la colonne vertébrale, il n'est pas moins aisé d'apprendre à tenir droite celle de la personne, au sens de la personne morale, de la personne civile et de l'identité. Le mot latin *persona* signifie « personnage ». Encore Bossuet.

C'est ici que je ferai intervenir la dépression, car quand on est déprimé, le « personnage » s'est affaissé. Les fils sont flasques. Le corps n'est plus droit, mais abattu. L'identité flotte, la morale n'a plus de prise, le cœur est vide, la souffrance infinie. Sur ce point, entre nous, accord parfait. Dans le seul de mes livres où je crois avoir approché la philosophie (*La Syncope, philosophie du ravissement)*, j'avais écrit que la dépression était le seul rite initiatique qui reste aux pays industrialisés. Oui, la dépression est bel et bien indispensable. Oui, elle est une utile retraite. Oui, la posture de prostration est un repli qui ne fait pas de mal : la tête basse, les yeux invisibles à l'autre, le corps en boule. Oui, la dépression permet de se redresser. Oui, elle précède une renaissance, c'est pourquoi je la compare à une initiation. Le « travail du deuil » en est une des versions, et il appartient à la vie, pas seulement à la mort. Car si la dépression dure trop longtemps, elle tourne à la mélancolie, le vide du sacré se perd dans un gouffre et la renaissance ne se fait pas. Me revoici de retour dans les zones à risque. Mais le risque, peut-on l'éviter ? Il n'y a de beau risque que dans l'excès, disaient les Grecs. C'est même la définition du tragique.

Là-dessus, reste une différence entre nous qui n'est pas de l'ordre du désaccord. Tu parles cathédrale et je réponds yoga. Sans doute, avec nos marottes, l'une chrétienne, l'autre « indienne », nous agaçons-nous l'une l'autre comme deux chèvres sur un pont. C'est que nos biographies diffèrent sensiblement. Avant de choisir de devenir française, tu fus étrangère – hélas pour nous, trop souvent tu te sens encore traitée en étrangère dans mon pays. Moi, je suis née française de grands-parents russes d'un côté, bretons de l'autre ; l'étranger en moi est plus lointain. Tu as été communiste dans ta prime jeunesse, et moi à l'âge adulte. Tu l'as été en Bulgarie et moi en France. Tes parents ont connu l'oppression communiste, mes grands-parents russes ont été gazés à Auschwitz par les nazis. Tu n'es pas divorcée, je le suis. Tu as un fils unique, et moi, garçon et fille. Enfin, tu es psychanalyste et moi, seulement analysée. Bref, ma vie est plus banale que la tienne, en un sens plus facile à vivre, je le sais. Je n'en tire aucune conséquence, sauf qu'il me semble y trouver entre nous une tension au sens musical du terme : soprano d'un côté, mezzo de l'autre. L'une s'élève au sommet, l'autre descend vers le grave. La soprano est céleste, la mezzo infernale. Le mezzo étant souvent dévolu dans les rôles d'opéra aux sorcières et autres peaux de vache, j'assume cette tessiture symbolique et je t'attribue le soprano, fut-il un peu victimaire.

Mais aucune des deux voix ne peut chanter sans dos droit, question de respiration. Dans le chant comme dans le yoga, on apprend à retenir son souffle. Dans le chant, il le faut bien : la note tenue, la phrase mélodique l'exigent. Dans le yoga, suspendre sa respiration longtemps permet, en se coupant le souffle, d'accéder à l'extase. Quand on manque d'air, la tête commence à tourner, elle devient vaporeuse, c'est facile à comprendre : inutile de te dire qu'en traduisant ainsi les enseignements du yoga, je commets un grand sacrilège envers la doctrine des yogis. Mais comme je suis matérialiste, c'est ma comprenette à moi. Est-ce si différent du chant ? Mon ami Ruggero Raimondi me dit que non. L'objectif n'est pas le même, mais l'effet produit l'est bel et bien. Or, ce qui m'intéresse dans ces techniques, c'est l'idée de suspension, qui, tu le dis, rejoint ton fil à plomb. « Retenir » n'est pas mal non plus, mais « retenir » vient de « rétention », qui indique la voie de la dérive. Rétention du sperme dans l'accouplement jusqu'à l'extase et donc refus de la procréation, rétention du souffle jusqu'à la mort. Maria Malibran manqua en mourir. Excès.

Suspendre, donc, modérément. Le dos droit, mais pas raide. Raide, c'est la paralysie. Plutôt la lumière que l'éblouissement. Plutôt l'éclairage que l'illumination paradisiaque de l'immédiate après-mort chez les réanimés. Enfin, parlons un peu du secret. Soit, il est nécessaire au même titre que la dépression. Mais quitte à fâcher Sollers, qui en fait sa règle morale, je ne raffole pas du secret absolu. Que le secret soit un moment de gestation, d'accord. Qu'il soit le fil à plomb de la cure de psychanalyse, oui. Qu'il soit la règle d'or qui ne sera jamais levée, cela ne me plaît pas. Vois la franc-maçonnerie. On comprend les raisons circonstancielles qui en ont fait historiquement une société du secret : il y avait danger. Phénomène courant dans les naissances des religions, le secret sur l'appartenance me semble prudent. Qu'il y ait dans la maçonnerie d'autres raisons liées à un système d'initiation par degrés, rien de plus normal, sans quoi l'initiation, qui travaille sur la surprise, n'aurait plus aucun sens. Mais que le secret d'appartenance dure après plusieurs siècles ! Ça tourne au simulacre, parfois même à la farce. Les confréries secrètes ont pu faire des dégâts – souviens-toi de la loge P2 en Italie ! – et quand tu utilises le mot « complice », ce vocable qui te paraît innocent dit aussi la coupable dérive de l'idée de secret. Décidément, la franc-maçonnerie devrait se réformer : le fil à plomb y est sacré, l'idéal admirable, mais même dans la maçonnerie féminine, le secret a viré financièrement complice tant de fois... Vois-tu comme je suis méfiante ?

Maintenant, la négociation. La psychanalyse en est l'apprentissage. En dehors du divan, les vrais médiateurs sont rares : de vrais diplomates, il s'en trouve parfois, deux ou trois journalistes assez chenus pour exercer un magistère, quelques individus à qui leur biographie a fourni les épreuves nécessaires pour apprendre l'art de la négociation. Autrefois, les syndicalistes connaissaient cet art. Aujourd'hui, je constate que le seul porte-voix de la négociation véritable est une femme, Nicole Notat (en me relisant quelques mois plus tard, je constate que la bouche de Marc Blondel, qui-n'est-pas-« pédé », crache des mots orduriers autour du nom de cette femme ; tant mieux ! Il s'évacue lui-même. Un égout, ça ne sait pas se retenir). Or pour négocier il faut mesurer la parole, le moment, le ton. Il faut s'arrêter et reprendre, suspendre pour avancer. Question de respiration.

Le temps du secret de la négociation me paraît le bon exemple d'équilibre. Comme dans l'analyse, le temps de la négociation est clandestin et limité, comme dans l'analyse, la pratique repose sur la parole, comme dans l'analyse, la négociation exige un compromis, ce mot si décrié. Laisse-moi te décrire les processus de négociation que j'ai pu voir à l'œuvre de près en douze ans de vie diplomatique. Rien d'autre n'y existe que la parole. Cela commence par le secret, que partagent le négociateur et les partenaires en sachant qu'un jour il devra être levé : là, dans le futur de l'annonce publique, se trouve le fil à plomb de cette affaire. Il est de l'essence du secret de la négociation d'être levé au bon moment ; la pensée est rivée à l'avenir.

Le début d'une négociation se passe dans une sorte d'angoisse qui confine au sacré. On a tout préparé en secret ; les adversaires se préparent à se rencontrer. Les voici en présence, ils s'aperçoivent, ils échangent des regards. On parle. Déjà « ils » sont passés au « on ». Le temps court. Selon les cas, il est impératif de garder le secret ou de le lever partiellement : s'il s'agit de libération d'otages, secret total. S'il s'agit de compromis de paix, secret partiel, voire faux secret, manœuvre de diversion. Exemple : la conférence Israël-Palestine s'ouvre officiellement à Madrid, mais c'est à Stockholm que se déroule la vraie négociation. Quand elle est publique, la négociation ne marche pas, et se double donc souvent d'un travail de déplacement. L'officiel est patent, mais le latent se traite dans le secret.

Libération d'otages ou compromis de paix, la négociation n'a de sens que dans la fin du secret. S'ensuit un traité de paix qui, en le transcrivant par écrit, le lève. Que la paix soit suivie d'effet ou pas dépend essentiellement du bon usage du symbolique dans la parole négociée. Encore aujourd'hui, dans de nombreux points de la planète, il faut accepter que les dieux, les rituels, la consultation des devins et autres astrologues soient de la partie… Je n'y vois aucune contradiction avec les composantes politiques, voire économiques, de la négociation : car les composantes spirituelles font partie de l'appareil de la négociation. Tout ce travail de parole commence par un moment sacré, passe par les mêmes péripéties que l'analyse, et s'achève de même. Bref instant, quelquefois parodique dans les mauvais coups (je pense aux innombrables traités de paix africains, sitôt conclus, sitôt rompus), cette phase éphémère est capitale.

C'est ce que tu exprimes si justement par la « qualité transitoire » du sacré. Tant qu'il est de passage, le sacré est indispensable. S'il « tient » trop longtemps, les pathologies s'en mêlent, la structure ébranlée se reconstitue avec encore plus d'agressions qu'auparavant, aucune nouveauté n'en résulte et les conflits redoublent. Le « coup » – le choc salutaire – du sacré est manqué. Le sacré n'est donc productif que dans le transitoire. Cette fois, nous sommes vraiment d'accord. Au fait, transitoire, ou transitionnel ?

Mais pourquoi es-tu sibylline sur la régression comme retour des signifiants prescrits ? Pourquoi invoques-tu le nom du Seigneur, et sans majuscules ? Que signifie ce « bon dieu » sous ta plume en parlant des débordements pulsionnels ?

Catherine

Ars-en-Ré, 5 août 1997

Chère Catherine,

Ta dernière lettre m'a fait beaucoup rire. Soprano, moi ? Si je pouvais chanter, je serais plutôt alto, mais je ne le sais pas et tu ne risques pas de m'entendre, donc la question ne se pose pas. En plus, et puisque sous ta plume c'était une métaphore pour la tonalité de mes lettres, je ne crois pas me hisser si haut. Mais après tout, à chacune son oreille.

Mon *Power Book* est aujourd'hui transparent, je ne le vois pas. Je ne vois que le géranium sur le muret d'en face qui baigne ses grappes rouges dans le bleu du Fier, les pyramides de sel qui s'alignent dans les marais, au loin jusqu'à l'amer du clocher, et une lumière d'huître, l'éblouissement du midi s'estompant en brume. C'est l'heure propice aux vagues, le sable fin, les peaux qui parlent et le silence des yeux. Aucun « signifiant », « prescrit » ou non. Il existe des états de régression – ou de progression – où le signifiant n'est plus, un rythme en tient lieu, un battement de sensation, comme le frémissement de cette mer, en face, un souffle qui s'inscrit, mais qui n'est porteur d'aucune signification. Tu vois, je ne suis pas d'humeur à « répondre », à moins que, précisément, ce ne soit le moment idéal pour un sujet comme le nôtre. Le « secret », les secrets, de fond ou de polichinelle, nous les croisons au fil de notre correspondance, et les « débordements » de tout genre davantage encore. Pas question de tout tirer au clair, n'est-ce pas, ni de tout dire – à bon entendeur, salut ! Et ce n'est pas parce que le secret a pu être « capitalisé » qu'il ne demeure pas l'espace le plus favorable à la recherche des vérités personnelles, mais aussi de groupes. Car sinon, comment fais-tu sans *partager* ton sacré secret ? Alors, pour que tout cela ne dégénère pas en secte, une seule solution : continuons le combat, c'est-à-dire la mise en question permanente de tous, de soi, et du secret lui-même…

Si je te parais sibylline sur la régression, c'est que je constate sur moi-même et sur mes patients des états du corps qui font imploser les significations de tous les signifiants possibles et imaginables. Après Freud et avec Lacan, nous revenons de nouveau à Freud, mais cette fois-ci avec la biologie, pour nous apercevoir qu'il existe des stratégies de *sens* sans *signification*, des « mémoires » si tu veux, mais bien en dessous du langage et du signifiant. Quand « ça » vous submerge, « ça » donne une psychose – ou une extase. Selon l'époque, la chance, et les quelques possibilités dont disposent les humains pour *créer*. Justement, me diras-tu, qui dit « créer » introduit le « signifiant » !

Pas seulement, ne te presse pas. C'est d'une coupure qu'on crée, de cet abîme qui s'ouvre dans le signifiant, et là, il n'y a pas de Verbe. Pas encore. J'irais jusqu'à te rappeler, puisque tu t'y connais si bien et que ton Théo en est la preuve, que c'est même de cette séparation que procède la Bible : au commencement, Dieu *sépare* – j'insiste.

Non, je n'accorde pas au sacré quelque confiance que ce soit, et nulle dévotion : rassure-toi. Entre parenthèses, j'insiste aussi sur un autre désaccord entre nous : je ne trouve rien de sacré à Hitler, il triche avec le sacré et l'exploite en religion, d'emblée il se pousse en avant comme fondateur de mouvement, comme faiseur de mythes. Si j'accorde de l'intérêt au sacré, au travers et par-delà le religieux, c'est que nous avons intérêt à ne pas l'oublier. Il relève précisément de cette coupure, *béréchit*, qui ouvre la représentation sans s'y confondre : le ciel et la terre, l'homme et la femme, et d'autres divisions encore, chacune de son côté. Les humains ont du mal à se débrouiller avec cela, pourtant dès qu'ils existent comme êtres de sens, c'est la coupure qui les préoccupe. Ils commencent par l'agir : rites de décapitations (je planche en ce moment sur le catalogue de mon expo au Louvre), crâne, castration, meurtres rituels, etc. Mais non, finit par leur dire le Dieu de la Bible, ce qui vous hominise n'est pas l'acte de tuer pour vous imaginer plus forts que la mort, ce n'est même pas le sacrifice. Vous pouvez « sacrifier » tout simplement et logiquement, en vous contentant d'observer l'*interdit*. Au commencement n'était pas le sacrifice, au commencement était l'interdit. Sachez-le, cela vous permettra de verbaliser à qui mieux mieux, moralement. Vous ne cesserez pas de transgresser cet interdit ou cette morale, c'est la vie. Mais si vous l'oubliez, ils vous rattraperont du dedans – vous serez tailladés de l'intérieur, vous saignerez, vous serez malades ; ou de l'extérieur : vous perdrez votre place et contenance, vous serez attaqués, possédés, dépossédés, paranos, fous.

Alors, certains en ont marre : ils veulent en finir avec la coupure, l'interdit, le sacré et leur cortège sadomaso. Plus de sacré, on solde, vive la raison, on va tout « manager » bien proprement ! Un peu de diplomatie (comme tu dis), un peu d'ordinateurs, un peu de banques centrales... Mais voilà qu'un beau jour nos diplomates gestionnaires se retrouvent avec un attentat en plein centre ville. Ou finissent par s'apercevoir que leurs femmes souffrent de vapeurs que la neurochimie ne guérit pas. Et que les démocraties pullulent d'illuminés fondateurs de sectes et désireux de les faire reconnaître par les tribunaux comme des religions. Quel rapport entre un acte terroriste, une maladie psychosomatique et une secte ? Je te le demande : voilà une question pour jeu télévisé, qui peut rapporter gros, des milliards de dégrèvement d'impôts, à quoi s'ajoute une petite épreuve de laïcité républicaine. Pourquoi ce remue-ménage ? Tout bêtement parce que de l'autre côté de l'interdit, reste l'abîme. Qui ne se laisse pas éponger par la gestion des significations et des signifiants. Qui attend, ou plutôt n'attend pas son dû.

D'autres, comme moi (et toi, malgré nos voix discordantes), pensent que nous n'avons plus qu'une seule façon de rester vivants, c'est-à-dire de penser : je dis bien de « penser » et non pas de « calculer ». C'est de visiter comme on peut cette coupure, cet interdit, cet envers du sens où le sens naît au bord du géranium ou de l'eau du Fier, au bord du rien. De cheminer des deux côtés, du néant à l'être, et retour. J'appelle athéisme le sens de ce travail du sens, son accouchement, sa longue vie. L'épuisement de la transcendance dans la transcendance même. « Une entreprise cruelle et de longue haleine », écrit Sartre. Aujourd'hui, devant ces mouettes qui crient de joie en venant boire auprès de mon muret en vieilles pierres, je ne la trouve pas si cruelle, cette longue haleine. Il me reste seulement la certitude d'une solitude, et le désir de la partager. Ce qui veut dire, après tout, que nous ne sommes pas si seules que ça…

Julia

Le Thoureil, 20 août 1997

Chère Julia,

Ta belle épître ensoleillée rapproche la théorie de la vie. Épatant ! Pas question de tout tirer au clair, dis-tu : pourtant, sur ces états que tu décris comme « ça », tu t'exprimes avec le seul moyen possible, la poésie ; géranium, mouette, huître. Déjà en réduisant tes mots à la fleur, l'oiseau et le mollusque, j'élabore, je défigure. J'efface la qualité transitoire.

Entre-temps, j'ai transité de Dakar à la Loire, lieu régressif de mon enfance, aussi fourni en mouettes que ton île au bord de la mer. À quoi s'ajoute le passage d'incertaine étrangeté qui accompagne le retour dans la capitale de son pays. Revoir Paris à l'aube – l'avion se pose vers cinq heures du matin –, c'est y découvrir des façades rénovées par l'absence, une fenêtre à carreaux médiévaux qu'on n'avait jamais vue, une cariatide, un drôle de toit. Entièrement vide, la place de la Concorde retrouve une allure révolutionnaire, en dépit des fontaines. Cela ne dure pas, mais c'est bien, une ville vide. Quel rapport avec le sacré ? Pour moi, le retour, l'étrangeté, le vide et le petit matin.

Nous sommes d'accord sur le plus féminin des « fondamentaux » du sacré : l'athéisme du travail du sens. Mais laisse-moi le baptiser un peu différemment : la « mystique athée du sens ». Ne laissons pas le mot « mystique » aux marginaux des religions, et servons-nous de ce que ce vocable comporte de mystère et d'initiatique, dans son étymologie même. Aux origines, le « myste » en grec veut simplement dire l'« initié ». Comme Georges Bataille l'a démontré, cette mystique athée n'a rien de contradictoire avec l'exercice de la raison. À condition toutefois de bien en faire le tour, celui du propriétaire, avec poteaux et mesures. Je n'essaierai pas de « tirer au clair », puisque tu ne veux pas. Mais j'aimerais tirer quelques traits au cordeau, histoire de ne pas laisser perdre l'espace entre athéisme et mystique.

Chacune à notre façon, nous avons exploré toi et moi les apparents « retours à » dans les formes que prend le sacré. Retour à l'enfance, au sale, au stade anal dans les rituels d'initiation ; retour au corps, à la fois pur et impur, intérieur et extérieur, dans le lyrisme précis des mystiques. « Retour » à la maternité, dont tu as raison de dire qu'elle est la source du sacré. Mais il y a loin du « retournement » dont tu parles si bien aux dangereuses illusions du « retour » dénoncées par Lacan, que j'évoquais précédemment. Alors, ce danger, quel est-il ?

L'idée de régression suppose dans son énoncé même un retour au passé révolu. Réelle ou imaginaire ? C'est l'un des points pivots de la pensée freudienne. En période de découverte, Freud tâtonne avant de trancher : non, il n'y a pas de scène primitive originelle dûment établie par les faits. Il n'y a pas de retour réel au passé dans la cure de psychanalyse. Les « origines » traumatisantes ne sont que reconstruction, fantasme de pièces et de morceaux « arrangés » par l'inconscient comme un saxophoniste « arrange » un thème musical. À la place d'une fallacieuse vérité originaire d'où partiraient toutes les répétitions de la vie d'un individu, Freud pose le « souvenir-écran ». Voilà qui est clair : il y a donc un écran, contre lequel il est inutile de se cogner.

Voilà pourquoi la régression n'est pas un retour vers le passé, mais un retour du passé dans la vie adulte, sous des formes contraires aux codes de conduite. Tu le sais mieux que moi, l'inconscient n'est pas poli du tout. Il est barbare, mal élevé, ordurier, comme Poenia, la pauvresse affamée dont Aristophane invente qu'elle est la mère de l'Amour dans *Le Banquet* de Platon. Mais ce n'est pas parce qu'un humain bêle d'amour qu'il en devient un vrai mouton. La leçon de Freud, c'est aussi que le passé demeure travesti. Par exemple sous l'allure fallacieuse d'un ciel géranium et d'une mouette à l'envol couleur d'huître.

Or la mythologie des origines use et abuse du sacré pour en faire le fondement d'innombrables religions, pour ne pas dire toutes. La célébration répétée d'un événement sacré emprunte nécessairement la notion du mystère à l'idée d'origine, indéfiniment répétée dans le rite. La messe chrétienne répète le dernier repas du Christ ; le rigoureux pèlerinage à La Mecque celui du dernier pèlerinage de Mahomet ; le double enterrement africain répète le voyage de l'ancêtre familial de la vie à la mort, puis de la mort à la vie. L'instauration des règles de répétition devient un code – que Freud appellerait obsessionnel – et le sacré est encadré par l'emploi du temps du rite, qui commence, se déroule et s'achève selon un règlement immuable. « Introibo ad altare Dei » : je monterai à l'autel de Dieu, et le reste suit.

Mais ce que fut le point de départ du sacré est aussi enfoui que les éléments du souvenir-écran. Ainsi, on ne sait pas grand-chose du processus exact de la révélation. On sait à peu près quels paysages y prédisposent, hautes montagnes, falaises élevées, larges étendues neigeuses, déserts, grottes obscures. Cela ne nous dit rien sur l'état de révélation. Les philosophes ont du mal avec ces frontières. Hormis les réflexions de Kant sur le sublime, je songe à quelques émois de Nietzsche à Sils Maria, je me souviens des mots « Joie, pleurs de joie » de Pascal en état de ravissement, de certaines pages de Kierkegaard sur le « saut intérieur » dans l'état d'angoisse, mais je n'en sais pas beaucoup plus. Pendant sa période de révélations, Mahomet souffrit de violents maux de tête : dans quel état était-il au juste ? Et Jésus au désert ? La question ne sera pas posée. Ensuite chaque religion plaque de l'imagerie sur les étranges transformations psychiques de ceux qui subirent l'état de révélation. Le Prophète reçut l'inspiration de l'« ange Gabriel » ; Jésus au désert fut tenté par Satan. Quant au contenu du processus, il a disparu de la scène. Sans en savoir autant que nous sur le plan neurologique, les Romains avaient eu l'intuition d'attribuer le pouvoir sacré à leurs épileptiques. Du moins le court-circuit de conscience de l'épilepsie a-t-il le mérite d'être intégral ; l'inspiration se trouve dans l'ensemble de phénomènes qu'on appelle l'« aura », l'avant-crise. Lumières bleues, frémissements, visions, odeurs bizarres… Avec les convulsions tout s'en va dans le noir.

Ne me fais pas dire ce que je n'ai pas dit… L'épilepsie est un cas singulier qui n'explique pas tout du contenu même du sacré. Certes, on en sait davantage depuis que les mystiques, femmes ou hommes, ont pris la plume pour décrire leurs passages. Mais si nous sommes toi et moi logiques avec nous-mêmes, nous devrions conclure que le sacré, passage hors du temps, est privé de commencement et de fin. Quand commence le moment sacré ? On ne sait pas vraiment. On en sent les prémisses. Et quand s'arrête-t-il ? Avec l'épuisement, qui n'est pas une fin. Sa nature n'est pas l'originel, et c'est au mythe de prononcer les deux ou trois formules universelles reprises dans toutes les cultures : « À l'origine des temps », « À l'origine du monde », « Au commencement était… ».

Or le mythe est un objet de langage structuré par une logique complexe. Il ne dit pas le vrai sur l'origine, il dit tout court. Mon cher Lévi-Strauss, toujours lui, démontre tout au long des *Mythologiques* que le mythe n'avait pas de réalité autre que la logique de la pensée dissimulée sous le récit. Par exemple, analysant le premier mythe qu'il choisit pour point de départ, il décortique le rôle de la plume d'ara dans la société bororo. La plume bleue appartient exclusivement à la parure de la ceinture des hommes ; et si on la trouve accrochée à une ceinture de femme, on peut en déduire à l'œil nu qu'il y a eu coucherie secrète. Soit. Ensuite, la suite des mythes déroule une logique aussi secrète que le furtif coït interdit dans la forêt, et le processus est sans fin. Au-delà, extrapolation religieuse. Et parfois, danger.

Car jusqu'à preuve du contraire, la recherche de l'origine à l'échelle collective a toujours produit les mêmes effets : radicalité, racisme, refus des croisements de population et des flux migratoires qui font l'histoire des peuples. Les exemples sont si nombreux qu'il faut choisir. Le mythe de l'Aryen originaire dans le nazisme a fait école, hélas. Il se multiplie dans tous les intégrismes, qu'ils soient musulmans, juifs ou hindous, sous une forme immuable : « Nous revendiquons l'origine des origines, le territoire premier, la race perdue, la pure religion défigurée par le temps. » On brûle donc les slums musulmans à Bombay au nom de la pureté de l'hindouisme parce qu'il est « d'origine », on se déchire sur une terre revendiquée au nom de la primauté – la Palestine. Et dans la vallée de Band-i-Amir, les talibans d'Afghanistan veulent faire exploser les statues géantes des bouddhas alexandrins, plus anciennes que la Révélation du Prophète, au motif qu'elles représentent des images divines en contradiction avec les instructions coraniques. Cette tension entre la pureté d'origine et l'impureté de l'Histoire est loin d'en avoir terminé avec ses effets destructeurs.

Je vais prendre un exemple que je vois de très près. De nombreux Africains n'ont de cesse de démontrer que l'origine de l'humanité est en Afrique. Et l'un des intellectuels les plus illustres du Sénégal, Cheikh Anta Diop, a voulu prouver que les Africains descendaient tous des Égyptiens, lesquels étaient noirs. Pourquoi l'Égypte ? Parce que. Mère des civilisations. Soit, mais encore ? Qu'est-ce que cela apporte ? Que les égyptologues étaient des Blancs occidentaux qui, pour des raisons de Blancs, ont dissimulé l'africanité des Égyptiens. Bon, mais ensuite ? Ah ! Mais tout ce qui est pensée de Blanc est anti-noir, voyons ! Aucun argument n'y fait ; parce qu'il y a eu colonisation blanche, les Africains sont d'anciens Égyptiens, na. Et voilà le racisme reparti à l'envers, sur une question d'origine. La quête de l'origine, quelle saloperie ! Vois la bataille juridique entre les tenants du droit du « sang » et ceux du droit du sol. Les premiers sont du côté de l'origine et deviennent racistes sans même le comprendre. Les seconds s'en tiennent au seul élément sacré de l'idée de République, celle qui te fait vibrer comme moi à l'écoute de *La Marseillaise*.

Parlons de cette image féminine, Marianne. L'étrange idée d'élever à l'état d'icône une femme qui se bat en tenant un drapeau sanglant… Tu me diras, depuis la Révolution et l'Empire, Marianne a été bardotisée, deneuvisée, marceauisée. Lourde erreur ! Marianne est une idée de maternité ouverte à tous ses enfants et combattante pour leur liberté. Il ne faut pas incarner Marianne sous les traits d'une femme réelle, si représentative soit sa beauté à une époque donnée. Marianne n'est pas faite pour s'incarner, puisqu'elle est l'abstraction d'une mère protégeant des enfants innombrables. Nulle origine là-dedans. Marianne n'a pas de lieu de naissance, pas d'âge, pas de visage, pas de couleur de peau.

Je suis marraine d'une petite fille baptisée selon le rite républicain, c'est-à-dire que j'ai signé par écrit l'engagement de prendre soin d'elle en cas de nécessité. Le sacré républicain se transcrit sur un papier qui demeure et s'inscrit dans la loi, qui s'applique à tous sans discrimination d'origine. D'accord, le sacré républicain a connu ses dérives ; il a engendré la Terreur. Mais justement ! Il n'est devenu assassin qu'après s'être transformé en religion de l'Être suprême. Rituel, cérémonie – et persécutions. On définit une nouvelle origine et « du passé on fait table rase ». Staline, Pol Pot, Mao, Hitler, Kim Il Sung, au choix. Table rase ou retour, on impose une origine propre. Propre, le contraire du sale. Or, tu en conviens avec moi, le sacré exige le désordre, voire une manière de saleté.

Peu d'idées sont aussi productives que celle de la nécessité du désordre, vieille, très vieille idée qui ne s'use jamais, et qui démontre de temps en temps sa validité politique : je pense à un excellent livre de Jean-Luc Mélenchon sur la conquête du chaos. Désordre, le moment de la révélation qui fait mal à la tête ou cause des sueurs de sang. Désordre, la perception subite de la vacuité du désert, de l'immensité montagneuse, de l'ampleur de l'orage. Désordre, le processus de création artistique décrit par Anton Ehrenzweig dans *L'Ordre caché de l'art*. Pour moi, je ne vois pas d'inconvénient à rabattre une partie du processus de l'art sur celui du sacré.

Ehrenzweig en décrit les étapes un peu laborieusement, en tâcheron de la psychanalyse. D'abord, il décèle un brutal dérangement des éléments, une perturbation de l'ordre de la vie. Puis en un deuxième temps, un « scanning », c'est-à-dire un balayage rapide, recomposition des éléments en un ordre en gésine, en gésine encore inconnu. Le troisième temps est celui d'un effondrement dépressif suivi d'un profond dégoût. Enfin surgit l'œuvre, c'est-à-dire l'avènement reconnu d'un autre ordre. Laissons l'œuvre à l'artiste ; ce qui m'intéresse là-dedans, ce sont les premiers moments : ébranlement, scanning, dépression. L'ensemble du processus décrit par Anton Ehrenzweig me fait penser au « baby blues » qu'éprouve la nouvelle mère dans les heures qui suivent l'accouchement. À l'ébranlement énorme du corps succèdent la naissance du nouveau, le moment dépressif de la femme, et la joie.

Baby blues, ce serait une assez bonne définition du sacré. Applicable à toute création, qu'elle soit réellement ou métaphoriquement maternelle. Voilà de quoi énerver Sollers… Aura-t-il assez dénoncé le « baby » comme monnaie dans le commerce sexuel d'aujourd'hui ! Néanmoins, Sollers, allez… Le « baby » du « baby blues » n'est pas un chantage au sentiment, puisqu'il est déjà né. Déjà, il est tombé du corps en compagnie de ses écorces placentaires, que dans tant de contrées on enterre sous l'arbre ou la maison, de peur de perdre le double de l'âme qui vient de s'incarner. Ce « baby »-là a déjà sa propre vie. Tandis que le « baby blues » de la mère désigne l'effet de vacuité ; le ventre est vide de son fardeau, comme l'esprit dans le bouddhisme. Le « baby blues » exprime l'état psychique de la mère dans l'après, le pur sentiment d'avoir été lieu de passage, maintenant c'est fini. Étrangement me vient à l'esprit l'image du furet, ce petit rongeur furtif à qui Lacan fait représenter le signifiant : il est passé par ici, il repassera par là… Les générations se succèdent.

Je comprends le « baby » ; reste le « blues ». Pourquoi après la naissance, le « baby » est-il affublé d'un mot musical ? Musique d'esclaves déportés, le blues est issu des chants de la terre cultivée pour les maîtres, une terre qui ne sera plus jamais celle de l'« Afrique mère » (j'y mets des guillemets à force d'entendre les deux derniers mots de l'hymne national du Sénégal, paroles de Léopold Sedar Senghor, « Salut, Afrique mère »). Eh bien, sais-tu que les esclaves africains déportés au Brésil se suicidaient en avalant de la terre ? Je n'ai compris le sens véritable de cette étrange mort qu'à Dakar, en travaillant avec mes étudiants de l'université Cheikh Anta Diop – eh oui ! – sur l'objet transitionnel selon Winnicott. Introuvable sous la figure du lange ou de l'ours en peluche, l'objet transitionnel en l'Afrique de l'Ouest pourrait bien être de la terre, que l'enfant avale joyeusement sous l'œil attendri des dames de la famille. La coutume est non seulement admise, mais prescrite : pour grandir, il faut manger la terre. Dans l'exil, meurs avec la terre qui n'est pas la tienne. « Mange ton *Dasein* », disait Lacan en citant Heidegger. Il faut concevoir qu'en Afrique, le *Dasein* est « de » la terre. Le « blues » en est venu, comme le souffle du chant vient des abdominaux du ventre.

J'essaie de raccorder le désordre avec ton fil à plomb. Et je songe aux chanteurs en Inde. Quels que soient leur sexe, leur style et les instruments d'accompagnement, tous ont la même position du corps, les mêmes gestes des mains. Le corps : assis, jambes croisées, en parfait équilibre. Les mains : l'une sur l'oreille pour assurer la bonne résonance de l'accord, et l'autre voltigeante, horizontale ou verticale. La main du chanteur ou de la chanteuse sillonne l'espace, en largeur pour une note tenue, en hauteur pour une gamme qui s'élève. Jamais la voix ne descend ou ne monte sans que le geste n'en dessine le motif. L'équilibre musical est d'autant plus clairement dessiné dans l'espace que les notes de la musique indienne passent par les demi et quarts de tons. En regardant, l'auditeur monte et redescend l'échelle des sons.

Chez les derviches tourneurs mehlevi en Turquie, l'équilibre du corps tournoyant s'assure aussi avec les bras, l'un vers le haut, l'autre vers le bas. Mais une main tourne la paume vers le ciel, et l'autre vers la terre, si bien que le corps tout entier est un vecteur vertical entre les deux. Un fil à plomb. Les chorégraphes te le diront : le travail de la danse passe par un rapport entre la terre et la verticalité. Je me souviens d'avoir entendu Karine Saporta évoquer les danses « terriennes » dont l'assise demeure invariable : flamenco, danses shamanistiques, danses très lentes du *shite* dans le nô japonais. Or c'est de cet arrimage vertical que surgit, dans la musique comme dans la danse, le sentiment d'apesanteur. La légèreté.

La légèreté. Voici un mot qui revient sous la plume de Kierkegaard et de Nietzsche quand ils outrepassent les pesanteurs. L'un et l'autre esquissent trois pas de danse en invitant des femmes à leur métaphysique. Pour Kierkegaard, ce sont, dans les opéras de Mozart, les passagères partenaires de Chérubin, Papageno et Don Giovanni, dans lesquels le philosophe aperçoit les trois âges de la virilité. « *No so piu cosa son, cosa facio* », air de Chérubin, l'amour adolescent. « Pa-pa-pa », air de Papageno, l'amour procréateur, air du « Champagne » pour Don Giovanni, l'amour dispersé. Pour Nietzsche, ce sont les irréelles puissances, Carmen dans l'opéra de Bizet, Ariane à la petite oreille. C'est donc en « se faisant » les filles que le philosophe accède à la légèreté métaphysique de la musique. Chansons ! Comme si la musique n'était pas lourde à porter...

As-tu déjà vu à sa sortie de scène un chanteur, un chef d'orchestre ? Ils halètent. Après le célèbre aria de la fin du premier acte du *Don Giovanni* de Mozart, le chanteur, prostré, suffoque pendant de longues minutes et peine à reprendre son souffle. À la fin du concert, le chef d'orchestre a perdu quelques grammes et son uniforme – l'habit noir – est trempé de sueur. Pourtant, sa baguette est légère ; mais, dit-il, l'effort de porter l'orchestre à bout de bras est terriblement fatigant. Voilà autre chose que Nietzsche et Kierkegaard ! La légèreté se paye toujours d'un poids physique énorme. Le résultat touche au sacré de la scène ; la représentation finie, l'artiste tombe dans un blues de fatigue. D'où la nécessité pour lui, après la fin du spectacle, de prolonger la nuit pour éponger l'effort et ramener le corps à la norme de la société, quittée pendant le temps de l'exercice. L'apesanteur se paye de sueur.

Mais si tu as déjà dansé toi-même, je parle des danses dites de « divertissement », tu dois connaître ces sensations : après une longue valse, un interminable tango, n'importe quel mbalax, on est « vidé ». De récentes études sur la fatigue ont montré ce que l'intuition savait déjà : pendant l'exercice, la fatigue ne se fait pas sentir, au point qu'elle conduit à l'extase. Et même, lorsqu'il s'agit d'un divertissement, la danse a pour finalité de fatiguer le corps pour atteindre la légèreté de la conscience. Ça s'arrête, tu souffles, tu es vide, tu es « bien ». Prête à tout, à soi, à l'autre, à rien. Cette fatigue heureuse me paraît tendre vers le sacré. C'est-à-dire que dans tous les cas il faut « quitter » son corps. Il n'est pas interdit de le faire dans la bonne humeur.

La musique s'y emploie, ce « suprême mystère des sciences de l'homme » qui désespère Lévi-Strauss à la fin de l'introduction des *Mythologiques*. Ce qu'il en dit n'est pourtant pas négligeable. La musique agrippe son auditeur par les mouvements lents des organes internes. Elle tire ses effets du temps viscéral. Exemple simple : le rythme binaire de la musique techno accordé au rythme des battements du cœur. Plus complexes, les rythmes brisés du « 3 pour 2 » et les syncopes jouant sur le trébuchement, le déhanchement du temps ; quelque chose comme un arrêt du cœur aussitôt relancé, disons un « haut-le-cœur ». Mais quant à rendre compte de la nature exacte de la musique…

Par exemple, les musicologues se sont étripés au sujet des effets des percussions sur la transe : est-ce le martelage de la percussion sur le tympan qui déclenche la transe, ou bien la percussion n'est-elle que le signal codé de la transe ? Tu n'imagines pas quelles batailles rangées a pu susciter ce petit problème de tambours ! Dans le premier cas, la transe est d'origine physique. Dans le second cas, elle démarre au symbolique. Or rien ne permet de trancher. Lévi-Strauss a raison ; matérielle et idéelle, physique et spirituelle, la musique demeure une indépassable butée pour les sciences. Tant pis pour la compréhension du sacré. Ou tant mieux.

Inanalysable, impensable, la musique est l'élément du sacré. J'aime les mythes de l'origine de la musique dans leur cruauté. L'invention de la lyre par Apollon, résultat de sacrilèges massacres de troupeaux divins. Sa flûte, inséparable de l'écorchement de la peau sur son rival Marsyas. L'histoire d'Orphée, qui, pour prix de la musicale pacification des animaux sauvages, aura la tête tranchée par les bacchantes. L'imagerie de Shiva, dieu de vie, de mort, de musique et de danse, rythmant l'expiration de l'âme avec son minuscule tambourin, et dansant sur les cadavres exquis. On devine l'origine de la peau tendue des tambours, celle des boyaux séchés pour les cordes, on pressent l'affreux de l'homme dépecé. Car si la caisse de résonance peut être une calebasse, pour le son proprement dit rien ne vaut la texture du vivant. À l'époque des guerres hussites, au XVe siècle, le grand tambour de ralliement de Jan Ziska du Calice était, dit-on, tendu de peaux humaines… Et dans les mythes japonais, seul le corps d'une vierge consentante qui se jette dans le métal en fusion permet au fondeur d'obtenir la pureté voulue. Ces barbaries légendaires ancrent la musique dans un sacré imaginaire, tiens, un peu comme dans *Le Sacre du Printemps*, au moment de l'immolation de la vierge. À la musique, Chabrier, auquel Lévi-Strauss emprunte l'exergue des *Mythologiques*, avait adressé cette belle invocation : « Mère du souvenir et nourrice des rêves ». Maternelle et berceuse, la musique. Qu'on lui ait sacrifié de l'homme est pensable. Qu'on l'ait consolée ensuite en chantant est possible. Malgré les excès qu'elle a pu susciter, elle demeure le meilleur berceau, le plus sublime, pour transiter par la salubre nostalgie du sacré.

Il fait nuit. Mes mouettes à moi sont couchées, le fleuve est vide de leurs ailes ; un vague couinement ensommeillé signale que sur l'autre rive les hérons rêvent dans la héronière. Le ciel étoilé, cher à Emmanuel Kant, est au-dessus de ma tête, et j'espère que la loi morale est en moi comme l'exige la simple raison. J'imagine qu'après l'avoir commencée en Afrique et en Amérique, ce n'est pas par hasard que nous terminons notre correspondance en France au bord de l'eau, toi sur ton île de Ré et moi sur ma Loire, si près et si loin l'une de l'autre. À bonne distance de pensée et d'épîtres – une centaine de kilomètres à vol de mouette – dans un écart constant entre les mondes, qui nous aura permis de divaguer à l'aise.

Avons-nous divagué ? Certainement. Je réclame le droit imprescriptible à la divagation, et s'agissant du sacré, le droit au sacrilège. Il me semble que nous n'en avons pas abusé, tant il est vrai que nous avons cherché le bon usage d'un sacré minimal, imprescriptible et exigeant, comme tout véritable athéisme. Une divagation s'achève en attendant l'aube. Il est trois heures, elle ne tardera plus. En bonne chouette philosophe, je vais poser mes lunettes et fermer mes yeux de hibou.

Catherine

Ars-en-Ré, 23 août 1997

Chère Catherine,

Nous rentrions de « La Baleine bleue », le port de Saint-Martin tanguait au rythme de la fête du Jazz, et voilà que je reçois ton fax qui résorbe le sacré dans la musique et la danse ! Tu ne pouvais pas tomber mieux.

Un autre point sur lequel nous sommes d'accord : le culte de l'« origine » est ce reliquat religieux qui alimente les intégrismes politiques modernes de tout bord. Pourtant, qui pourrait critiquer cette illusion fondamentaliste d'un « fond » à restaurer, sans reconnaître qu'elle s'enracine dans une intuition juste : à savoir qu'il existe d'autres logiques, sinon plus profondes, du moins *hétérogènes* à la surface policée et policière de la communication rationnelle et rationaliste ? Logiques de l'inconscient, rythmes et polyphonies de la musique sous-jacents au verbe et au verbiage : un *infra*-sens, comme il y a des *infra*-sons.

Certains croient avoir épuisé le religieux en démontrant qu'une pensée laïque se soucie autant, sinon mieux, de l'« autre » que ne le fait la charité des hommes de foi. Mais tant qu'on n'aura pas reconnu un autre *autre* – qui n'est pas l'autre personne, mon semblable, mon frère, mais *l'autre logique en moi*, mon étrangeté, mon hétérogénéité, les gammes qui m'habitent sous la surface uniformisée des utilisateurs de la technique –, eh bien, le culte de l'« origine », du fond inaccessible, du paradis innommable réclamera son « retour de refoulé » sous la forme d'une « foi » ou, plus brutalement, des guerres fratricides qui prétendent reconstituer le fond perdu.

Ta lettre boucle déjà notre échange, et nous pourrions nous en tenir là : rester sur la touche, en suspens, l'abîme du « sacré » à peine frôlé. Tu as dû remarquer combien nous sommes d'actualité : les JMJ catholiques bouleversent toute la France et obligent les ténors des médias à nous annoncer l'existence d'un « instinct divin » (est-il de vie, de mort, ou d'une troisième espèce ?), de quoi renvoyer Voltaire et Nietzsche à leurs chères études quand ce n'est pas à la folie, et saluer une jeunesse enfin responsable. « On » est soulagé, « on » avait eu chaud en Mai 1968, avec le jazz justement, l'avortement si l'on ose encore le nommer, sans oublier Picasso, Breton, Artaud, Bacon, Burroughs et quelques autres...

Je t'ai assez embêtée avec « ma » Vierge Marie et les saintes catholiques pour ne pas craindre de manquer de respect envers cette religion qui fait aujourd'hui une « manifestation de force » (ai-je lu dans la presse), ni de sous-estimer ses subtilités en matière de connaissance de l'âme humaine, celle des femmes comprise. Simplement, au cœur de ma complicité analytique avec les croyants, je m'étonne qu'on s'étonne. Les êtres humains, jeunes et moins jeunes, n'ont-ils pas un besoin impérieux d'amour ? Et la présence d'un Père qui les aime n'est-elle pas l'illusion par excellence, qui a tous les avenirs devant elle ? Enfin, il est indiscutablement plus raisonnable que, s'il doit s'agenouiller, le monde s'agenouille devant un Père aimant, prêchant le respect de l'autre, plutôt que devant un ayatollah qui réclame des têtes coupées.

Pourtant, une question a disparu de ces JMJ comme des médias : sommes-nous encore capables de liberté ? J'en retiens la version formulée, il y a fort longtemps, par un catholique d'ailleurs, il est vrai condamné, Maître Eckhart (1260-1327) : « Je demande à Dieu de me laisser libre de Dieu. » En passant par lui, et en reprenant le questionnement philosophique, jusqu'à Freud et Heidegger, une autre voie reste ouverte pour nous, pauvres humains qui avons besoin d'amour : une branche de l'alternative qui n'aboutisse pas seulement à l'autorisation des préservatifs.

Prenons Freud : l'homme religieux est son sujet, nullement son ennemi. La psychanalyse explore les angoisses et les psychosomatoses de cet homme-là, précisément – celui qui, de totem à tabou, consacre le père, l'amour et les interdits. En lui dévoilant ses désirs, la psychanalyse ne lui supprime pas ses espérances : elle les lui restitue, mais en clair. Une morale et un sacré apparaissent désormais possibles, enfin dégagés de la nécessité d'halluciner une apparition maternelle ou paternelle, comme le fit sainte Thérèse de Lisieux, en guise de pensée « originaire », pour reprendre ton mot.

Tu vois, je me sens aussi loin des besoins infantiles de réparer le père aimant pour souder autour de lui les fidèles, fussent-ils les plus sincères et les plus généreux, que de ceux qui dénient vulgairement ce besoin. Car la liberté, au nom de laquelle, en effet, beaucoup de crimes ont été commis, n'en reste pas moins le plus précieux des héritages, Kant l'a magnifiquement dit. Quand je vois l'emprise qu'exercent, sur la pelouse de Longchamp, le spectacle et la foi, le spectacle de la foi, je mesure l'extraordinaire courage qu'il a fallu à certains hommes et femmes, depuis des millénaires, pour se libérer de cette magie. De l'héroïsme pur ! Les métamorphoses de cette liberté passent aussi par les débats internes à la pensée catholique, et je suis persuadée, en lectrice de Hegel, que c'est en traversant le christianisme que s'épanouit la subjectivité libre des hommes et des femmes. En traversant, c'est-à-dire en connaissant et en analysant : pas en s'y enfermant.

La discussion que nous avons ouverte ne pourra s'arrêter qu'arbitrairement. J'aimerais te laisser le dernier mot, si tu veux bien, mais non sans avoir soulevé quelques questions qui, à la lumière de cette journée de *Catho Pride*, ouvrent vers d'autres continents du religieux et du sacré, que nous n'avons pas suffisamment abordés ici, et que le XXIe siècle, avec l'éveil en cours des femmes, aura à affronter. Se laisseront-ils assimiler par le catholicisme ou une autre religion aux ambitions universalistes ? Coexisteront-ils pacifiquement ?

Se combattront-ils ? Je suis persuadée que c'est de la tradition philosophique, que nous avons nommée « athée », que surgira cette diagonale capable de fédérer une humanité qui désire être « libre de Dieu » sans perdre le sens du travail du sens.

En repensant à tous ces mois de correspondance, il m'apparaît donc que nous évitons une question qui pourtant ne cesse de nous préoccuper, et qu'encore récemment nous n'avons évoquée que brièvement au téléphone. Et l'islam, dans ce voyage à travers le sacré ? Cet islam dont la version intégriste horrifie le monde moderne, au point que des non-spécialistes – comme toi et moi – n'ont aucune envie de faire des tris subtils entre le « fond » et les « excès », tant l'abomination des carnages qui s'étalent à la une des journaux ce week-end, éclipsés cependant par la mort de Diana, défie le raisonnement. Que dire, sinon une indignation, une condamnation sans appel ?

En Afrique noire et en Inde, tu es confrontée à un autre islam, et Dieu sait combien les islams sont polymorphes. J'aurais voulu que tu me parles de ces visages insolites et multiples. Moi, je reste avec l'impression de l'horreur. Une de mes amies, journaliste, rentre d'Algérie : elle a visité les hôpitaux, interviewé les femmes rescapées d'égorgements, certaines ensevelies sous une centaine de victimes dont des islamistes ont tranché la gorge au nom d'Allah. D'origine algérienne, Sabrina se bat en France pour l'émancipation des femmes. Elle appartient à une association d'aide aux femmes algériennes et n'avait pas de mots pour commenter son reportage : rien qu'une boule de colère et de cris. La religion, cette religion-là, n'a pour mon amie rien de sacré : elle condamne les femmes au « mur » du foulard ; elle les voue à la soumission ; elle tue froidement tous ceux qui ne partagent pas le dogme extrémiste. Naturellement, Sabrina peut « comprendre » comment on en est arrivé là : corruption du régime militaire ; durcissement du dogmatisme qui habite toute religion et dont je te distillais, dans une précédente lettre, les impasses anorexiques et mortifères – tout compte fait moins barbares que ces tueries glacées ; crise économique ; rivalité entre puissances occidentales démocratiques qui laissent leurs anciens protégés se débrouiller, non sans attiser les haines entre les divers clans en guerre fratricide. Mais c'est la religion elle-même qu'elle vomit, ma Sabrina, et je dois dire que mon athéisme n'est pas imperméable à sa colère. J'essaie pourtant de la calmer.

Imagine-moi, s'il te plaît, dans le rôle de défenseur du Coran ! Je me souviens d'une belle conférence qu'avait donnée, dans mon séminaire à Jussieu, il y a plusieurs années déjà, avant la crise iranienne et le fondamentalisme maghrébin, cette femme remarquable qu'est Eva de Vitray-Meyerovitch, spécialiste de la mystique islamique. Elle nous avait parlé du temps coranique : *vertical*, disait-elle, pris dans l'Absolu, imposant un *lien en miroir* entre microcosme et macrocosme ; mais aussi atomisé, brisé en instants autonomes, singuliers, respectant la tonalité sensorielle de chaque élément, fût-il cosmique ou humain. Le terme *hal* traduirait cette modulation sensible, alors qu'en musique le terme de *maqam* exprimerait les modes et les degrés de sa réalisation. La mystique islamique est riche de ces singularités calculées et agencées en algorithmes, en algèbre – plutôt qu'en géométrie comme dans notre tradition grecque.

J'aime cette idée islamique d'une poétique des êtres dans le temps de leur absolu, et je veux bien croire que les derviches tourneurs (entre autres courants mystiques) dont Rûmî fut le génie et qu'Eva Meyerovitch a étudiés, représentent un sommet de cette subjectivité poétique. Faite de danse, de son, de sens – à la fois exaltée dans la magie d'une passion et maîtrisée, purifiée, blanchie comme l'éclat du miroir reflétant un au-delà. Soit.

Je m'inquiète tout de même du peu de place réservé à une femme dans cette sublime sublimation. Ainsi, même dans ces confréries mystiques et très aristocratique de Samâ, qui donnent des savants, des calligraphes, des musiciens, démocratiques en ce sens qu'ils vont dans les villages et font participer les paysans, eh bien, les femmes sont partie prenante des séances de récitations coraniques – ce qui est extraordinaire ! – mais ne dansent pas. Les confréries de femmes, que Maxime Rodinson a étudiées de son côté, ne sont pas destinées, comme les *tariqa* des hommes, à un itinéraire spirituel : pour les femmes, il ne s'agit que de *zâr* – une sorte de défoulement sans valeur religieuse. Elles pleurent, racontent, jouent une sorte de psychodrame, se consolent dans une forme de vaudou – mais sans accéder à un discours reconnu, communicable en dehors de cette communauté cathartique, et encore moins valorisé.

Alors, pourquoi m'acharné-je à séduire ma chère Sabrina en lui demandant de chercher les « bons côtés » de l'islam ? D'abord, parce que le peu que j'en sais m'indique qu'ils existent, bien qu'avec moins de bénéfices pour les femmes qu'ailleurs : mais j'espère que tu m'en diras davantage. Et surtout parce que je me méfie de l'horreur que suscite à son tour le rejet aveugle de cette tradition.

Je suis résolument contre le communautarisme : je ne pense pas que la France devrait suivre l'exemple anglo-saxon et se figer en communautés fermées qui « respectent », entre maints guillemets, les coutumes des différentes ethnies et religions – pour mieux les séparer en réalité, et s'exposer à leurs ostracismes et ignorances réciproques. Je pense que le « modèle français », de fait le modèle de Montesquieu de l'« esprit général », est à cultiver contre vents et marées, mais pas n'importe comment. Pas en ignorant les particularités des autres, au contraire : en les déchiffrant, en les leur restituant même, au besoin. En l'occurrence, en réconciliant Sabrina avec sa mémoire islamique – avec la complexité, la richesse de cette mémoire. Pour qu'elle puisse, non pas s'enfermer dans la défense boudeuse de « sa communauté », comme le font certains de ses coreligionnaires, ni la condamner purement et simplement, comme elle le fait aujourd'hui, sous le choc de l'horreur et au nom d'une pensée « scientifique » comme elle dit (pilule, contraception, droit au travail, etc., bien sûr, mais encore ?). Mais pour que des individus complexes, aux traditions diverses, puissent vivre ensemble...

Nous sommes très loin du compte, je te l'accorde. Commençons tout de même, et commençons par dépassionner. Je ne dis pas oublier, ni même pardonner – on ne pardonne qu'à ceux qui le demandent, et encore ! Il faudrait d'abord qu'ils veuillent connaître le sens de ce qu'ils ont fait. Hannah Arendt a dit des choses essentielles sur cela : je pense personnellement que seule *l'interprétation* est une voie de pardon. Mais qui demande une interprétation ? Sûrement pas un extrémiste...

Bref, quand on étouffe sous les passions tendues des monothéismes, quand on les voit bloqués dans leurs logiques intransigeantes, on a envie de vide, d'écriture sur soie, de canards rêvant dans des rizières, et de femmes chinoises qui auraient inspiré l'« art de la chambre à coucher ». Shéhérazade, l'ancêtre du roman, n'était-elle pas une femme islamique, diras-tu. Bien sûr, à bas les tchadors, et vive les Shéhérazade, d'où qu'elles viennent ! En attendant, j'ai soif de ce sacré chinois, fait de dualité sexuelle, de non-agir, et d'une efficacité qui se nourrit de vide. Je rêve ?

J'avais essayé d'apprendre le chinois pour tenter d'y accéder, je suis même arrivée jusqu'à la licence : peine perdue, une licence de chinois n'est rien face à l'océan d'idéogrammes et de sagesse si différente de nos traditions. J'essaie toujours. J'aime ce goût fade peut-être, mais si subtil, du sacré : si éloigné de cet autre prétendu « sacré » qui égorge des hommes et des femmes comme des moutons.

« Shun fut sûrement un de ceux qui savaient comment gouverner par l'inaction. Comment faisait-il ? Il trônait seulement, face au sud, un point, c'est tout. » Voilà ce que dit Lun Yu, dans ses *Entretiens de Confucius*. Tu as bien lu : « Un point, c'est tout ». Peut-être, mais comment parvient-on à ce « point », où il suffit de se mettre face au sud pour gouverner par l'inaction ?

Il s'agit de ne pas forcer la nature et l'Histoire, de ne pas vouloir être héroïque comme Héraclès, de faire couler l'eau seulement « là où cela ne lui cause pas d'embarras », de déchiffrer non pas les signes mais les précurseurs, les non-encore-visibles, les *wei* (c'est-à-dire les infimes), etc. – nous expliquera mon ami, le sinologue François Jullien.

J'avoue que dans la longue histoire des « sacrés », je me laisse séduire d'abord et avant tout par les saveurs de ce tao qui, comme chacun sait, fait le lit d'un sage réconcilié avec la mère et la nature, de « celui qui seul se nourrit de la mère » et n'a rien à braver, ni à démontrer, ni à prouver... Je n'en vois pas moins les tendances qui favorisent la paresse, le laisser-faire l'Histoire par d'autres, et l'opportunisme à n'y accéder que pour en tirer un calcul efficace. On ne sait que trop, par ailleurs, comment cette douce « inaction » chinoise se laisse souvent briser par une histoire politique qui avance à coups de crises, non moins – sinon plus – violentes et barbares que celles dont les monothéismes nous ont enseigné les techniques... D'accord, d'accord ! à chacun ses défauts, à chacun ses avantages. Mais je suis d'humeur aujourd'hui à vanter le cosmisme écologique du sage chinois. De celui qui abandonne les hauteurs et déploie une *humilitas* au sens étymologique du mot : au ras de l'humus, au ras du sol, au ras de la terre-mère. Tu veux qu'il te définisse l'Esprit ? Rien de plus accessible : « L'herbe la plus raffinée et la plus remarquable s'appelle l'Esprit », dit Liu Shao (II-IIIe siècle). Et l'Exploit, tant qu'on y est ? Rien de plus banal, encore une fois : « Le quadrupède qui se distingue de sa harde s'appelle

Exploit. » Voilà un sage qui « pense », en effet, qui pense au ras des pâquerettes, avec l'herbe et les quadrupèdes, mais pour y diffuser l'humain, et en même temps l'en extraire. Les lettrés chinois appellent cette logique « petite ressemblance-différence ». Le grand Joseph Needham, que j'ai eu la chance de connaître à Cambridge, je te l'ai dit, en a détaillé les figures dans sa magistrale *Science and Civilisation in China*. Petites ressemblances-différences entre nature et culture, entre homme et femme, et ainsi de suite.

Leur temps n'est pas vertical, il est cyclique : c'est un temps-espace. Ces gens habitent. Ils ont la sérénité d'un habitat pensant, d'une pensée habitant le monde, dont ils ne se séparent que pour mieux l'habiter. Ce bord à bord, ce chatoiement de soie sous les pinceaux, ce frissonnement de canards qui somnolent à la surface de l'eau me paraissent sacrément féminins.

Yin-Yang. Tout le monde en veut : ne serait-ce pas une nouvelle terre promise, la bisexualité déculpabilisée ? Mais qu'est-ce que cela signifie ? Les textes insistent d'abord sur la guerre des sexes : « Eux [il s'agit de l'homme et de la femme] qui étaient d'abord comme la forme et l'ombre, les voici éloignés autant que Chinois et Huns. Encore Chinois et Huns se rencontrent-ils parfois ; tandis que mari et femme sont aussi distincts que Lucifer et Orion », écrit Fu Xian (217-278).

Une seule Unicité est acceptée par ce monde duel : la conception. Tu entends : ni toi ni moi, mais le coït, avec en prime la procréation et la jouissance des deux partenaires ensemble. Comme unité, on a vu plus simple ! « Sur l'incarnation du Tao, la vraie unicité (c'est-à-dire la conception) est difficile à représenter (en effet !). Après cette transmutation, le couple se sépare, et chacun se tient de nouveau de son côté » *(Traité taoïste alchimique, le Pacte de la triple équation*, traduit par Van Gulik). Rien à voir avec la résorption tantrique de l'autre sexe en soi : « Qu'ai-je besoin d'une autre femme ? J'ai en moi-même une femme intérieure », se vante le sage tantrique. Tout au contraire, notre Chinois au ras des herbes et ami des quadrupèdes n'absorbe rien définitivement. Il se laisse traverser par tous les courants, n'ignore pas la guerre avec l'autre, et ne reconnaît qu'une seule unité : le couple, seulement quand il s'accouple. Et si cette pensée qui épouse d'aussi près la biologie de l'homme, qui se love aussi étroitement au destin de l'espèce pour y trouver le sens de l'aventure humaine, était la condition de ce détachement, de cette paix qui nous manque si fort ?

Tu sais que j'ai été séduite par la maturité sereine des Chinoises quand j'ai rapporté, de notre voyage en Chine, avec Philippe et le groupe Tel Quel, mon livre *Des Chinoises*. Séduites par elles, et déçue par ce communisme national qui récusait le modèle stalinien, mais le suivait intrinsèquement. Ma propre histoire se mêlant à tout cela, j'ai tourné le dos à la politique. D'où la psychanalyse, le roman, et le reste. Mais aujourd'hui, lorsque la Chine toujours totalitaire essaie de se moderniser, lorsqu'elle le fait à son rythme apparemment moins brutal que ce qu'on connaît en Europe de l'Est, je reviens à mes amours taoïstes, je revisite ce vieux Confucius « mangeur de femmes », et j'essaie de comprendre mes étudiantes chinoises qui viennent de Shanghai pour lire, à Jussieu, Proust et Duras. Elles ont enfilé jeans et tee-shirts, se sont maquillées, mais ont toujours les gestes du raffinement sans âge que j'avais admirés chez des basketteuses serpentines sur un stade de Pékin. Ces athlètes avaient battu les Iraniennes, non pas comme si elles jouaient un match, mais comme si elles exécutaient une démonstration d'acrobatie – silencieuses, funambules, androgynes…

Je ne suis pas sûre que mes étudiantes de Chine lisent ce que je lis dans Proust et Duras, et c'est peut-être tant mieux. Parfois, j'ai l'impression que, pour l'instant, elles se contentent de me répéter, de nous répéter. Mais ce n'est pas mon problème. Mon problème est de rapprocher ma pensée et mes rêves de cet univers de « petites différences-ressemblances », de cette souplesse que les mots de « vide » et d'« inaction » résument fort mal, parce que nos mots ne se calligraphient ni ne se chantent. C'est ce que je te disais l'autre jour : le sacré est dans la façon de dire, et les Chinoises « disent »…. *corps-et-âme* : accouplés. C'est une image que je te propose, forcément venue de notre histoire, et non pas de la leur, mais qui essaie d'apprivoiser cet autre assemblage des limites, des différences et des interdits qui forme leur sacré de Chinois, et qui le forme autrement que chez nous. Naturellement, mes passions grecques ou judéo-chrétiennes ne me lâchent pas : je les trouve vite bien superficiels, ces charmants Asiatiques, tout prêts à se laisser prendre aux mondes des images et des calculatrices. Avec quelle avidité ils avalent les médias ! Même sur le divan, ils me parlent par films interposés plutôt que par associations personnelles…

Peut-on entrevoir une synthèse de ces mondes si divers ? Un nouveau syncrétisme ? Nous n'en sommes pas là. Il nous reste à nous émerveiller devant les différences. Et si c'était cela, le cœur du sacré ? Ici et maintenant, les diversités.

Julia

Paris, 7 septembre 1997

Chère Catherine,

Décidément, notre correspondance ne veut pas finir, véritable accordéon sous le souffle des événements. Voilà que le phénomène Diana secoue à présent la planète (hormis les Chinois, tu l'auras deviné après ma dernière missive !), et emporte dans son sillage l'admirable Mère Teresa.

Le troisième millénaire commence donc avec une nouvelle « sainte » : Diana Spencer, épouse malheureuse, mère parfaite, manipulatrice manipulée des médias. Car c'est bien une femme que viennent pleurer ces nouveaux fidèles, hommes et femmes, beaucoup de femmes, mais des hommes aussi, s'inclinant devant cette féminité-là, la leur. La tête basse devant ses vertus humanitaires, mais d'abord et avant tout devant la détresse d'une femme et son combat pour un peu de bonheur personnel. L'éprouvée du « ménage à trois » que lui avait servi son royal époux aurait pu s'en sortir par un « ménage à quatre » : je connais de près, cela marche à merveille. Mais non, il fallait que la princesse se déprime, qu'elle tente de sauver son « ego », les apparences, l'humanité – tout cela très sacré, évidemment ! La famille d'abord, et tu sais que j'y tiens ! Le malheur et la mort accidentels ont fini par venir ajouter leur touche de magie. L'ex-gourde, épouse trompée et séductrice trahie, devient le chef religieux le plus rassembleur de cette fin de siècle. Elle réunit en effet plus d'adeptes que le pape, sans église ni subventions. Une femme brisée, capable de vaincre la dépression à l'aide de la société du spectacle et des drogues de la *jet-society*, est-elle en train de créer une nouvelle religion ?

On peut le penser. Je souris, comme toi, à tant de naïveté hystérique : ne compte-t-on pas, déjà, trois apparitions de la défunte ? Je reconnais cependant l'étincelle de sacré que cette lady, matinée de *top-model* mâtiné de patiente de Charcot, fait courir sur la terre entière enfin réunie. On lui pardonne ses gros cachets humanitaires, on efface la boulimie : il reste la solitude d'une mère en manque d'amour, et l'intelligence de la tendresse donnée qui transforme les symptômes en idéal. Les pèlerins massés le long des routes anglaises et des autoroutes télévisées ne saluent pas un Père qui nous aime au-delà. La société du spectacle pleure une femme qui meurt d'absence de communication. Vrai ou faux, tel est l'événement dans lequel l'humanité se projette : hommes et femmes, nous sommes tous une Diana mal-aimée. Nous jouons avec l'absence de vérité pour mater nos souffrances. Nous aimons en pure perte. Et il n'y a que le spectacle pour nous consoler, mais pas tant que ça. De toute cette digne misère, qu'on n'osait pas trop dire mais que tout le monde savait, elle est la preuve vivante, et encore mieux morte, la Rose d'Angleterre.

Le culte de Diana s'enracine dans la mélancolie d'une humanité d'enfants orphelins, d'enfants de divorcés, d'enfants abandonnés que nous sommes tous. Le courage de vivre avec ce mal-être psychique est bien la petite fleur sacrée sous l'amoncellement des pertes et profits qu'engendre la société du spectacle. Une sorte de féminisme doloriste mais fier de ses combats remplace désormais le féminisme militant de naguère. La foi stoïque de Mère Teresa, qui elle aussi réunit toutes les religions en Inde et ailleurs, paraît surhumaine devant cette vulnérabilité avouée sous les projecteurs, vaincue grâce à eux… et par eux.

Dans un monde qui se sait maintenant irrémédiablement en crise, le sacré façon Diana est une belle image – à condition qu'elle puisse panser les plaies. Est-ce le triomphe ultime du spectacle qui verse la mort elle-même au compte du faux ? Et si, au contraire, l'univers virtuel se fissurait sous l'afflux du temps sensible, du hors-temps féminin ? Ce serait une sacrée ruse du sacré…

Julia

14 septembre 1997

Chère Julia,

Quelle lettre brûlante de dévotion ! Alors comme ça, tu es dianomane ? Dire qu'il s'en est trouvé pour réclamer une canonisation en bonne et due forme… Depuis quand l'assentiment populaire décide-t-il de canonisation ? Le sacré peut suffire, nom de nom ! Et voilà qu'on appelle Diana « Evita sur Tamise » ! Blonde, élégante, belle ; jeune morte… Comme Evita, alors ?

Importante, la blondeur ; Eva naquit brune et se teignit en blonde une fois présidente. Importante, l'élégance ; Eva l'offrait aux pauvres. Importante, la beauté : les moches ne touchent aucun dividende dans les religions laïques. Mais la Rose d'Angleterre était une aristocrate de naissance plus noble que la famille royale, une femme riche qui n'aura jamais eu que des chagrins d'amour. Quoi, c'était une belle cérémonie ? Certes. Je l'ai regardée aussi, comme un opéra. Mise en scène réussie. Solistes, chœurs, très bien. On en pleure d'émotion. Moi, je crois que c'est « ça » que viennent chercher les affamés de l'Être : les larmes. Quant à elle, tu le sens, elle ne me touche pas. Trop de poses. J'ai aussi regardé les obsèques de Mère Teresa qui n'ont guère touché l'Occident. Les larmes de l'émotion collective surgissent rarement deux fois par semaine dans le monde des images. Et comme Mère Teresa est morte à Calcutta, en avant les clichés ! Calcutta, Cité de la Joie – alors que la Cité de la Joie est le nom d'un bidonville où la sainte Mère n'a pas œuvré, mais où François Mitterrand séjourna avant d'être président de la République. Rien sur la vraie nature de cette ville, fleuron de la musique, de la peinture et des lettres. Au refrain, « Calcutta-la-misère, mais-Dieu-soit-loué, il-y-a-mère-Teresa ».

Lorsque je l'ai vue pour la première fois, j'ai trouvé Mère Teresa revêche, avec un regard sans éclat. Mais ensuite ! Ses grandes mains qui ressuscitaient les bébés par des massages vigoureux en disaient plus long sur sa sainteté que la ferveur populaire. Cela dit, je n'ai pas oublié non plus l'arriération de son secteur psychiatrique féminin, où les malades à la tête rasée sont cantonnées en camisole dans un dortoir, abruties de neuroleptiques. Sur les médicaments, les traitements et l'avortement, la Mère était restée réactionnaire. Cela n'annule pas l'impression de sainteté des mains à l'œuvre sur les bébés mourants. Là était le sacré, dans ses doigts à l'instant du massage. L'étonnant à mes yeux, c'est que le gouvernement indien l'ait fait défiler sur l'affût de canon qui servit pour Gandhi et Nehru. À l'échelle de l'Inde, c'est l'équivalent de notre sacré républicain. Même Indira Gandhi n'aura pas eu cet honneur. Enfin, c'est la toute première fois qu'une étrangère aura eu des funérailles nationales qui ne s'achèvent pas sur une crémation. Par extraordinaire, le plus grand homme de Calcutta, le Bengali Rajah Man Mohan Roy, aristocrate réformiste et polyglotte, mort pendant une mission en Angleterre au milieu du XIXe siècle, est enterré… à Westminster.

Cette ferveur qu'on a vue se manifester à Calcutta au moment de la mort de Mère Teresa s'inscrit dans la tradition indienne qu'on appelle *Bhâkti* – la dévotion – depuis le XIIe siècle. Le charmant dieu Krishna fut élu comme objet de culte, massivement chanté par les femmes, transes à l'appui. Avant les Anglais, les immigrés indiens furent les premiers à apporter des fleurs pour Diana devant la résidence de Kensington. Ce que je retiens de ta lettre, c'est que le feu dévotionnel a pris autour du féminin « Diana » : un féminin dont personne n'ignorait la composante dépressive. Mais la dépression n'apparut pas dans le spectacle en question – je veux parler de la cérémonie du deuil –, dont la finalité consiste à faire pleurer sans mal, loin du gouffre.

Ce bouche-trou n'est pas notre affaire. Revenons à l'hystérie par où commença notre correspondance avec une messe africaine en plein air. Peut-être en nouant les deux, la dépression et l'hystérie, trouverons-nous une clef – ou plutôt, une chute. Minoritaires et exploitées, les femmes ont droit aux transes – ou aux crises hystériques, selon le vocabulaire. Mais il en va de même en Afrique dans toutes les situations de détresse : magie, culte de groupe, et transe. Et quand on est exploité, on a droit à l'état dépressif, cela me semble une imprescriptible évidence. Car si je t'ai bien comprise, la dépression vient d'une position minorée, que l'on peut dire « minoritaire » au regard des autres, les gens normaux. Quelle qu'en soit la cause, elle touche une faiblesse, agrandit une faille. Le réel n'est plus supportable quand « les autres » sont capables d'y faire face, et pas soi. Nécessairement différent de la norme, le dépressif en est réduit à la retraite. Que ce soit une saine épreuve ne change rien à son point de départ ; et que la renaissance s'ensuive, voilà qui donne du tonus à la pensée.

Cela peut signifier que les minoritaires savent comment se rebeller : avec le corps. La bonne nouvelle n'est pas si neuve qu'il y paraît, puisque Freud l'annonçait déjà en analysant les hystériques à Vienne à la fin du XIXe siècle. Leurs symptômes coïncidaient à l'époque avec une poussée libertaire chez les dames de la bourgeoisie, un « ras-le-bol » du système familial appuyé sur la maman et la putain, la femme honnête et la grisette, un réel mouvement d'émancipation féminine. Alors la cantatrice avait mal à la gorge, la jeune fille trop sage des étouffements, des fourmillements, des paralysies inédites, un arsenal d'expressions réprimées qui « fuitaient » en semant la perturbation, de femme en femme, l'une s'identifiant à l'autre. Ensuite vint notre symptôme à nous, contemporains : la dépression. Glissements sociaux, avancées techniques, émancipation féminine : et panne de sacré. Or, si l'on considère la suite des événements en Autriche, force est de constater qu'à point nommé Hitler sut utiliser les pannes de sacré dans l'Europe des Lumières où il était né.

Alors ? Alors il n'est pas impossible qu'en ce moment même, par le moyen dépressif dont elles sont friandes, les femmes perçoivent sans le savoir le scandale de notre temps, celui qu'on évacue en lorgnant les pauvres de Calcutta filmés à l'autre bout du monde. Je veux parler du décalage de richesses entre les pays riches et les pays « du Sud » (comme on sait, la famélique Corée du Nord en fait partie...) Il n'est pas impossible qu'en percevant le sacré dans la dianolâtrie, l'étrangère en toi ait pressenti la sourde révolte des immigrés d'Angleterre plantée comme un drapeau flou derrière les images de la Rose morte. Il n'est pas impossible que nous ayons toutes deux, chacune avec son histoire, cherché dans le sacré la jonction entre la dépression et l'hystérie, le fil à plomb et le désordre, la genèse d'un nouveau monde moins inégal. Il est sûr que nous le désirons. Il n'est pas certain que nous ayons raison. C'est ce que tu appelles la fissure de l'univers virtuel sous l'afflux du hors-temps féminin. C'est ton espoir, ton fil rouge. Au vrai, je ne suis pas sûre que nous le voyons, toi et moi.

Ils vont ricaner, nos hommes. Les belles âmes, diront-ils. Les pauvres chéries. Les naïves. Et la mondialisation ? Et le cynisme, la violence, le sexe, la désespérance ? Bien sûr, il serait plus « tendance » d'accentuer le côté noir de la dépression, bref, le confort moderne. Pas de chance, aux anorexiques nous préférons les gourmandes, aux désespérées les rebelles, aux camées les hystériques et les saintes, allez, même Diana si tu veux. Et nous sommes toutes deux attachées à la maternité, ce n'est pas un détail. Il ne manquait plus que ça !

Nous nous sommes connues quand nous avions trente ans, il y a bientôt trente ans. À l'époque, la rébellion était de règle, et sur ce point nous n'avons pas entièrement changé. La vie nous en a fait de rudes et nous n'en dirons rien. Elle a fort bien fait, car nous avons la nuque accoutumée. La révolte, tu en parles mieux que moi, puisque tu en fais la théorie. Dans le pays pauvre où je réside aujourd'hui, je peux en témoigner. Ils ont raison de se révolter, cela commence à peine. Et je vois que la révolte des pays « les moins développés du monde » passe par où elle peut, et dans le sacré quand il faut. Elle n'est pas réservée aux femmes, mais les femmes des pays pauvres savent prendre les chemins du bois sacré si nécessaire. Au moins, le bois sacré a de l'ancienneté. Il guérit. En un sens, il limite le risque. Mais pas toujours.

C'est l'autre versant du sacré. Derrière le bois sacré, le massacre est toujours possible. Poussés par une étrange absence, les hommes prennent les armes envers et contre tout, et « tout » s'appelle l'autre dans la maison d'à côté. Chez nous, dans les pays riches, on fait une guerre propre, économique ou militaire, qui affame ou bombarde. Une guerre précise, chirurgicale, comme les « frappes » de la guerre du Golfe, 250 000 morts en Irak. Mais Boutros Ghali a eu raison de dire qu'il y a des guerres de riches, et les autres, les guerres de pauvres, avec des armes qui ne sont pas propres, mais qui tuent bien aussi, en quantité. Il me semble que la quantité compte dans cette affaire. Et c'est quand elle devient majoritaire que la révolte se met à tuer.

Sous surveillance, le sacré peut servir une bonne révolte. Que faut-il surveiller ? L'extension. Le sacré relève de la sphère privée, dont relève le rite, même s'il est collectif. Initiation, rituel, guérison, l'amour même concerne des individus. Lorsqu'elle sort de la sphère du privé, la révolte contenue dans le sacré peut devenir meurtrière. Il faut savoir rester minoritaires, je crois. Remarque, pour nous deux, le risque est très réduit ; nos armes d'intellectuelles sont par définition minoritaires. Tant mieux. Il fait de nouveau nuit, l'heure de la pensée. Rendez-vous dans la réalité pour d'autres révoltes minoritaires, que j'aimerais, en souvenir, nommer révolutions, fussent-elles minuscules.

Catherine

Toronto, 16 octobre 1997

Chère Catherine,

Non, je ne brûle ni de dévotion ni de dianomanie : j'essaie simplement de déchiffrer ce qui se passe en dehors de mon milieu et de l'Hexagone. Décidément, tu as toujours besoin d'une entrée en matière agressive que l'humour adoucit à peine ! Et c'est tant mieux : ta verve aura été la note impatiente et excitée (je te cite) de notre correspondance ; j'aurais essayé, quant à moi, de cogiter lentement en retrait.

Dans une chapelle de Victoria University (celle de Northrop Frye, tu te souviens ?), le lord chancelor Sang Chul Lee, docteur en théologie, qui ressemble à un Mandarin tout droit sorti d'un vase Ming, nous bénit en latin avec un irrésistible accent chinois, en souriant tout particulièrement aux femmes – signe indispensable d'ouverture d'esprit en Amérique du Nord, comme chacun sait. Toronto est une ville de plus en plus chinoise, le christianisme se disperse dans un océan de coutumes dont les taoïstes et les confucéennes semblent les plus nombreuses ; à l'inverse, les religions asiatiques n'adoptent qu'un vernis de mentalités occidentales. Le troisième millénaire s'annonce ici en une mosaïque de corps humains qui se heurtent parfois dans les nuits des quartiers chauds, comme chez nous, mais qui paraissent cependant plus souples, d'une tolérance réciproque plus généreuse. Ce pays n'est-il pas, depuis ses origines, un pays d'immigrants ?

Nous avons décidé d'arrêter notre correspondance sans conclure, et je n'ai rien à ajouter à ta dernière lettre sinon cette touche de métissage latin-américain-chinois-hommes-femmes, plutôt surréaliste et qui me semble résumer l'essentiel de notre parcours : son inquiétude, ses mélanges, sa promesse.

Bien sûr, rien n'est achevé dans ces esquisses véhiculées par fax et e-mails. J'en garde l'impression d'un mouvement brownien, et d'avoir croisé plein de mémoires et autant d'espaces, en état d'émotion – plutôt que d'analyse – en gestation. Nous continuerons, j'en suis sûre, par d'autres moyens, dans d'autres ouvrages, d'autres activités. Mais tu as raison, laissons se reposer ici cette complicité qui nous a réunies pendant un an, après plusieurs années de trajectoires parallèles et amies, quelque peu distantes. En confrontant chacune de nous à la résistance et aux limites de l'autre, elle nous aura aidées à mieux nous recueillir, dans notre propre réflexion ou désir, autour de ces continents que nous n'avons pas voulu définir, et que nous avons peu à peu laissés prendre forme et sens : le « féminin » et le « sacré ». J'aimerais que les lecteurs nous rejoignent dans cet état de franchise et de questionnement qui fut le nôtre, sans apprêt et sans certitude. C'est là la raison principale qui justifie, à mes yeux, la publication de nos lettres, publication qui nous paraissait problématique au début de cet échange, dont l'idée s'est précisée au cours de l'année, et que la lecture attentive de Monique Nemer nous a enfin persuadées d'entreprendre.

Le sacré est, certes, éprouvé en privé ; il nous est même apparu comme ce qui donne du sens à la plus intime des singularités, au carrefour du corps et de la pensée, de la biologie et de la mémoire, de la vie et du sens – chez les hommes comme chez les femmes. Les femmes étant, *peut-être*, à ce carrefour de manière plus dramatique, plus symptomatique, plus inconnue dans les temps qui viennent. Je dis bien « peut-être », car on est toujours surpris, et souvent même heureusement, par le « féminin » des hommes, aussi. Un sacré « privé » donc, car, dès qu'il prétend devenir public, il totalise et tourne à l'horreur totalitaire, tu le dis bien dans ta dernière lettre, comme un clin d'œil aux diverses « révolutions » et intégrismes. Il n'en reste pas moins que c'est dans le partage que le sacré dévoile ses risques, tout autant que sa vitalité. Et que c'est à de nouveaux liens, perméables au sacré, qu'aspirent les hommes et les femmes d'aujourd'hui. En prolongement ou en contrepoint des religions ancestrales.

Notre échange aura été une simple ponctuation de cette aspiration. Nous avons été tatillonnes, personnelles, approximatives, emportées, incomplètes, inexactes à force de raccourcis et de survols. Nous avons essayé d'être au plus près de nos vérités singulières, de ne tricher ni avec nos ignorances ni avec nos choix. Peut-être le lecteur retiendra-t-il cette exigence de questionnement permanent comme la note principale de notre approche, tant du sacré que du féminin.

Julia

Dont acte. Acte sera donc le dernier mot.

Catherine

« Espaces libres »
au format de poche

DERNIERS TITRES PARUS

220. *Contes de la chambre de thé*, de S. de MEYRAC.
221. *Deux mille dates pour comprendre l'Église*, de M. HEIM.
222. *La Femme dans l'inconscient musulman*, de F. AIT SABBAH.
223. *La Consolation des consolations. L'Abbé Pierre parle de la mort*, d'A. NOVARINO.
224. *La mort est une question vitale*, d'E. KÜBLER-ROSS.
225. *Les Araignées sans mémoire*, d'A. JODOROWSKY.
226. *Une spiritualité d'enfant*, collectif dir. par L. BASSET.
227. *Quel devenir pour le christianisme ?*, Mgr BARBARIN et L. FERRY.
228. *Thérapie de l'âme*, de Cheikh K. BENTOUNES.
229. *Cathares, la contre-enquête*, d'A. BRENON et J.-Ph. de TONNAC.
230. *La Foi des démons ou l'athéisme dépassé*, de F. HADJADJ.
231. *Rastenberg*, de Ch. SINGER.
232. *Cabaret mystique*, d'A. JODOROWSKY.
233. *Le Sens du sacré*, ouvr. collectif.
234. *À l'écoute du ciel*, de F. MIDAL.
235. *J'ai mal à mes ancêtres*, de P. VAN EERSEL et C. MAILLARD.
236. *Jésus rendu aux siens*, de S. MALKA.
237. *L'Islam sans soumission*, d'A. BIDAR.
238. *De l'éducation*, de KRISHNAMURTI.
239. *Dans les pas de Rûmi*, de N. TAJADOD.
240. *Éloge d'une vieillesse heureuse*, dir. par C. MESNAGE.
241. *La Fragilité, faiblesse ou richesse ?* ouvr. collectif.

242. *Transformer sa vie par la méditation*, de N. Ferron.
243. *La Presqu'île interdite. Initiation au Mont Athos*, d'A. Durel.
244. *La Libellule et le Philosophe*, d'A. Cugno.
245. *Les Amitiés célestes*, de J. Kelen.
246. *Universalité de l'islam*, d'E. de Vitray-Meyerovitch.
247. *Dieu et les religions en 101 questions-réponses*, d'O. Vallet.
248. *Ceci est ton corps*, de G. Ringlet.
249. *Le Soufisme, cœur de l'islam*, de Cheikh K. Bentounes.
250. *Dieu est avec vous... (sous certaines conditions)*, de S. Janicot.
251. *Pensées sans penseur. La psychologie bouddhique de l'esprit*, de M. Epstein.
252. *Profession imâm*, de T. Obrou.
253. *Aimer sans dévorer*, de L. Basset.
254. *Le Féminin et Le Sacré*, de C. Clément et J. Kristeva.
255. *Talmud. Enquête sur un monde très secret*, de P. H. Salfati.

Composition Nord Compo
Impression CPI Blackprint en septembre 2015
Éditions Albin Michel
22, rue Huyghens, 75014 Paris
www.albin-michel.fr

ISBN : 978-2-226-31642-4
ISSN : 1147-3762
N° d'édition : 21904/01
Dépôt légal : octobre 2015
Imprimé en Espagne